JN232974

建築学テキスト

ARCHITECTURAL TEXT

Building Construction

建築施工

建築物の構築方法を学ぶ

青山良穂
Aoyama Yoshiho

武田雄二
Takeda Yuji

学芸出版社

シリーズ刊行の趣旨

　「建築学」は自然との共生を前提としたうえで，将来にわたって存続可能な建築物を設計するための指針を与えるものだと考える．また言うまでもなく，建築物は人間のためのものであり，人間は〈自然〉のなかで生きる動物であるとともに，自らが作りだす〈社会〉のなかで生きる動物でもある．このような観点から，現時点で「建築学」を〈自然〉・〈人間〉・〈社会〉の視点からとらえ直し，その構成を考えることは意義があると考える．

　以上のような考えに立って「建築学」の構成をとらえ直すにあたり，従来行なわれてきた〈計画系〉と〈構造系〉という枠組みで「建築学」をとらえることをやめる．そして，建築物を利用する主体である〈人間〉を中心に据え，建築物や人間がそのなかにある〈自然〉および人間が生きていくなかで必然として生みだし，否応なく建築物や人間に影響を及ぼす〈社会〉を考える．

　そこで，「建築学」を構成する科目を大きく〈人間系〉・〈自然系〉・〈社会系〉の枠組みでとらえるとともに，〈導入〉や〈総合〉を目的とした科目を設定する．さらに，「建築学」はよりよい建築物の設計法を学ぶことを目的とするとの考えから，これまで「建築計画学」における「各論」でまとめて扱われることが多かった各種建築物の設計法を，建築物の種別ごとに独立させることによってその内容を充実させた．

　なお，初学者が設計法を身につける際には，その理解のための「叩き台」となるものを示すことが有効であると考えた．そこで，各種建築物の設計法に関するテキストには実在する建築物の企画段階から完成に至るまでの設計過程を示すことにした．さらに，学習の便を図るとともに，正しい知識を身につけるための関連事項や実例を充実させることにも留意した．

〈建築学テキスト〉編集委員会

まえがき

　建築施工は，多数の専門工種の施工技術と，これらを統合して1つの建築物にまとめる施工管理によって成り立っている．直接施工を行うのは専門工事業の作業員であるが，専門工事業者を選定して施工管理を行い，所定の品質の建築物を造り上げるのは総合建設業の役割である．

　建築施工の講義では，個々の施工技術は具体的であるため理解されやすいが，総合建設業の主要な業務である施工管理業務についてはなかなか理解されにくい．本書では，施工管理業務を第Ⅰ部にまとめて取り上げ，総合建設業の業務全般を理解できるよう努めた．また施工管理を行うためには，各工種の施工技術について熟知していなければならない．そのため，第Ⅱ部は施工管理に必要な施工技術について述べた．

　施工には与えられた条件を満足させる努力とは別に，「ものづくり」の喜びと感動がある．少しでも満足のゆくものを造りたいという思いを常に抱き，思い通りの結果が得られたときの喜びや感動がそれである．そのためには，施工基準をこえた勘所をおさえることが重要である．本書では，できるだけこの点にも触れたつもりである．また施工技術については，施工基準の羅列にならないよう「ものづくり」の視点から説明するよう心掛けた．よい出来ばえを得るためには，施工順序が重要となる．そこで「第Ⅱ部 施工技術」の項は，標準的な施工順序にならって記述した．

　建築は用途・規模・構造など幅が広く，応用される工法も非常に多い．また，施工管理・施工技術いずれについても，実際にはここで述べた内容よりはるかに深い知識が必要である．ただ，本書では紙面の範囲内で，建築を目指す初心者が建築施工を理解するうえで必要な事項を取捨選択して述べた．

2004年9月

目 次

第 I 部 施工管理　5

第1章 建築生産 …………………6
- 1・1 わが国の建設産業　6
- 1・2 建築生産の流れ　6
- 1・3 工事の発注と契約　8

第2章 施工計画 …………………12
- 2・1 概　論　12
- 2・2 根切り計画　20
- 2・3 排水計画　24
- 2・4 乗入れ構台計画　26
- 2・5 総合仮設計画　26
- 2・6 足場設備および安全設備の計画　28

第3章 現場管理 …………………32
- 3・1 品質管理　32
- 3・2 原価管理　34
- 3・3 工程管理　36
- 3・4 安全衛生管理　38
- 3・5 環境管理　42

第 II 部 施工技術　47

第4章 工事の準備 ………………48
- 4・1 起工式　48
- 4・2 測　量　48
- 4・3 地盤調査　50

第5章 地業工事 …………………54
- 5・1 杭工事　54
- 5・2 地盤改良工事　58

第6章 土工事 ……………………62
- 6・1 根切り工事　62
- 6・2 床付け作業（床浚え作業）　64
- 6・3 埋戻し工事　64

第7章 躯体工事 …………………66
- 7・1 躯体工法　66
- 7・2 鉄筋工事　72
- 7・3 型枠工事　76
- 7・4 コンクリート工事　80
- 7・5 鉄骨工事　86

第8章 準躯体工事 ………………94
- 8・1 コンクリートブロック工事　94
- 8・2 ALC工事　94
- 8・3 中空押出し成型セメント板工事　96
- 8・4 カーテンウォール工事　98

第9章 仕上げ工事 ………………102
- 9・1 防水工事　102
- 9・2 金属製建具工事　106
- 9・3 ガラス工事　108
- 9・4 木工事　112
- 9・5 石工事　114
- 9・6 タイル工事　116
- 9・7 左官工事　120
- 9・8 塗装工事　122
- 9・9 内装工事　124

第10章 解体工事 …………………130

索　引　134

第 I 部
施工管理

　建築生産の仕組を生産の流れにそって述べる．そのなかで，総合建設業の主要業務である施工管理の業務の全般について概説する．

　施工管理の業務においては，まず，如何なる方法で施工するか，その方法をどのように表現して共通して理解し，さらにこれを実行するためには，どのような組織を作るのかを計画する．次に，この計画をどのように実施し，どのように管理するか．

　第I部においては，これら施工管理の要点について述べる．

第1章 建築生産

1・1 わが国の建設産業

わが国の建設産業は、国内総生産の約8％に相当する建設投資を担うとともに、全産業就業人口の約10％を占める就業者を擁する基幹産業である。

また、住宅・社会資本の整備の直接の担い手として、重要な役割を果たすとともに、建設関連産業や建設資材産業などを含む、極めて裾野の広い産業である。

一方、建設産業は従来から、労働生産性・品質保証などの面で近代化の立ち遅れを指摘されている。その背景として、以下に述べる構造的問題が指摘されている。

建設業許可業者数は50万社以上あり（図1・1）、個人および資本金1億円未満の会社が全体の99％を占めている（図1・2）。建設産業への参入件数および倒産件数が非常に多く、建設業者の入れ替わりが激しい。また建設労働者の労働時間は他産業と比較して長く、その反面、賃金は低く抑えられているなど、多くの問題をかかえている（図1・3、図1・4）。

今後、社会資本の充足に伴って建設投資額は欧米先進諸国並のGDP比5％台までは縮小するとみられ、急成長を続けるアジア新興国との連携を強化するなど如何にして発展するかが課題となっている。

1・2 建築生産の流れ

標準的な建築生産の流れは以下のとおりである（図1・5）。

建築生産は建築主が建築を目論むことから始まる。建築主（けんちくぬし）は建築の目的に応じ、建築内容や資金計画などの企画を行い、これを建築物として具体化するために、設計者に設計を依頼する。設計者はこの企画に基づき、性能とコストを満足すべく設計を行う。建築主は、設計図により施工に必要な法的諸手続きを行い、総合建設業者を選定して工事を発注する。総合建設業者は工種ごとに専門工事業者に発注し、施工管理を行うことによって設計品質を確保して工事を完成させる。

以下、建設産業に関わる人たちについて述べる。

1. 建築主

建築主は建築行為の主体であり、契約関係から発注者あるいは施工主（施主）・受注者の立場からは顧客とも呼ばれる。

建築物には、住宅・貸事務所・マンション・工場などさまざまなものがあるが、いずれの場合もその性能対コストが最も重要な要素となる。例えば、建設コストはマンションの場合は販売価格に、工場の場合は製品価格に反映される。

まず、建てようとする建築物の性能と建設コスト（建設資金の調達・借入金返済計画などが関係する）を整合させ、設計の目標を明確にするための企画を行う。企画は建築主が行う場合と専門会社あるいは総合建設業者や設計者の専門部門などが行う場合がある。

2. 設計者

設計者は、建築主から注文を受け、建築主の要望する建築物の設計を行い、施工時には設計内容を確保するため設計監理を行う。

設計には、一般設計（意匠設計）・構造設計・設備設計（電気設備設計・空調設備設計・給排水衛生設備設計）・環境設計（外構・庭園の設計）などの専門分野がある。

設計事務所には、上記のすべての設計を行う大規模なものと、一部の専門分野の設計を行う小規模なものがある。小規模な設計事務所の場合は、他の専門分野の設計事務所にさらに発注し、全体の設計を完成させる。

また建築主となる官公庁や大企業には、設計部門をもち、設計から設計監理までを行うものもある。

3. 施工者

(1) 総合建設業者（ゼネコン）

総合建設業者（general contractor）は、建築主から工事を請負い、工種ごとに専門工事業者に発注し、各専門工事業者の施工を総合的に管理して工事を完成させる。

一般に総合建設業者は設計部門をもち、設計と施工を同時に請け負う場合もある。

(2) 専門工事業者（サブコン）

専門工事業者（subcontractor）は、総合建設業者から専門とする工事（例えば大工工事やガラス工事など）を請負い、その施工を行う。総合建設業者が請け負った工事の一部をさらに請け負うことから、一般に下請業者（したうけ）と呼ばれる。これに対し総合建設業者は元請業者（もとうけ）と呼ばれている。

専門工事業者には、建築に関わるあらゆる種類の業種があり、規模も、大規模な工場設備を保有する業者から、小規模な人手だけの業者まである。

専門工事業者は、元請業者から請負った工事を、さらに細分化された専門工事業者へ分割して発注する場合が多い。この場合、元請業者から直接工事を請負った業者を1次下請業者、1次下請業者から請負った業者を2次下請業者（孫請業者）、2次下請業者からさらに請負った業者を3次下請業者（ひ孫請業者）と呼び、この構造を下請の重層構造と

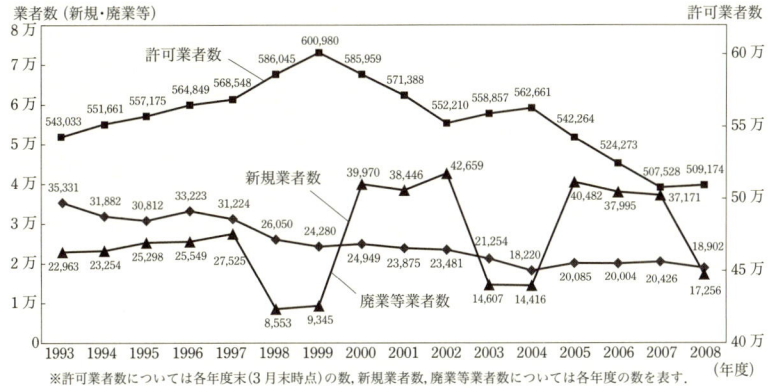

図1・1　建設業許可業者・新規及び廃業等業者数の推移
（2008.3末，国土交通省資料より）

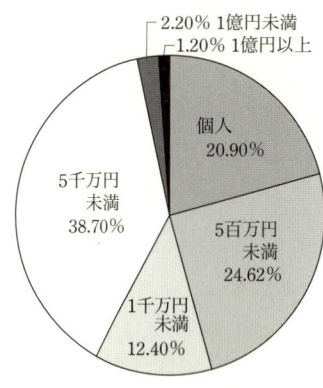

図1・2　建設業許可業者数の資本金規模別構成
（2008.3末，国土交通省資料より）

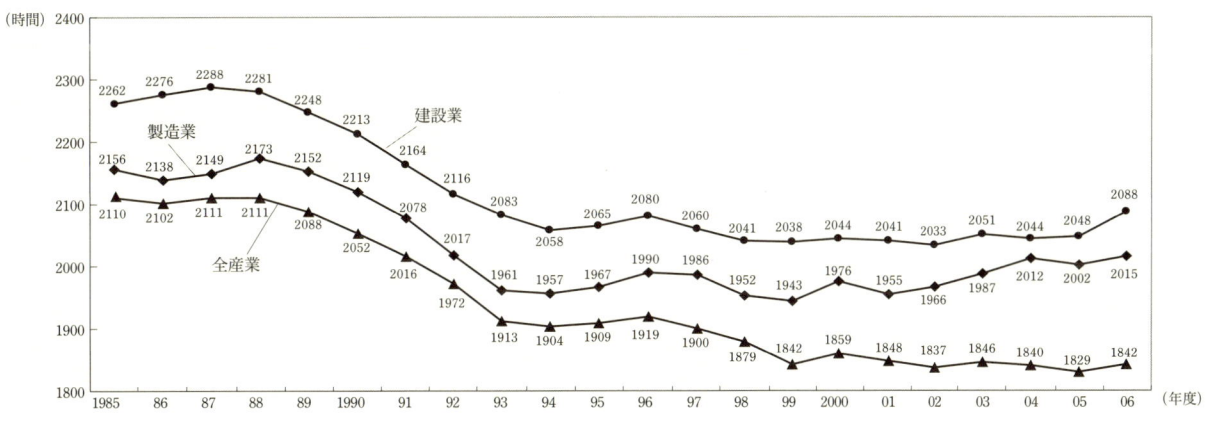

図1・3　年間総労働時間の推移（厚生労働省資料より）

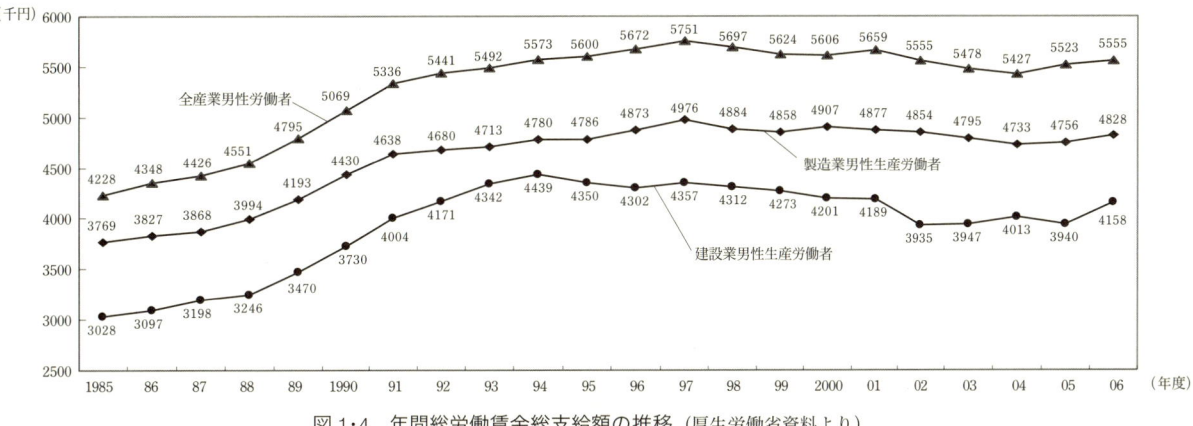

図1・4　年間総労働賃金総支給額の推移（厚生労働省資料より）

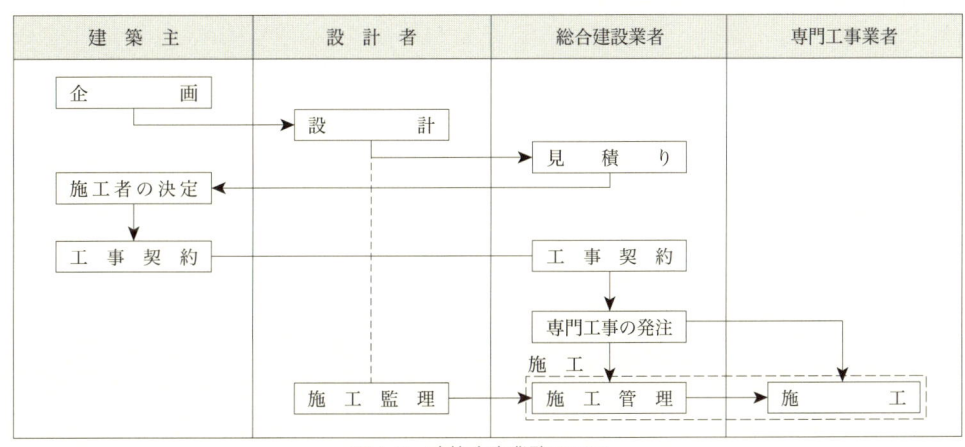

図1・5　建築生産業務のフロー

呼ぶ．この重層構造が，建設業の近代化をさまたげているとも言われる．

4. 共同企業体（JV）

建築生産のシステムのなかで，総合建設業者と同様な働きをするものに共同企業体がある．

共同企業体(joint venture)とは，1つの工事を複数の総合建設業者が共同で請け負う場合の，組織体のことである．

共同施工は，業者および発注者双方にリスク回避のメリットがある．その他にも，各社の得意技術の活用や発注者の営業的メリット等の目的で行われる．

5. コンストラクション・マネジメント方式（CM方式）

近年，コンストラクション・マネジメント（construction management）方式が注目を集めている．

コンストラクション・マネジメント方式は，米国などで大型の建築工事を中心に広く採用されている．広い専門知識を有するコンストラクション・マネージャー(CMR)が建築主のニーズを把握し，最も適した設計者・施工管理者・専門工事業者を選定し，施工者の技術力を設計に反映させるなどの調整を行い，建築主と連携して総合的に建築生産全体を管理する（図1・6）．

一般の建築主は設計者や施工者の能力や得意分野についての知識が乏しく，期待どおりの建築物を建設するための発注先について確信を持てずに不安を抱いている．このような建築主の不安の解消にCM方式は役立つ．またCM方式の採用によって，設計と施工を平行して進めることも可能であり，大規模工事の工期短縮にも有効である．

わが国では，総合建設業者の各部門が連携して同様な機能を果たしてきたこともあって，CM方式は発達してこなかった．現在は，わが国でもCM方式の普及促進に国が取り組み，CM会社も設立されている．

1・3 工事の発注と契約

建築物の工事は，設計図書に基づいて工事金額が見積られ，建築主は施工者に工事を発注し，その内容を契約することによって始まる．

1. 設計図書

設計図書は，施工の対象となる建築物を必要十分に示すものとして，建築施工の始点に位置づけされる重要な資料である．なお，設計図書は設計図・共通仕様書・特記仕様書・現場説明書・質疑応答書で構成される．

(1) 設計図

設計図は，建築全体のあらゆる部分の寸法と材料，必要な場合は材質，性能等を表現したものである．意匠設計図・構造設計図・構造計算書・設備設計図などで構成される．

(2) 共通仕様書

共通仕様書は，建築施工全般にわたって，施工方法と品質管理に必要な試験方法について，詳細に規定したものである．

官庁，公団，大手設計事務所，大手ゼネコンの設計部門などは独自の共通仕様書を作成して使用しているが，一般には，日本建築学会作成の「建築工事標準仕様書」JASS (Japanese Architectural Standard Specification) が使用される．

(3) 特記仕様書

特記仕様書は，材料の品質・器機の性能・メーカーの指定など，設計図で表現できない事項について説明するものである．一般的に，特記仕様書は共通仕様書に優先する．

(4) 現場説明書

現場説明書は，建築を行う土地に関係する条件を示すものである．

工事の見積りに参加する業者を建設現場に召集して，現場説明会を行い，その場で配布することが多い．

(5) 質疑応答書

見積り参加各社が見積り作業を行う過程で，設計図書間のくい違いや，不明な点が発見される．見積り各社は，不明な点についての質疑を，見積期間の中間時点の定められた日時に提出する．

発注者と設計者は質疑を検討し，解答をまとめて質疑応答書を作成して参加各社に配布する（図1・7）．これにより，設計図書の内容が補完されて完全な内容になる．

2. 見積り

建築の場合，見積りとは工事着手以前に工事金額を予測する作業のことである．

(1) 概算見積りと本見積り

見積りには，概算見積りと本見積りがある．

概算見積りは，工事金額の概略を算出するもので，企画段階で，建設すべき建築物と資金を，あるいは設計段階で，設計内容と予算を整合させるためなどに行われる．見積方法は，延べ面積・階数・階高・外壁率・仕上げグレードなどの要素の組み合わせと，統計データによる係数によって算出する．

本見積りは，確定した設計図書に基づいて総合建設業者が行う見積りである（図1・8）．総合建設業者は，ここで算出された金額を基に，入札金額を決定し，建築主との請負金額折衝を行い，工事の実行予算を作成する．

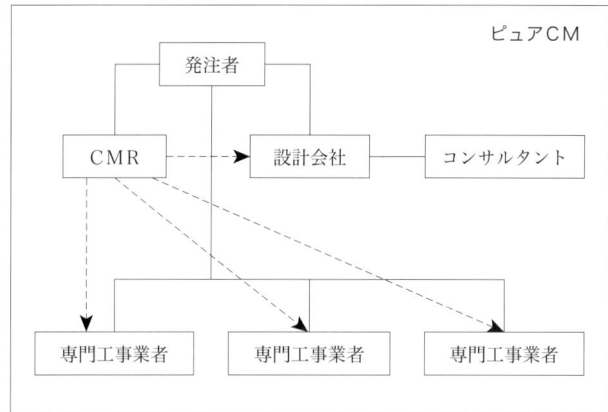
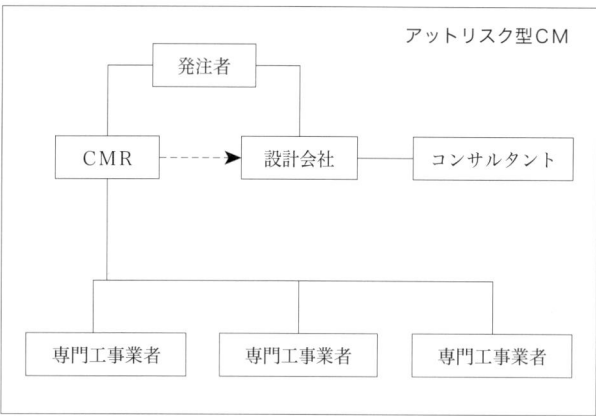
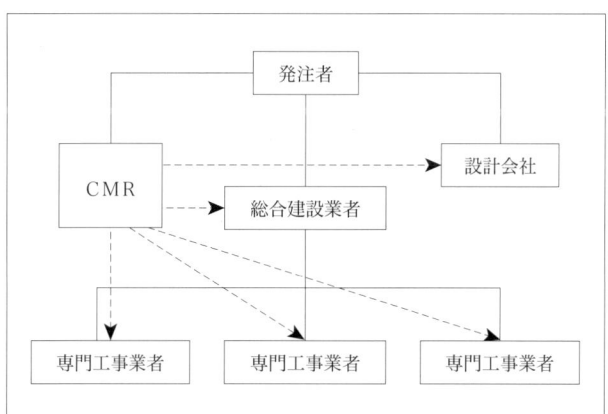

CMには，発注者が専門工事業者と契約する従来からのCM（ピュアCM）と，CMRが直接，専門工事業者と契約してリスクを負担するCM（アットリスク型CM）がある．

図の上記二者は，米国で行われている代表的なCM方式である．契約に関する紛争の多い米国においては，関係者を統合して工期，品質を確保することに主眼がおかれている．

左は，わが国において試みられているCM方式の一例である．わが国では，コストの透明性の確保，コストの削減に主眼がおかれている．

図1・6　CMの3つのタイプ

図1・7　質疑応答書の例

図1・8　見積り依頼書の例

第1章　建築生産　09

(2) 見積り業務

工事金額は，建築に使われる資材や器具などの材料費と，これを施工する労務費と，レンタル費や動力費などの経費によって構成されている．

見積り作業は，数量拾い→値入→集計の順に行う．

数量拾いとは，設計図書から価格の異なる材料ごとに数量を算出することをいう．値入とは，数量拾いで得られた材料，労務，経費またはそれらを複合した数量を記入したリストに金額を記入することをいう．集計とは，それらの金額を集計して工事金額を算出することをいう．

(3) 工事金額の内訳分類

工事金額の内訳項目の分類方式には，工種別分類方式と部分別分類方式の2種類がある（図1・9）．

工種別分類方式は，工事の種類ごとに分類したもので，見積りはこの分類で行われる．下請けへの発注や，工事管理に便利である．

部分別分類方式は，建物の部位別に分類するもので，建築主など一般の人にわかりやすい分類になっている．この分類は工種別の見積りから作成する．

3. 工事の発注

(1) 発注形態

発注形態には，請負方式と直営方式と実費精算方式があるが，建築工事の場合，請負方式以外はほとんど行われていない．

請負方式には，一式発注による一式請負と分割発注による分割請負がある．

一式発注一式請負の方式は，建築工事の一切を請負う方式で，最も多く採用されている．

分割発注分割請負の方式の分割区分には，工種別区分と工区別区分がある（図1・10）．工種別区分は工事種目による区分で，設備工事・建築工事・外構工事など工事種目により，別々に発注することをいう．工区別区分は場所による区分で，複数の建築物を工事する場合，建築物別に発注することをいう．

(2) 施工者の選定

施工者の選定方法は，良い建築を少しでも安く，安心して入手しようと望む発注者のニーズに合わせ，次の4つの方法が行われている．

(a) **特命**　発注者が，最も信頼をおいている業者，あるいは営業的な利害関係から，1つの業者を選定する方法である．発注者の予算内で，より良い建築を実現させるためVE[*1]などにより設計を見直し，発注者と施工者が折衝を行い妥協点を見付けて契約をする．

(b) **見積り合せ**　発注者が，施工能力や品質保証の面で信頼のおける複数の業者に見積りを提出させ，見積り内容を検討して施工者を選定する方法である．同一工事項目の金額の違いについて説明を求めて値引きをさせる，あるいはVE提案をさせるなどの競争をさせ，最も安い見積りを提出した業者と契約をする．

(c) **指名競争入札**　発注者が，工事規模や工事の難易度に見合う施工能力や品質保証能力のある複数の業者を指名し，総工事金額を同時に提出させ，個々の業者と折衝することなしに最も安い見積りを提出した業者に決定する方法である．

(d) **一般競争入札**　発注者が，入札参加者に制限を加えることなく参加者を募り，入札を行わせる方法である．入札参加者が限定されないため，談合の心配はないが，施工能力や品質保証面で差の出ない物件であることなど，工事の内容にかなりの制約がある．

4. 工事契約

施工業者決定の後，発注者と施工者の間で工事契約を締結する（図1・11）．

工事契約は，何を，いくらで，いつまでに作るかを，約束する商行為である．したがって，後にトラブルが生じないように，厳格に行わなければならない．

その主な内容は次のとおりである．

① 工事内容
② 請負代金
③ 工事着手の時期および工事完成の時期
④ 請負代金の支払条件
⑤ 上記およびその前提に変化が生じた場合の対処方法

これらの契約は，建設業法に準拠して行われる．契約は，契約書の他に工事内容を示す設計図書と，上記の具体的方法を示す契約約款によって締結する．民間工事の契約約款には，民間連合[*2]協定工事請負契約約款が広く用いられている．

[*1] VE
バリューエンジニアリング（value engineering）の略で，価値工学のことである．コストダウンを図る目的で，同じ性能をもつ種々の方法について，コストテーブルを活用してコストを比較し，設計を見なおす場合に使われる．特命や見積り合せの折衝作業で，施工者が工事金額を発注者の予算に近づけるため，設計変更案を検討する場合などによく用いる．

[*2] 民間連合
以下の7団体で構成される．日本建築学会・日本建築協会・日本建築家協会・全国建設業協会・建築業協会・日本建築士会連合会・日本建築士事務所協会連合会．

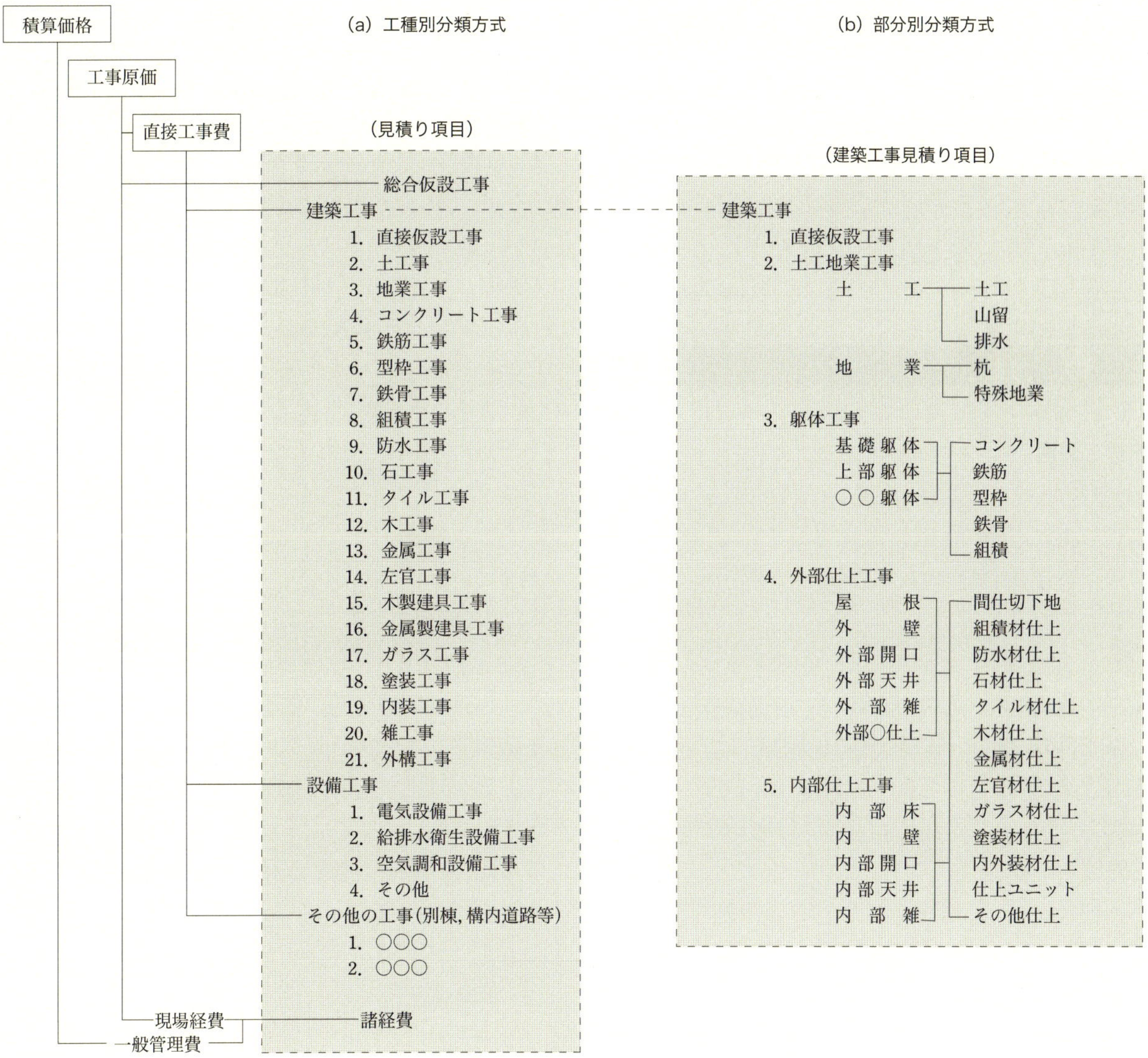

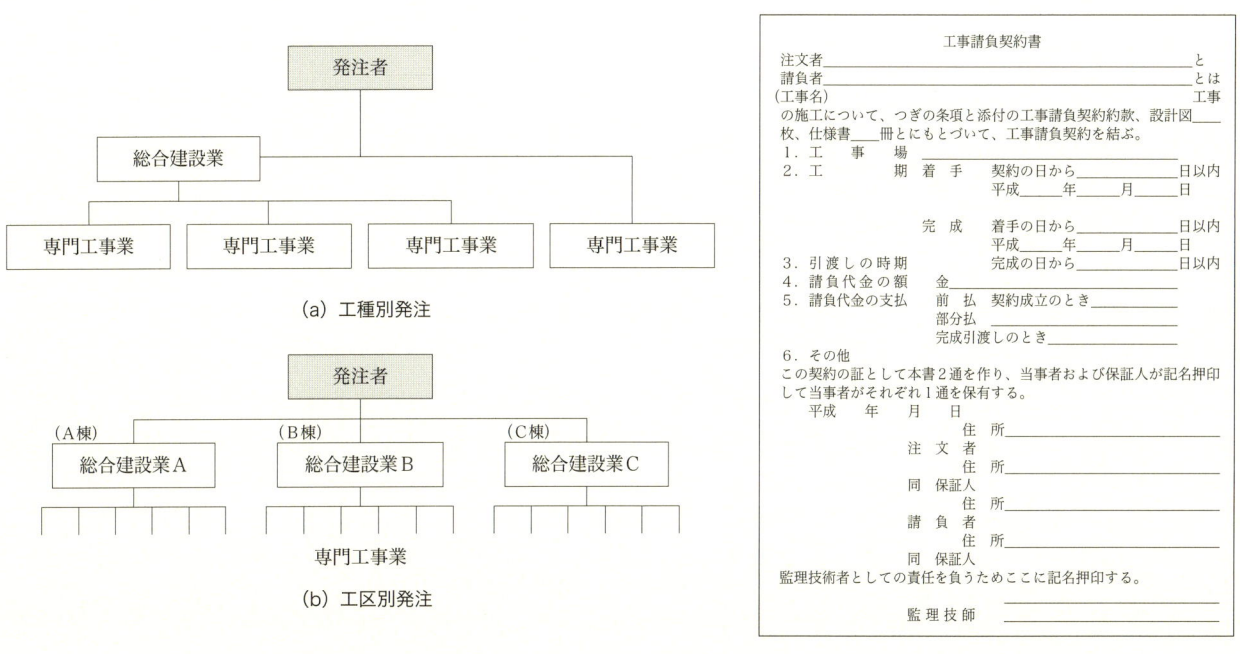

図 1･9　工事金額の内訳分類方式

図 1･10　分割発注の契約関係の例

工事請負契約書

注文者＿＿＿＿＿＿＿＿＿＿＿＿＿＿＿＿と
請負者＿＿＿＿＿＿＿＿＿＿＿＿＿＿＿＿とは
(工事名)　　　　　　　　　　　　　　工事
の施工について、つぎの条項と添付の工事請負契約約款、設計図＿＿枚、仕様書＿＿冊とにもとづいて、工事請負契約を結ぶ。

1．工　事　場＿＿＿＿＿＿＿＿
2．工　　期　着　手　契約の日から＿＿＿＿日以内
　　　　　　　　　　　平成＿＿年＿＿月＿＿日
　　　　　　完　成　着手の日から＿＿＿＿日以内
　　　　　　　　　　　平成＿＿年＿＿月＿＿日
3．引渡しの時期　　完成の日から＿＿＿＿日以内
4．請負代金の額　金＿＿＿＿＿＿＿＿
5．請負代金の支払　前　払　契約成立のとき＿＿＿＿
　　　　　　　　　部分払＿＿＿＿＿＿＿＿
　　　　　　　　　完成引渡しのとき＿＿＿＿
6．その他

この契約の証として本書2通を作り、当事者および保証人が記名押印して当事者がそれぞれ1通を保有する。

平成　年　月　日
　　　　住　所＿＿＿＿＿＿＿＿
注　文　者
　　　　住　所＿＿＿＿＿＿＿＿
同　保証人
　　　　住　所＿＿＿＿＿＿＿＿
請　負　者
　　　　住　所＿＿＿＿＿＿＿＿
同　保証人

監理技術者としての責任を負うためここに記名押印する。

監理技師　＿＿＿＿＿＿＿＿

図 1･11　工事請負契約書の例

第2章 施工計画

施工計画は，建築物をどのような方法（工法）で，どのような順序（工程，図2・1）で造り上げるかを計画することである．時間の流れに伴い，形を変えていく建築物を立体的にとらえ，着工から完成までの施工のストーリーを四次元的に描く作業である．

2・1 概論

1. 管理と計画

施工管理は，総合建設業の業務そのものである．施工管理における施工計画の位置付けを明らかにするため，管理と計画の一般的な関係について述べる．

(1) 管理

「管理」と同じ読みに「監理」という文字がある．この両者の意味が混同され，意味が曖昧にされがちである．管理とは「control のことで，自分以外のものに対して思いどおりの結果を出させようとする」ことである．監理とは「監理の対象が，決められたとおり行われているかどうかを確認すること」である．

読みが同じであるため，管理を「たけかん」，監理を「さらかん」と呼び，これらの言葉を区別することがある．

(2) 管理手法

管理を行う方法は，計画（Plan）・実施（Do）・評価（Check）・対策処置（Action）を順に行い，計画へもどるサイクルを回すことである．これを管理のサイクル，あるいは発案者の名を取ってデミングサイクルと呼び，P・D・C・A のサイクルを回すという（図2・2）．

管理者が行う P・D・C・A の内容について，次に述べる．

計画（P）は，管理者が得ようとする結果（目標）と，その結果を得るための方法を決めることである．

実施（D）は，管理をする対象に対し，計画の内容を納得させ，やる気を起こさせ実行させることである．

評価（C）は，計画どおりの結果が得られたかについて評価をすることである．

対策処置（A）は，計画どおりの結果が得られなかった場合，その原因をつきとめ，二度と同じ失敗を繰り返さないための手段を立案し，次のサイクルの計画に生かす（歯止めをかける）ことである．

なお，施工管理においては，着工から完成までの施工全体のサイクルのほかに，工事別・機能別・月間・週間・日間など，さまざまなサイクルがある．この章で述べる施工計画は，このうち，施工全体のサイクルの計画（P）として位置づけられる．

(3) 計画

計画（P）は管理サイクルの最初に位置付けられる．計画は，管理のサイクルの中で最も重要な項目である．良い計画とは，計画どおり円滑に実施されて計画に狂いが生じないために，処置（A）を必要としない計画である．前サイクルの対策処置（A）を生かし，慎重に先を読み（予知し），良い計画を立てることを心がけなければならない．

計画の要素は，5W1H の 6 項目で表現できる．すなわち計画は who（だれが）・what（何を）・why（何のために）・when（いつ）・where（どこで）・how（どのように）の 6 項目を充足していなければならない．

(4) 施工管理の目標

施工管理の目標は，品質（Q:Quality）・原価（C:Cost）・工程（D:Delivery）・安全（S:Safety）・環境（E:Environment）を確保することである．

したがって，全ての計画は，この Q・C・D・S・E を確保するものでなくてはならない．すなわち各種の計画案を検討する場合の評価尺度は，Q・C・D・S・E の充足度であるということができる（表2・1）．

2. 事前調査

計画立案に先立って，計画対象に関する調査を行う．これを事前調査という．計画に不具合が生じた時，それが事前調査の不備に起因する場合が圧倒的に多い．

(1) 設計図書の理解

設計図書を含め，契約内容が施工の基本条件である．設計図書の内容を，十分に理解することが重要である．

(2) 発注者の意向の把握

発注者とよくコミュニケーションをとることで，設計図書からは読み取れない発注者の意向を，十分に把握する．

(3) 地盤調査

地盤調査は，構造設計のために設計の段階で行われている．しかし，その調査内容は根切り・山留め・揚水などの施工計画を立てるためには不十分な場合が多い．そのため，必要に応じて被圧水・透水係数・土質などの調査を行わなければならない．過去に近隣で行われた工事の記録を調べ，参考にすることも重要である．

(4) 敷地と周辺の調査

敷地とその周辺について，次の調査を行う．

(a) **敷地周辺の地形の測量調査** 施工する建築物と周辺地盤との高さの確認や，豪雨時の浸水の危険性を検討する．

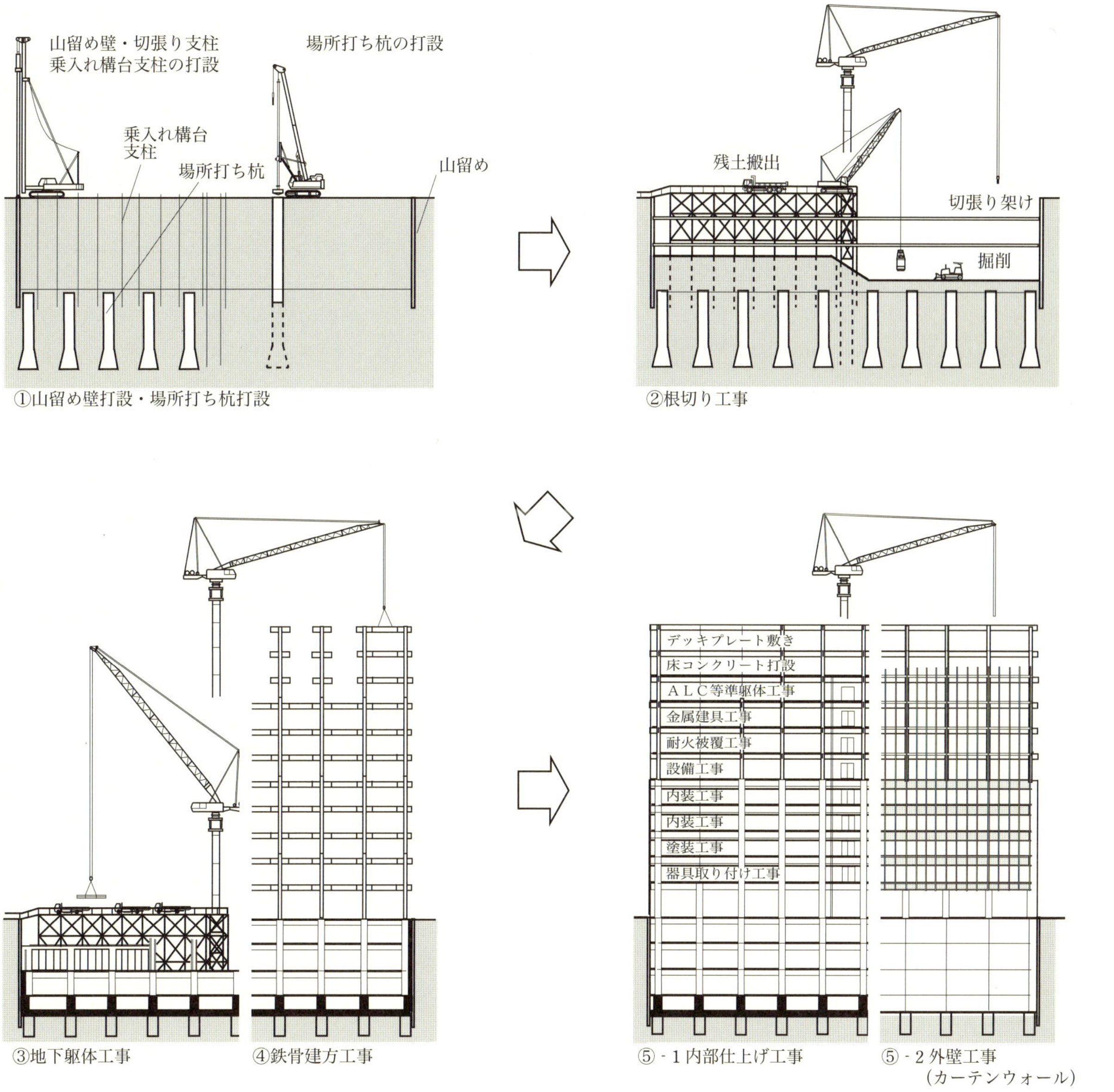

図2・1 施工工程の例

①山留め壁打設・場所打ち杭打設
②根切り工事
③地下躯体工事
④鉄骨建方工事
⑤-1 内部仕上げ工事
⑤-2 外壁工事（カーテンウォール）

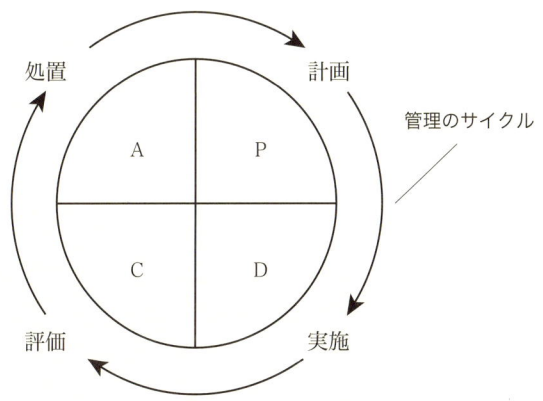

図2・2 管理のサイクル

表2・1 工法評価の概念の例

根切り工法の評価（面積が広く比較的浅い根切り）

根切り工法	品質	原価	工程	安全	環境
法切りオープンカット工法	◎	◎	◎	○	○
山留め切張り工法	○	○	○	○	○
山留めアースアンカー工法	○	○	◎	○	○
アイランド工法	△	○	△	○	○
トレンチカット工法	△	△	△	△	○
ケーソン工法	△	△	△	△	○

第2章 施工計画

(b)地中埋設物調査　掘削工事の障害物および掘削工事や乗入れ通路による影響を検討するために，地中に埋設されている障害物・上下水道・ガス管・電話線・電力線などの調査を行う．

(c)架空障害物調査　資材搬入や仮設物設置の障害になる電線や通信線などの架空障害物の調査を行う．

(5)近隣調査

工事現場の周辺道路の交通事情，井戸の分布，振動に敏感な計器の有無など，工事によって影響を受けると考えられる事項の調査を行う．また，工事が終了した時点で工事による影響の有無を確認するため，工事着手前に関係者立会いのもと現場周辺建物の状況を確認し，写真や測量結果を両者で保管する．

(6)電波調査

テレビ電波などの電波障害対策を行う．なお工事終了後に，その効果を確認するため，影響範囲を想定して受信状況を調査する．超高層ビルを施工する場合，マイクロウェーブの経路の障害とならないか，チェックすることも重要である．

(7)その他

その地域の気象（雨天日数・積雪量・最低気温など）や自治体の条例などについても，調査を行う．

3. 工法の選択

施工計画の主要な要素は，根切り工事の工法・躯体工事の工法・揚重（垂直運搬）の工法である．これらの工法は相互に深く関連しており，選定した工法の組み合わせについて，Q・C・D・S・Eは確保されるか，管理しやすいシンプルな計画であるかなどの評価を行い，施工計画の方針を決定する．

施工とは，建築物を構成する膨大な資材を所定の場所に運搬して組み上げることでもある．したがって，水平運搬と垂直運搬の経路と手段の良否は，施工の効率の鍵をにぎっている．

乗入れ構台，タワークレーン，工事用エレベーターなどの運搬設備は，仮設設備のなかで最も大がかりな設備である．

施工計画の手順としては，各工事の工法と水平垂直運搬の経路と設備を決定した上で，細部の計画を展開するのが一般的である．

管理事務所・作業員詰所・仮囲い・門扉・便所・動力・用水・照明・山留め・揚水・乗入れ構台・クレーン構台・足場などを計画し，計画図として作成する．

細部の工事の順序と日程は，工程表に表現する．

4. 工程計画

工程計画は，工程表として表現する．工程表は，作業内容と日程の関係を表現するもので，工事管理・出来高管理・各種の図面作成管理・外注管理など種々の用途に用いる．

主な表現形式に，棒線工程表とネットワーク工程表がある．

(1)棒線工程表

棒線工程表（バーチャートあるいはガントチャート）は，横軸に日程を，縦軸に作業内容を示し，該当する日程に棒線を記入するものである（図2・3）．各作業の着手から終了までの日程が明瞭で，部分的に工事に参加する専門工事業者にはわかりやすい．

(2)ネットワーク工程表

ネットワーク工程表は，第二次世界大戦末期に米国で作戦計画の立案のために考え出されたもので，大戦終結後10年ほどを経て確立した手法である（図2・4）．

ネットワーク工程表は，作業の順序関係をネットワークで表現したものである（図2・5）．

この手法では，各作業の余裕日数を算出することができ，工程管理において重要となるクリティカルパス（余裕のない作業の繋がり）を把握することもできる．

またネットワーク工程表の作成作業は，各工事を単位作業に層別し，単位作業を理論的に組み立てる作業であるため，作成者は工程表を作成する過程で，工程全体を明解に頭に描くことができるようになる．このようなことから，ネットワーク工程表は現場管理者の施工内容の把握に有効な手法であるといえる．

なお，複雑な工程表は電算処理を行うが，建築工事では，手作業程度の粗さで十分である．

■ネットワーク工程表の作成方法（ネットワーク作成方法を簡略表現によって述べる）

① 作業の分割とグループ分け

作業をはっきり区切ることのできる単位に分割する．次に，なるべく前作業，後作業が複数になる，ひとまとまりの作業単位にまとめる．

② 所要日数の見積り

上記の単位作業の所要日数を，歩掛・機械の台数・機械の能率・作業量・想定した人数などから算出する（図2・6）．作業別の歩掛値は市販されているが，作業条件によって幅があるため，自分の体験した工事のデータを蓄積して利用することが望ましい．

なお，気象による稼働率の低下を，所要日数に含める．

③ ネットワークの作成

工事着工から順に，1作業単位ごとに，矢印（アロー：Arrow）を横向きに書き，矢印の上に作業内容（ジョブ：Job），

工事総合工程表

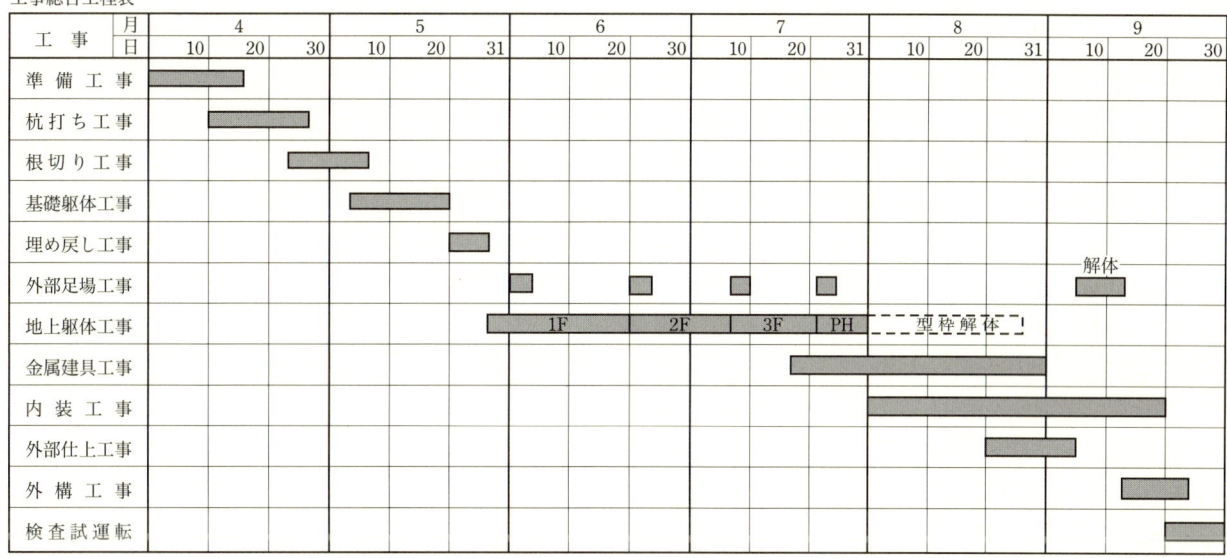

図2·3 棒線工程表の例

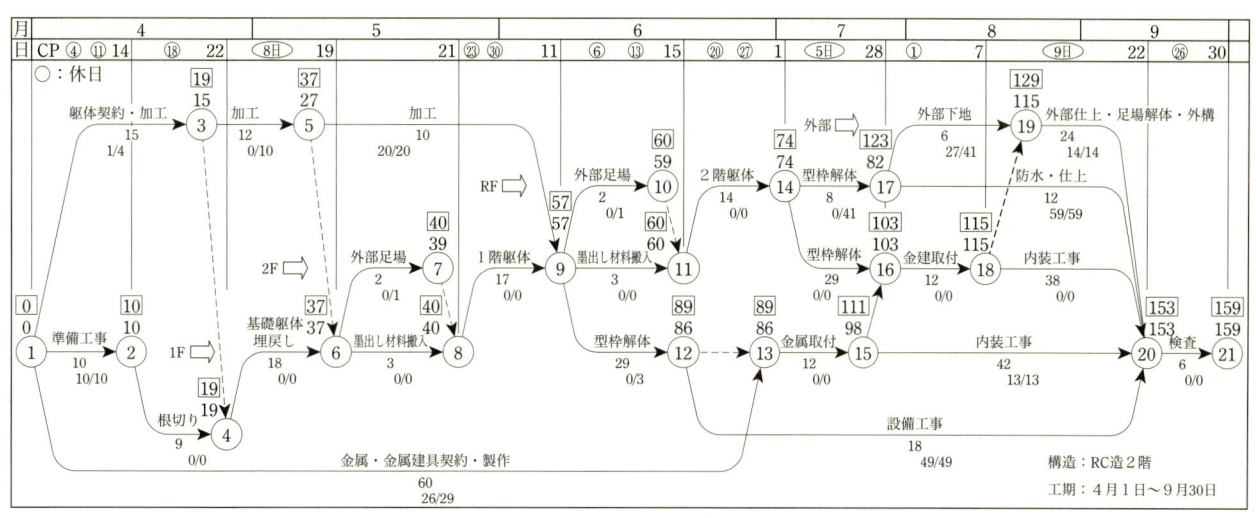

図2·4 ネットワーク工程表の例

たとえば、杭打ち作業の場合、杭打ちをするためにはその前に、杭を搬入、杭打ち機を搬入、杭の位置出しが必要である。杭の位置を出すためには、その前に基本墨の測量が必要である。これを以下のように表現する。

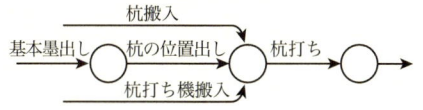

図2·5 ネットワークの表現

▼タイル工事の歩掛の例

延べ8人で50㎡のタイルを施工できる場合

$$歩掛 = \frac{8人}{50㎡} = 0.16 人/㎡$$

2000㎡の外壁を12人で施工する場合の所要日数
（能率係数＝0.92、天候係数＝0.95とする）

$$所要日数 = \frac{2000㎡ \times 0.16 人/㎡}{12人 \times 0.92 \times 0.95} ≒ 31日$$

図2·6 所要日数の見積り

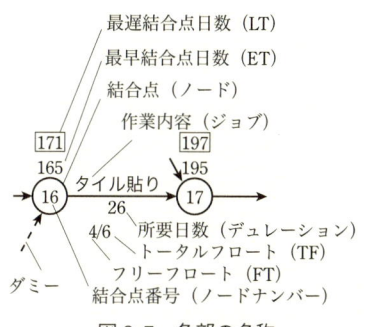

図2·7 各部の名称

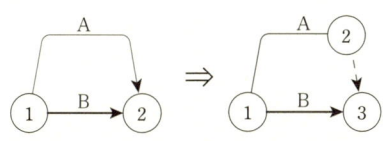

左図の場合、ジョブ1-2はAとBを指すため、右図のように表現する。ジョブ1-2はA、ジョブ1-3はBを示す。

図2·8 ノードナンバーとジョブ

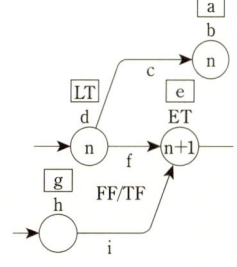

ET：最初のノードのETを0とし、順に計算する。d＋f, h＋i等を計算し、n＋1ノードまでの最大値をとる。

LT：最後のノードのLTをETと同数とし、順に計算する。a－c, e－f等を計算し、nノードまでの最小値をとる。

$TF = e - (d + f)$　　$DF = TF - FF = e - ET$
$FF = ET - (d + f)$　　$CP: TF = 0$ かつ $FF = 0$
　　　　　　　　　　　　　かつ $DF = 0$

図2·9 日数の計算

第2章 施工計画　15

下に所要日数（デュレーション：Duration）を記入し，矢印と矢印の間に丸で結合点（ノード：Node）を入れてネットワークを描く．なお，作業順序だけを表現する場合は，矢印を点線（ダミー：Dummy）で描く．工事全体のネットワークが完成したら，ノードの円の中に結合点番号（ノードナンバー：Node Number）を記入する（図2・7）．数字はジョブとアローの向きを表現するためのもので，常にアローの根元よりも，先端の数字が大きくなるようにする（図2・8）．

④ ネットワークのチェック

1つの作業に着手するためには，その前作業すなわち作業に着手するために完了させなければならない作業が，すべて終了していなければならない．工程表をひと通り書いたら，この関係を最後のノードから逆順にチェックする．

⑤ 日数計算

できあがったネットワークから，次の日数を計算する（図2・7参照，図2・9）．

- 最早結合点日数（ET：Earliest Node Time） 着工から最も早く到達できる日数（ノードの上に記入する）．
- 最遅結合点日数（LT：Latest Node Time） 遅くともその日数で作業を完了しなければ，完成日が遅れる日数（ETの上に四角で囲んで記入する）．
- トータルフロート（TF：Total Float） 作業をETで始め，LTで完了する場合の余裕日数．この余裕日数を消費すると，後続する作業はすべて余裕がなくなる（アローの下に斜線を引き，その右に記入する）．
- フリーフロート（FF：Free Float） 作業をETで始めて後続する作業もETで始められる．その作業だけの余裕日数（アローの下に記入した斜線の左に記入する）．
- ディペンデントフロート（DF：Dependent Float） 後続作業のトータルフロートに影響を及ぼすフロート．

これらの日数の計算は，最初のノードの「ET」を0とし，最後のノードの「LT」をその「ET」と同日数とし，図2・9に示した計算式によって行う．

⑥ クリティカルパスの記入

TF，FF，DFが0で，まったく余裕の無い作業の連なりができる．これが工事日数を支配する作業の連なりで，クリティカルパス（CP：Critical Path）といい，アローを赤線で書くのが一般的である．

⑦ 工程の圧縮

契約工期から休日日数を差し引き，実作業日数を算出し，工程表のトータル日数と比較する．一般に工程表の日数が多くなるので，その差を圧縮する作業を行う．

圧縮は，クリティカルパス上のジョブについて行う．圧縮には一般に費用の増加が伴うので，費用の増加の少ないものから手をつける．圧縮には，次の方法が行われる．

ⓐ デュレーションの根拠とした，作業人数や機械台数の作業を見直し，デュレーションを圧縮する．
ⓑ 平行作業をすることによって，デュレーションを分割して圧縮する．
ⓒ 工法を変更して，デュレーションを圧縮する．

圧縮に伴って，関係ルートのトータルフロートが減少し，0になった時点で，そのルートもクリティカルパスになる．圧縮が足りないときは，他のルートを圧縮する．

このような見直しを行い，契約工期から算出した実作業日数と，ネットワーク工程表のトータル日数が一致した時点で，ネットワーク工程表は完成する（図2・4参照）．

⑧ ネットワーク工程表の実用的な表現

ネットワーク工程表は，作業と暦日が対応していないため工程管理には向かない．ET, LTの記入を省略して，暦日に対応した表現方法が一般的に行われている（図2・10）．

5. 施工計画図書

施工計画を具体的に展開するため，施工計画図書を作成する．主な施工計画図書には，次のものがある．

(1) 工事総合工程表

工事全体の工程を示すもので，ネットワーク形式の工程表で表現する場合が多い（図2・10）．

(2) 施工図作成工程表

施工図（表2・2）の作成日程を，工事工程にあわせて計画するもの．

(3) 電力計画表

各工程で使用する動力や照明の器機と消費電力を，工事工程にあわせて計画するもの．棒線工程表で表現し，左の縦欄に使用器機を，使用期間を棒線でそれぞれ記入し，棒線の上に1日当たりの電力使用量を書き込む．電力使用量を縦に集計して，工程表の最下部に記入して，山積み表を作成する．この山積み表から判断して，受電設備を計画する．この場合，一般にピークの80％程度をとる．また，この表は電力料金の予算管理にも用いる．

(4) レンタル機材計画表

各工程で，レンタルする建設機械や仮設材等を工事工程にあわせて計画するもので，棒線工程表形式で表現し，予算管理に用いる．

(5) 人員計画表

各工程の1日当たりの作業人員を，工事工程にあわせて計画するものである．一般に，棒線工程表の各棒線の上に1日当たりの作業人員を書き込む．縦に集計して，最下部に人員の山積み表を作成する．各時点での，作業員の受け入れ施設の計画などに用いる．

(6) 総合施工計画図

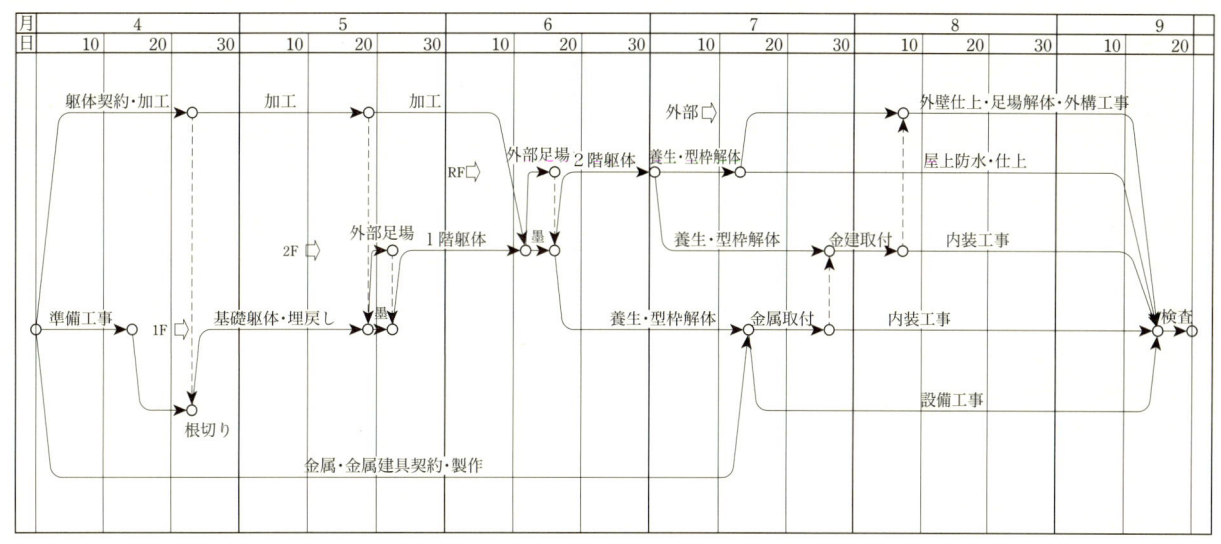

図2・10 管理用ネットワーク工程表の例

表2・2 主な施工図

1. 標準地盤（GL）決定図（周辺地盤の測量値とGLの関係を示す）
2. 墨出し基本図（墨出しの基準位置を示す）
3. 総合施工計画図（各工事における施工機械の位置，動線等）
4. 総合仮設計画図（仮設建屋の位置，仮設電気，給排水設備等）
5. 揚重設備計画図（揚重設備と能力，位置，動線，荷揚げ構台等）
6. 仮囲い，出入口図（仮囲い，出入口）
7. 仮設建屋設計図（現場事務所，下請事務所，食堂等の設計図）
8. 仮設電気設備図（受電設備，配電盤，配線，照明等）
9. 仮設給排水設備図（仮設便所，洗面所，配管等）
10. 足場計画図（各部の足場）
11. 杭打ち計画図（杭位置，杭打ち設備，材料の配置と移動順序）
12. 根切り，山留め計画図（根切り順序，山留め，乗入れ構台等）
13. 躯体関係施工図（鉄筋，型枠，鉄骨アンカー据付等各施工図）
14. 仕上関係施工図（各部詳細図，タイル，石等割付け図等）

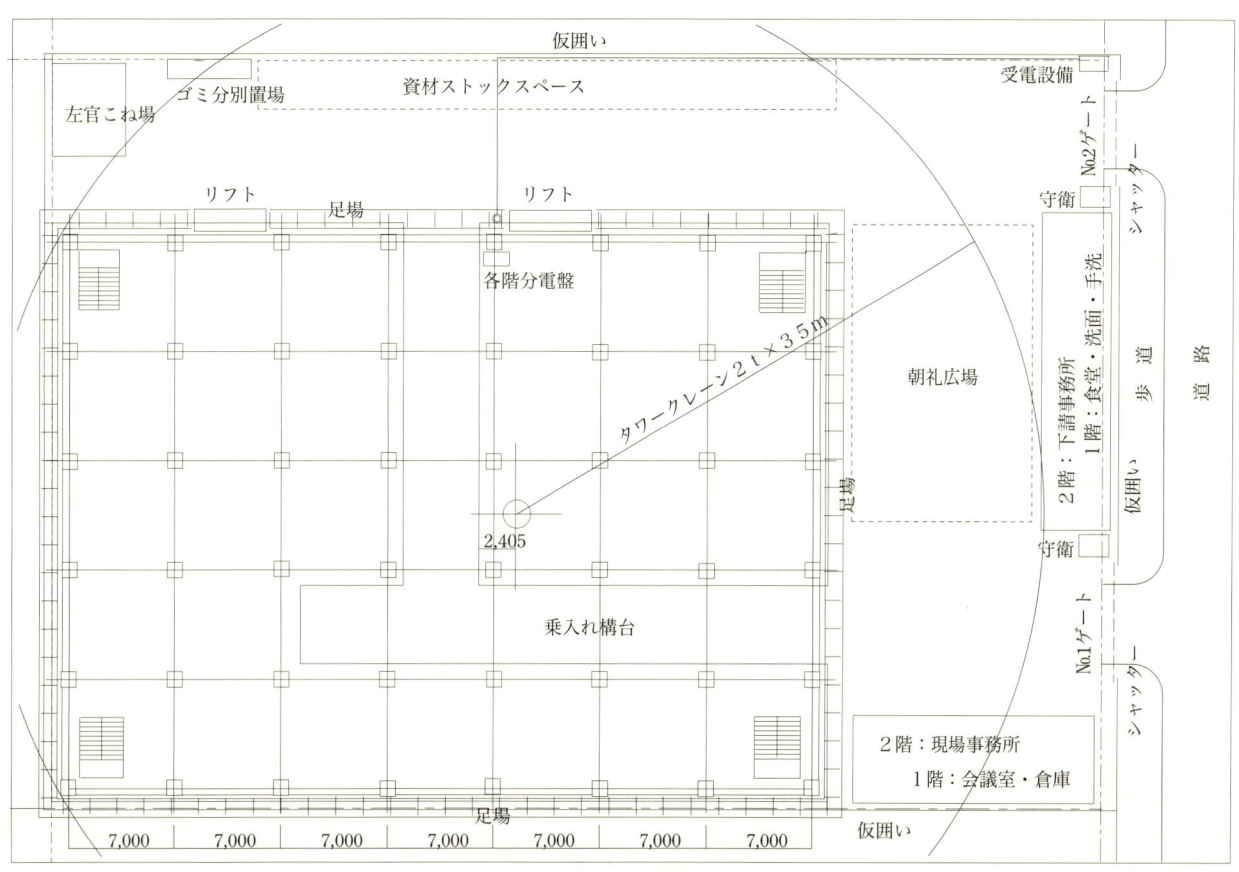

図2・11 総合仮設計画図の例

第2章 施工計画

工事工程上の各時点での現場の状況を，1枚の平面図に重ねて表現するもので，施工全体の進め方を関係者に徹底するために用いる．大規模な工事の場合は複雑になるので，各時点の現場の状況を図として，紙芝居形式で表現することが多い．

(7) 総合仮設計画図

管理事務所・作業員詰所・食堂・便所・洗面所・変電所・仮囲い・電力用水の配管経路・仮設通路・揚重設備・足場などの仮設設備を，1つの平面図にまとめて表現するもの（図2・11）．これも施工の進め方を，関係者に総合的に理解させるために作成するもので，総合施工計画図と兼ねる場合もある．なお，個々の仮設物は別途に施工図を作成して施工する．

(8) 揚重設備計画図

揚重設備の機種と設置位置および水平運搬経路を計画するもの．また定置式クレーンの場合は，迫り上げ計画も行う．

主な揚重設備には，資材用リフト・作業員用エレベーター・移動式クレーン（トラッククレーン等）・定置式クレーン（タワークレーン・ジブクレーン等）などと，クレーンで揚げた資材を各階に取りこむための荷取り構台がある（図2・12）．

工程の進捗に伴って資材の種類や量が変化するため，機種・設置場所・設置時期・設置期間などを十分に検討して計画しなければならない．鉄骨工事やPCカーテンウォール工事がある場合は，これらの施工計画によってクレーンの設置計画が決まる場合が多い．

(9) 根切り計画図

根切り工事の施工順序を計画するもの．山留めがある場合は，山留め計算の前提条件とした各段の根切り深さを明記することが重要である（2・2項「根切り計画」参照）．

(10) 鉄骨建方計画図

鉄骨の建方順序を示す図面である（図2・13）．クレーンの作業半径と吊上げ能力や鉄骨のピース重量などから，クレーンの機種を選定する．移動式クレーンでは，建てた鉄骨がクレーンのブームに当たらないよう，建方の順序を検討する．定置式クレーンでは，迫り上げ時にクレーンを支える鉄骨の補強を検討する．

(11) 足場計画図

建築施工では，いろいろな場面で高所作業が必要になる．どの箇所は，どのような足場を用いるかを示す図面である．

災害防止のため，高所作業については労働安全衛生法で定められた規定が多く，これに準拠して計画を行う．

(12) 労働安全衛生法の規定による届出図面

労働安全衛生法により，次の場合は事前に施工計画図を添えて計画を届出ることが義務付けられている．

① 高さ31m以上の建築物または工作物の建設・改造・解体を行う場合，および掘削の高さまたは深さが10m以上の地山掘削作業の伴う工事の場合（工事開始14日前までに，労働基準監督署長に提出）．

② 型枠工事で支柱の長さが3.5m以上の場合（工事開始30日前までに，労働基準監督署長に提出）．

支柱の長さが3.5m未満であっても，型枠施工図（支保工組立図）の作成は義務づけられている．

③ 吊足場・張出し足場および60日以上使用する高さ10m以上の足場または60日以上使用する長さ10m以上の仮設通路を設置する場合（工事開始30日前までに，労働基準監督署長に提出）．

6. 現場運営計画

計画は，方針・目標・実施具体策で構成される．1つの建築物を施工するには，多数の管理関係者や作業関係者が参加する．これらの人々の気持ちを一致させるために，現場の運営方針と重点目標を示し，徹底することが重要である．

(1) 現場運営方針

方針は会社の経営方針を受け，その現場に即した具体的な内容に展開する．

(2) 重点目標

重点目標は，方針の目標を数値に置き換えて示す．

(3) 管理組織

管理組織は，現場責任者を頂点として，事務部門と技術部門に分かれる．事務部門は庶務と経理に，技術部門は技術の総合的な管理を行う工務と，直接現場の管理を行う現業に分かれる．このうち現業は，一般に工種別に担当者を決めるが，工事の進捗に伴って工種が入れ替わるため，工事期間中に担当する工種も変化する．

一般に組織における地位を示すために，現場責任者（現場主任・作業所長）・現業長・工務長・庶務主任・工事係主任・係員などの呼称が用いられる（図2・14）．

(4) 会議体

会議体は，計画を徹底した上で実施に移す場であり，現場運営の要となる．なお会議体には，次のようなものがある．

(a) **着工前検討会議** 工事着工に先立ち，会社の上位者，各専門スタッフ，現場担当者によって開催する会議である．設計図書や現場をとりまく環境などについて検討し，現場運営方針や重点管理項目を決定する．また課題を拾い出し，解決のための支援体制も決定する．

(b) **設計打合せ会議** 設計者・施工者による会議（発注者を含める場合もある）．工事進捗状況の確認・設計変更の対応・その他工事推進上の問題について協議する．月に1, 2回程度開催される．

(c) **工程会議** 現場の元請関係者と下請の現場責任者（職長）で構成する会議．工程について検討を行い，工程内容

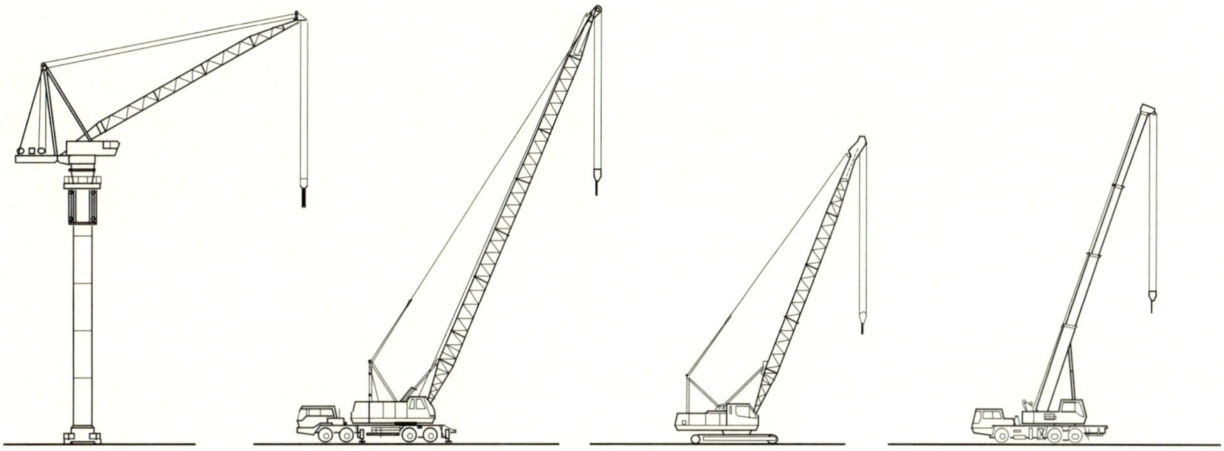

(a)タワークレーン
代表的な定置式クレーンである．

(b)トラッククレーン（機械式）
大型トラッククレーンの主力機種．移動が大掛かりになる．

(c)クローラークレーン
キャタピラ走行であるため，現場での走行が容易．杭打ちなどに適す．

(d)トラッククレーン（油圧式）
ブームが伸縮し一体であるため，機動性に優れている．ブーム重量がネック．

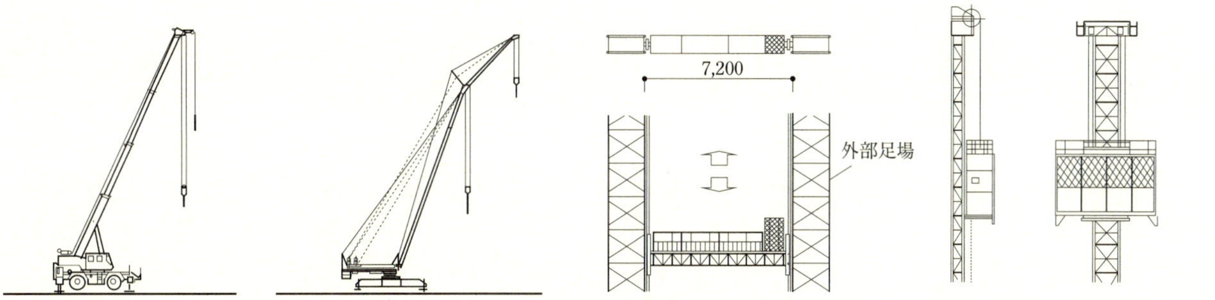

(e)ラフテレークレーン
走行とクレーンの動力を共有する形式のクレーンである．機動性に優れており，広く使用されている．

(f)ジブクレーン
定置式クレーンの一種である．屋上など高所に設置して揚重に使用する場合が多い．レールを敷いて走行させる場合もある．

(g)資材用リフト（ローターデッキ）
長尺の資材を揚重できるよう，6m以上の幅が必要である．一般に外部足場に取り付ける．

(h)高速人荷エレベーター
超高層ビルの場合，作業員の運搬速度は作業効率を左右する．100m/min，程度のエレベーターを設置する．

図2・12　揚重設備の機種

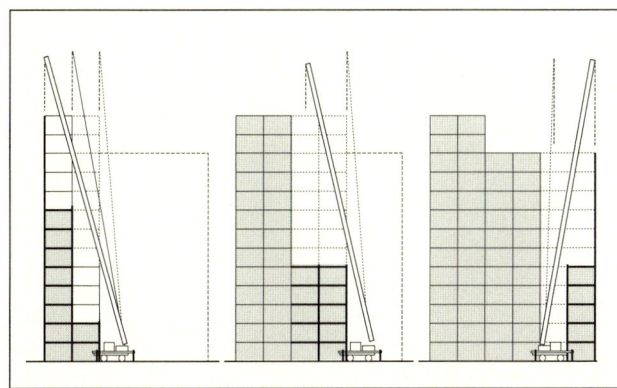

上図は，敷地に余裕がない建築における移動式クレーンによる建方計画の例である．移動式クレーンの場合，極端な屏風建てにならないよう注意しなければならない．

計画の手順は，各柱梁の重量（ピース重量）を算出し，揚重機の作業半径と揚重能力を勘案して設置位置を決定する．立面図により揚重機のブームが鉄骨に接触しないよう建方の順序を決定する．軸組図，梁伏図を色分けして，建方順序を表現する場合が多い．

図2・13　鉄骨建方の計画図の例

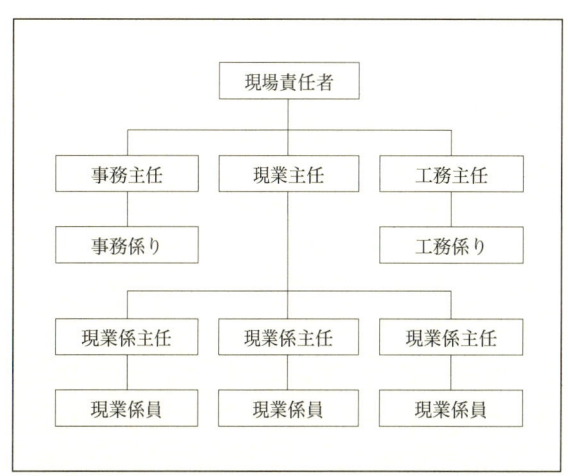

現場の機能別組織を示す．現業係主任は工種別に分担する．工種は工事の進捗に伴い入れ替える．小規模な現場の場合は兼務となる．大規模な現場の場合は，主に現業係主任，各係員の人数が多くなる．

図2・14　現場組織表の例

第2章　施工計画　19

を徹底することを目的に行う．月間工程会議・週間工程会議・工程安全会議（毎日開催）がある．

(d) **安全衛生協議会** 現場責任者（統括安全衛生責任者）・元請各担当者（安全委員）・下請の現場代表者（職長・安全衛生責任者）で構成され労働安全衛生法に基づく会議．現場の災害防止対策の協議および作業間の連絡と調整を目的に開催される．この会議は現場工程会議と同時に行われる場合が多い．

(e) **工事反省会議** 工事完了時に，着工前検討会議のメンバーにより行われる会議．工事記録資料に基づいて反省すべき点を検討し，対策を企業共有のものとして他の現場へ水平展開することを目的に行う．

2・2 根切り計画

1. 根切り工法

地盤を掘削する根切り工事では，掘削側面の土砂の崩壊をくいとめる方法が主要な課題である．種々の工法のなかから，根切り周辺の状況・根切り面積・根切り深さ・土質・水位などの条件を考慮して工法を選択する．

次に，代表的な根切り工法について述べる．

(1) 法切りオープンカット工法

崩壊しない程度に，法面（のりめん）に傾斜をつけて掘削する工法．雨水が流れ込んで法面を傷めないように，最上部を周辺地盤より高くすること，また法面が雨水で浸食されないよう，シートや吹付けモルタルで保護することが重要である．根切りが浅い場合や根切り面積が広い場合に有効である．ただし，根切り周辺に十分な余裕が必要であること，埋戻し土量が多くなることなどの短所がある（図2・15）．

(2) 山留めオープンカット工法

山留め壁によって地山の崩壊をくい止め，根切り側面を垂直に掘削する工法である．この工法には，次のようなものがある．

(a) **自立工法** 根切りが浅く，自立した山留め壁だけで土圧に耐えられる場合に採用される．

(b) **切張り工法** 山留め壁を切張り（きりば）（山留め支保工）で支える工法（図2・16）．山留め支保工は，腹起し（はらおこし）・切張り・支柱で構成され，鋼材（主にH型鋼）・鉄筋コンクリート・木材などが使用される．土圧で切張りが変形して周辺地盤が沈下するなどの恐れのある場合は，設計応力の50%から80%のプレロードをかける．切張りは深さに応じて複数段を設けるが，切張りの位置は，躯体の施工手順や切張り解体作業の作業性を十分に考慮して決めなくてはならない．

(3) アースアンカー工法

切張りを用いず，PC鋼線または鋼棒を根切り周辺の地盤にアンカー固定して，山留めを支持する工法（図2・17）．傾斜地で，切張り施工が困難な場合に有効である．また，切張りがないので，地下の躯体工事に使用する材料の搬入や分配が容易であり，切張り工法より作業効率は優れている．その他にも，根切り面積が広い場合は，切張り工法より経済的である．ただし，周辺地盤に障害となる地下構造物がないことと，周辺の地権者の了解が必要となる．

(4) アイランド工法

まず，自立山留め工法と，法切りオープンカット工法を併用して根切りを行い，中央部の躯体を先に施工する．次に，この躯体から山留め壁へ切張りを架けて，周囲の掘削を行う工法である（図2・18）．

根切り面積が広く，切張り工法では経済的に不利で，アースアンカー工法も使えない場合に，有効な工法である．地下の躯体工事を2度に分けて施工するために，工期が余分にかかり，接続部分の作業が煩雑になるなどの短所がある．

(5) トレンチカット工法

アイランド工法とは逆に，周囲を先に施工し，中央部を後で施工する工法である（図2・19）．ヒービングが起きにくい，中央部で他の作業を平行して行えるなどの利点はあるが，アースアンカー工法などこれに代わる工法が進歩したため，現在はほとんど行われていない．

(6) ケーソン工法

地上で床のない構造体を作成し，構造体の外壁の下部に刃型をつけ，内部を掘削して構造体を自重で沈めていく工法である．地下部分が深い場合は，掘削と平行して，地上で構造体を継ぎ足していく．内部の気圧を上げて地下水の浸入を抑える，ニューマチックケーソン工法もある（図2・20）．建築物全体を一体のケーソンにする場合と，トレンチカット工法と同様に，外周部に複数のケーソンを沈める場合がある．

根切りが深く，山留め壁の剛性が保てないほどの軟弱地盤や大量の地下水の出水が予想される場合に有効である．最近は，剛性の高い連続地中壁の構築が可能になり，安定した逆打ち工法が発達したため，この工法が使われるケースは減少している．

その他，浄化槽などの簡易な構造体の施工にも応用されている．

(7) 逆打ち工法

まず，連続地中壁および場所打ち杭と柱（逆打ち支柱）を施工する．次に，連続地中壁を自立山留めとして，1階の梁スラブの施工分の深さまで掘削し，構真柱を支えに1階の梁スラブを施工する．連続地中壁にかかる土圧を，1階の梁スラブで支えて掘削を行い，地下2階の梁スラブまでを施工する．その後，順次1層ごとに掘削と躯体工事を

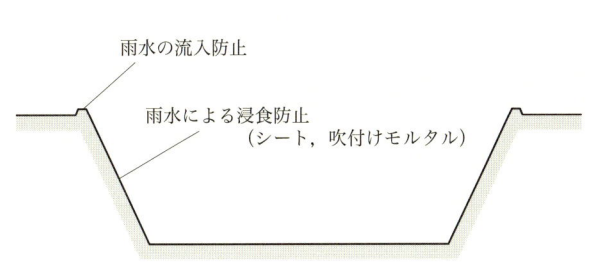

図2·15 法切りオープンカット工法

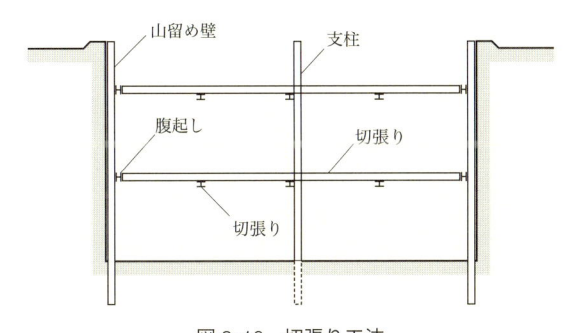

図2·16 切張り工法

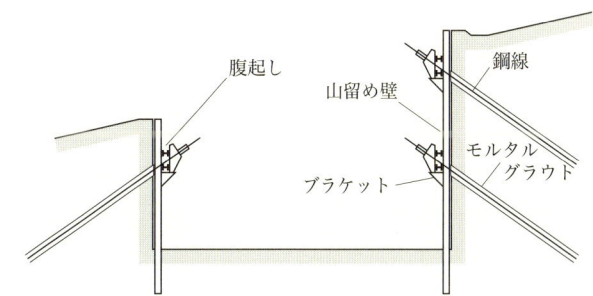

図2·17 アースアンカー工法

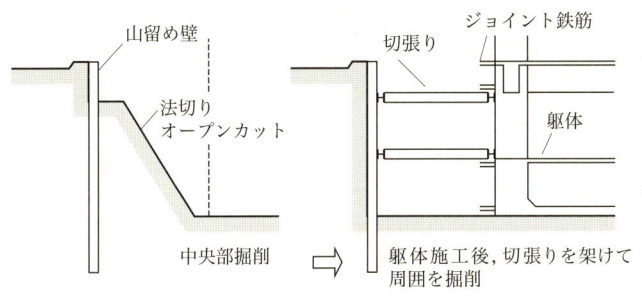

図2·18 アイランド工法

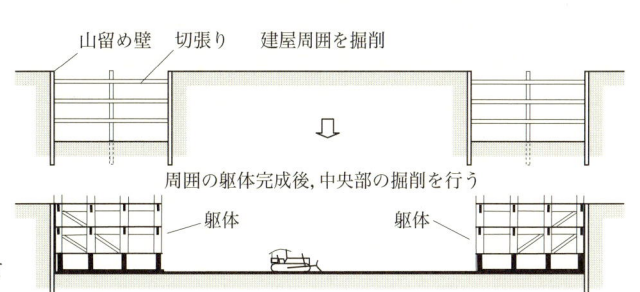

図2·19 トレンチカット工法

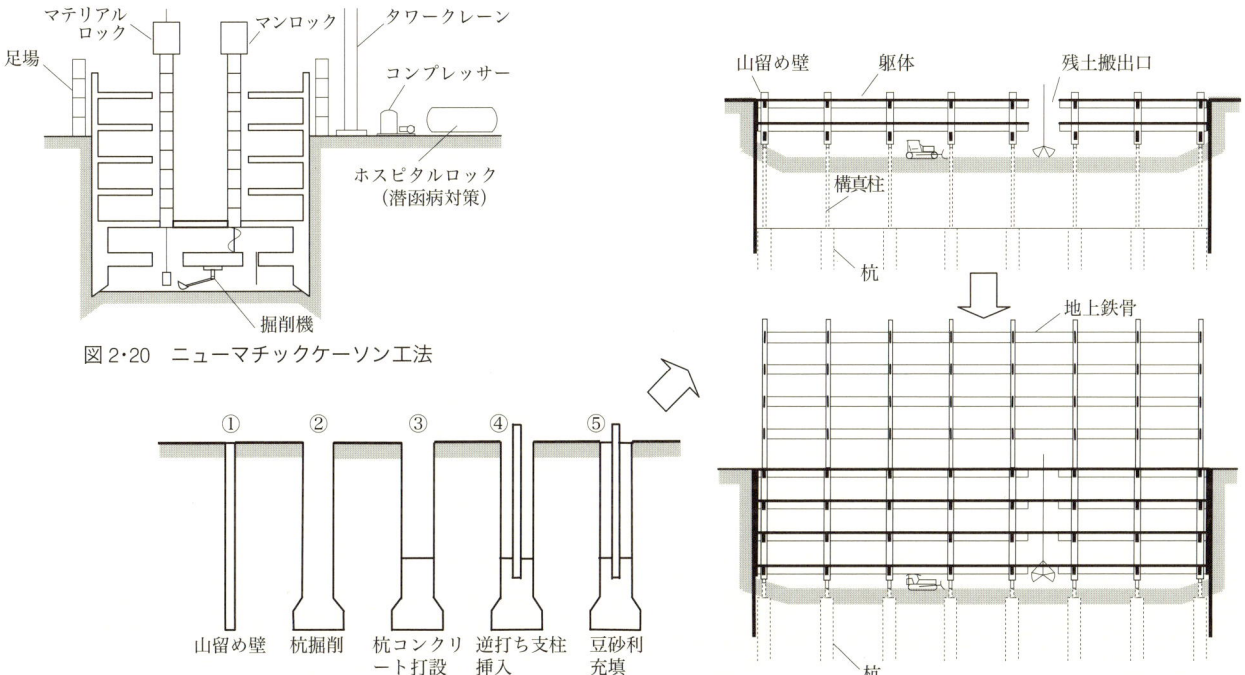

図2·20 ニューマチックケーソン工法

図2·21 逆打ち工法

第2章 施工計画 21

繰り返して地下躯体工事を進める工法である（図2・21）．この工法は，1層ごとに地山と躯体を入れ替えていくため，最も安定した工法となる．

現在，都市部の大型工事では，この工法を採用する例が非常に多い．

2. 山留め壁の工法

山留め壁の機能は，掘削壁面の土砂の流入を遮断し，腹起し間の土圧を支えることである．親杭横矢板・鋼矢板・連続柱列壁・連続地中壁などの工法がある．土質・地下水位・根切り周辺の条件・建築物の諸元・工程などの条件を考慮して，工法が選定される．

次に，代表的な山留め壁の工法について述べる．

(1) 親杭横矢板工法

根切り側面の位置に，親杭を1～2m間隔で打込む．親杭には，主にH型鋼を使用するが，I型鋼やレールなどを使用する場合もある．打込み工法として，アースオーガーミルク注入工法が一般的に採用される（図2・22，図5・3参照）．

次に根切りを行い，親杭の間に現れた側面の地山を削り，横矢板を親杭の間に入れる（図2・23）．横矢板の厚さは，構造計算によって，親杭間の土圧に耐えられる厚さとするが，70～100mm前後の厚さになることが多い．

親杭は，地下の躯体工事が完了した後，引き抜く場合とそのまま埋殺す場合がある．

(2) 鋼矢板工法

鋼矢板には，シートパイルを使用する場合が最も多い．

シートパイルの幅は400～500mm，長さは30mまである．これを根切り側面の位置に打込む（図2・24）．打込み工法はアースオーガーで地山を緩め，バイブロハンマーによって打込むか圧入する工法が一般的である（図2・25）．

鋼矢板工法は気密性に優れているが，埋めたままにする場合はコスト高になる．また簡易山留めに採用される，軽量鋼矢板を用いたトレンチシート山留め工法や，護岸などの土木工事に採用される鋼管山留め工法がある．

(3) 連続柱列壁工法

根切り側面にそって，アースオーガーでソイルパイルを連続して打設し，鉄筋かごやH型鋼などを挿入して補強する山留め壁である（図2・26）．

剛性，気密性ともに高く，中程度の根切り工事工法で，最も多く用いられている工法である．

(4) 連続地中壁工法

地中に鉄筋コンクリートの壁体を構築する工法である（図2・27）．長方形断面の杭孔を掘削して，籠状に組んだ鉄筋を挿入しコンクリートを打設する．これを1セットおきに交互に施工することで，連続した壁体を構築するものである．大掛かりな機械設備を必要とする工法であるが，剛性，気密性とも最も優れており，軟弱地盤，大深度(100m以上)の工事にも対応できる．また構造設計が可能であるため，構造体の一部として取扱うことができる利点がある．

3. 山留めの設計

山留めの崩壊事故は，社会的な大災害につながるため，設計ミスは絶対に許されない．ここでは設計の概要を述べるが，実際には理論を完全に自分のものにした上で設計を行うことが大事である．

山留めの設計については，建築基準法（第90条）・同施行令（第136条の3）・労働安全衛生規則（第368条，第369条）に規定がある．

(1) 計算順序

山留めの計算は，計画された構造について応力度と変形量の計算を行い，応力度の最大値が材料の許容値以内にあり，変形量が支障にならない範囲であることを確認する．

① 側圧の決定

地盤調査結果から，側圧の計算に必要な地盤区分・土の諸元・水圧・上載荷重を決定する．次に，これらの数値を用いて，ランキン・レザール式で側圧を計算し，これを参考に「建築基礎構造設計基準」に従って側圧係数を定め，設計用側圧を決定する．

② 部材仮定

設計側圧・建築物の構造・施工順序を考慮して，山留め壁・腹起し・切張り・支柱の配置・部材断面を仮定する．腹起し・切張りの高さは，各フロア上で解体しやすい高さ（下面でFL＋600mm程度）とし，根切り高さは各フロアの高さ程度とする．

③ 山留め架構の計算

設計土圧に対して，最も不利な状態における応力度および変形量の計算を行い，それぞれ許容値以内であることを確認する（この時，根切り工程での根切り位置および切張りの位置がポイントとなる）．

計算順序は次のとおりである．

① 山留め壁の計算
② 腹起しの計算
③ 切張りの計算
④ 方杖，火打ちの計算
⑤ 支柱の計算

(2) 側圧の算定

ここでは，ランキン・レザール式による側圧の算定方法を示す．

主働土圧
$$P_a = (\gamma \cdot h_a + q_a)\tan^2\left(45° - \frac{\phi}{2}\right) - 2C\tan\left(45° - \frac{\phi}{2}\right) \,[\text{kPa}]$$

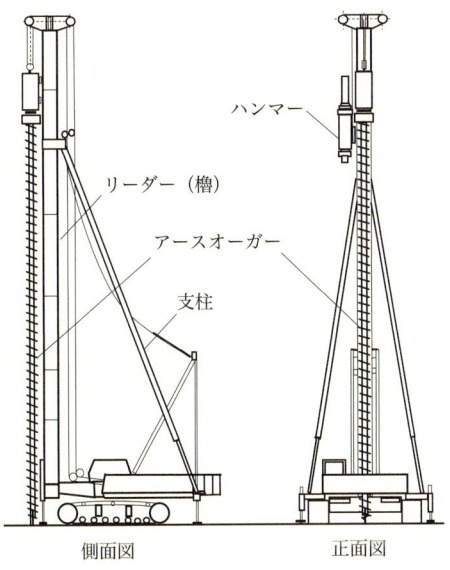

最も広く採用されている機種である．支柱の伸縮により，杭の鉛直度を調節する．リーダー（櫓）にアースオーガーとハンマーを取付けており，掘削と重錘による打撃固定を連続して行うことができる．

図2・22　杭打ち機

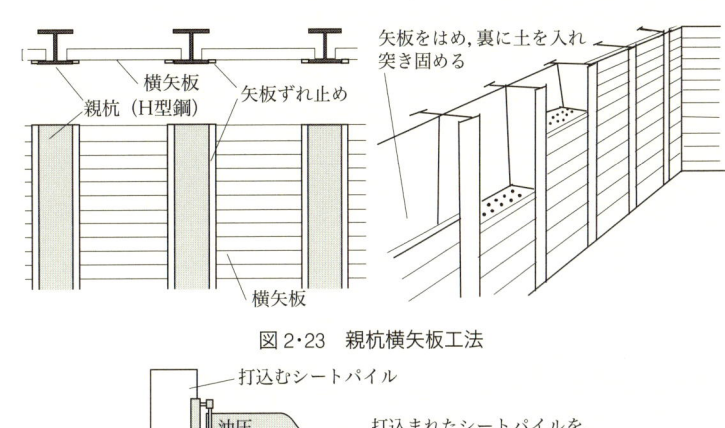

図2・23　親杭横矢板工法

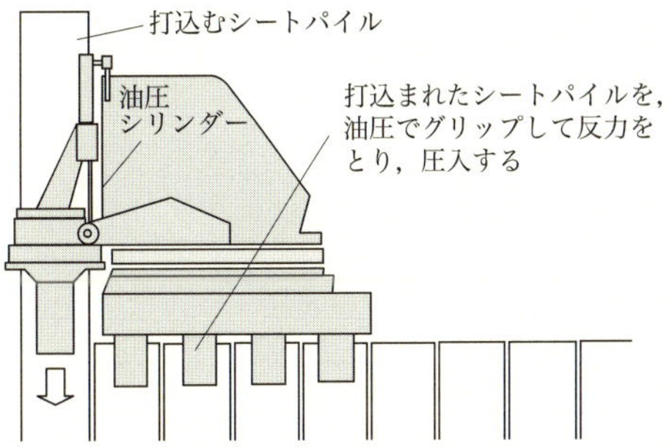

図2・24　シートパイル圧入機

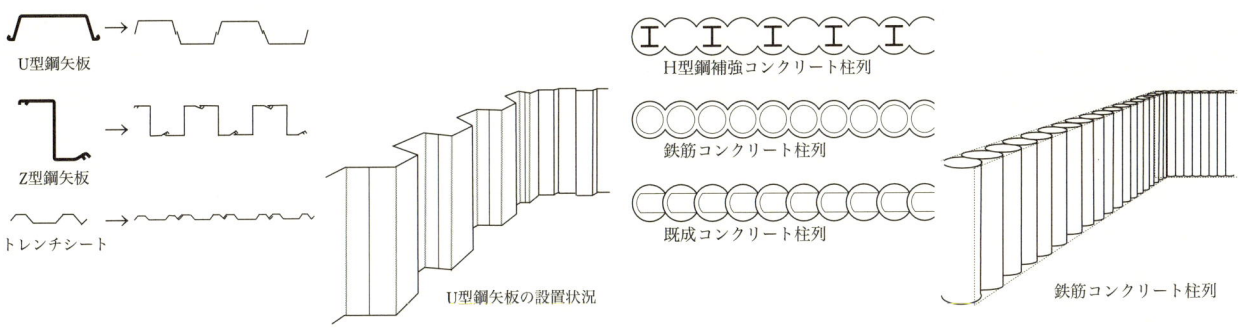

図2・25　鋼矢板工法　　　　　　　　図2・26　連続柱列壁工法

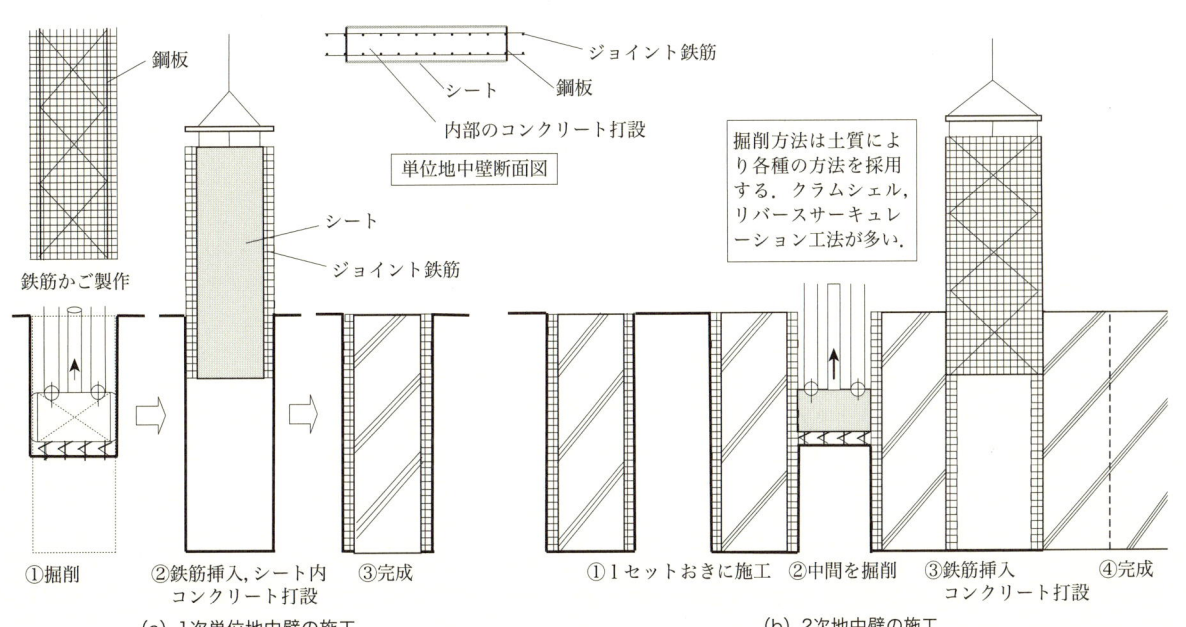

figure 2・27　連続地中壁工法の例

第2章　施工計画　23

受働土圧
$$P_p = (\gamma \cdot h_a + q_p)\tan^2\left(45° - \frac{\phi}{2}\right) - 2C\tan\left(45° - \frac{\phi}{2}\right) [\text{kPa}]$$

γ：土の湿潤単位体積重量（kN/m³）
h_a：地表面からの深さ（m）
h_p：根切り底面からの深さ（m）
q_a：地表面の載荷重（kPa）
q_p：根切り底面の載荷重（kPa）
ϕ：土の内部摩擦角（度）
C：土の粘着力（kPa）

ただし，止水山留め工法の場合は，水圧とγを考慮する．
建築基礎構造設計基準第49条における，山留め壁の背面に作用する側圧・切張り・腹起しの断面算定に用いる側圧を図2·28および図2·29に示す．

(3) 根入れ深さと仮想支持点の算定

ΣP_pの合力の位置を，仮想支持点とする．

主動側土圧（ΣP_a）と受動側土圧（ΣP_p）の値からF_s $\Sigma P_a > \Sigma P_p$でF_s（安全率）を1.2程度となるようにし，根入れ深さを一応決定して，根切り底地盤の安定を確認する（図2·30）．

(4) 根切り底地盤の安定

根切り底地盤の安定を確保するため，ヒービング現象，ボイリング現象，盤ぶくれ現象などについて検討する．これらの現象は，基礎地盤の強度を低下させるだけでなく，これに伴う山留め周辺の地盤の沈下は，上下水道管の破損を誘引し，大事故に発展する危険をはらんでいる．

(a) ヒービング　軟弱な粘土地盤で，図2·31に示すように山留め壁の裏側の土が自重と載荷重ですべり破壊を起し，山留め壁の背面から回り込み，根切り底を持ち上げる現象である．安定を確認するための式は種々あるが，ここではPeckの安定係数によるヒービング確認式を示す．

$$N_s = \frac{\gamma_t H + q}{s}$$

N_s：ヒービング安定係数
γ_t：根切り底上方の土の湿潤単位体積重量（kN/m³）
H：根切り深さ（m）
q：地盤面の載荷重（kPa）
s：根切り底下方地盤の非排水せん断強さ（kPa）

ここにN_sの安定限界値は7〜9とする．

地盤改良を行い地盤のせん断強さを高めることにより，安定係数を下げることができる．

(b) ボイリング　止水性山留めで地下水位が高く砂質地盤の場合，水圧により根切り底面に水が砂とともに噴出する現象である（図2·32）．これを防止するためには，ディープウエル等で地下水位を下げるか，山留めの根入れを不透水層まで下げる方法がある．

(c) 盤ぶくれ　根切り底の下部に不透水層があり，その下に高い被圧水層がある場合，根切りによって土砂が取り除かれることで，不透水層に作用する水圧が上部の土砂の重量を上回り，根切り底が持ち上げられる現象である（図2·33）．この現象への対処法として，事前に不透水層に作用する水圧を調査し揚水して水圧を下げるか，山留めの根入れをさらに下部の不透水層まで下げる方法がある．

2·3　排水計画

1.　排水工法

地下水位より深く掘削する場合，事前に地下水位・不透水層に作用する水圧・地盤の透水係数などを調査し，根切り時の出水量や盤ぶくれの有無を検討して排水計画を行う．土質と排水工法の関係を図2·34に示す．

次に，代表的な排水工法について述べる．

(1) 釜場工法

根切り底に溝を切り，釜場に水を集めてポンプで揚水する工法（図2·35）．簡易な工法であり，湧水量の少ない場合に有効であるが，根切り底に常に水があるため作業性はよくない．また，根切り底がぬかるんで地盤を乱しやすいので，注意が必要である．

(2) 深井戸（ディープウエル）工法

深い井戸を掘り，そこから揚水して地下水位を根切り底面以下に下げる工法（図2·36）．根切り作業が，地下水の影響をまったく受けない完璧な排水工法であり，最も多く行われている．また，盤ぶくれの原因になる，不透水層をもち上げる地下水の水位を下げるためにも使われる．

深井戸工法では，場所打ち杭用（図5·7参照）の掘削機で井戸を掘り，中に大口径の鋼管を挿入する．鋼管の集水部には，スリットを切りステンレスのメッシュを巻く．鋼管の周囲にフィルターとして豆砂利を充填して，鋼管の中に水中ポンプを入れて揚水する．なお，井戸の掘削は孔壁保護に泥水（ベントナイト液など）を使う工法では，残った泥の層が透水の妨げになるので，掘削面の土の崩壊を鋼管で防ぐオールケーシング工法で行う．

(3) ウエルポイント工法

地下水を真空ポンプにより吸水する工法である（図2·37）．ライザーパイプの先端から高圧水を噴射させ，地盤に1〜2m間隔にライザーパイプを挿入する．このパイプを真空ポンプに接続して，地下水を吸水する．装置の吸水能力は，深さ6mまでである．それよりも水位を下げる場合は，ライザーパイプを階段状に設置する．強制的に吸水するため，重力集水では不可能な砂質シルトの吸水にも有効である．

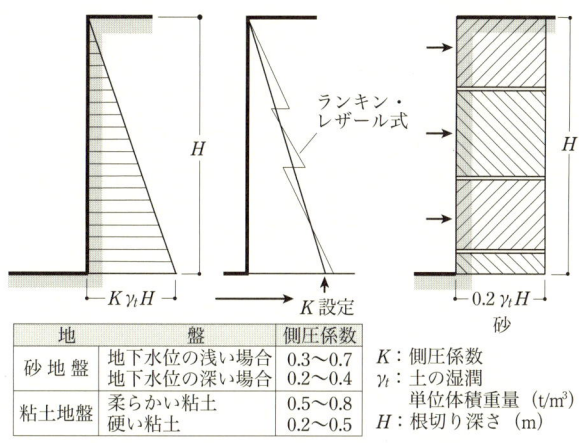

図2・28 山留めの背面に作用する側圧

図2・29 切張りおよび腹起しの断面算定に用いる側圧

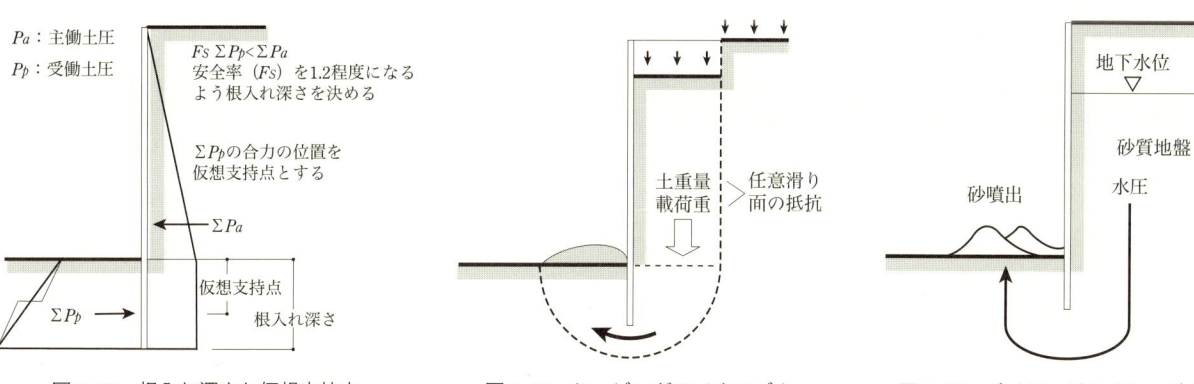

図2・30 根入れ深さと仮想支持点

図2・31 ヒービングのメカニズム

図2・32 ボイリングのメカニズム

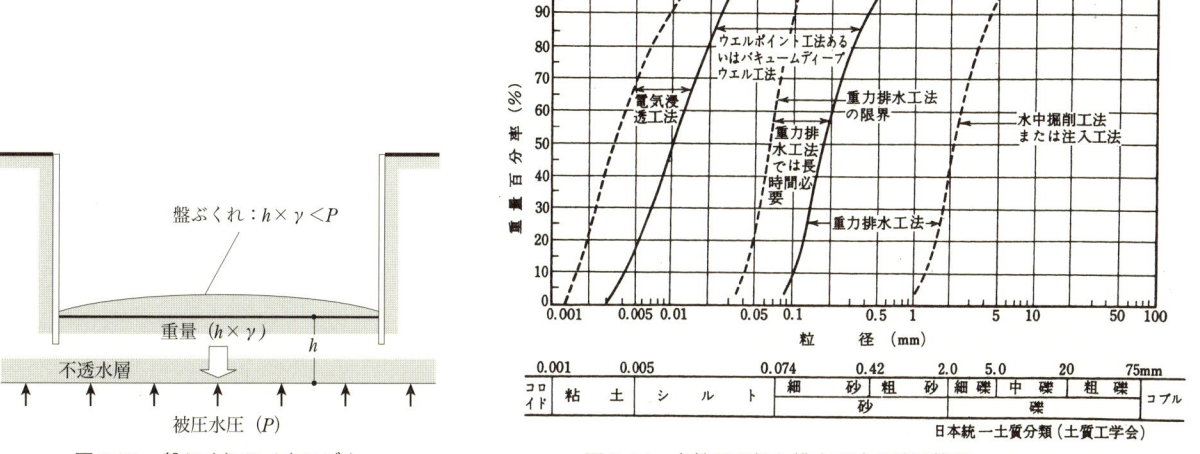

図2・33 盤ぶくれのメカニズム

図2・34 土粒子の径と排水工法の適用範囲（基礎構造設計指針）

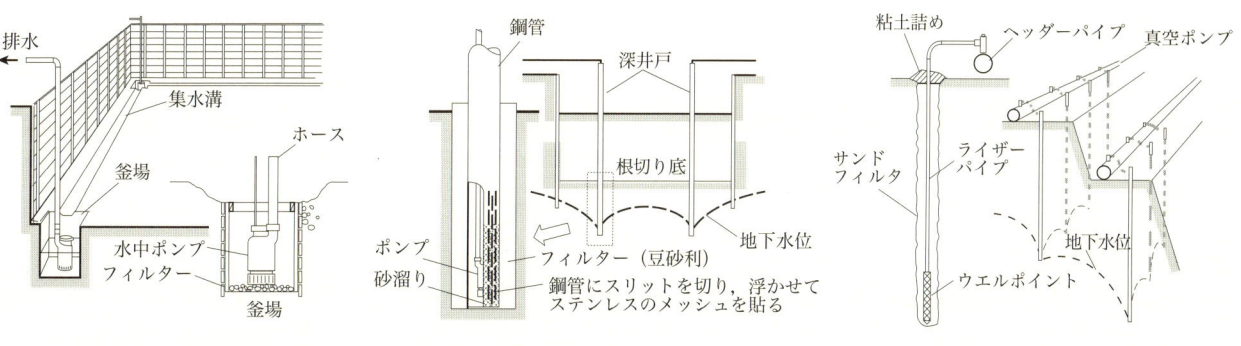

図2・35 釜場工法

図2・36 深井戸工法

図2・37 ウエルポイント工法

(4) 止水工法

根切り底面より下の不透水層まで，止水性のある山留め壁を設け，外部からの地下水を遮断する工法（図2・38）．

2. 排水

地下水の排水は，公共下水道に放流する場合と河川等に放流する場合がある．いずれの場合も，関係管理者と排水条件等について協議する必要がある．放水量が多くなって公共下水道の排水能力が不足することもある．

停電による排水ポンプの停止により，地下水が出水して構造体が浮き上がることがある．構造体の浮き上がりの有無を検討し，必要があれば停電に備えて自家発電機を用意する．

排水量はノッチタンクによって計測する（図2・39）．この水量は，下水料金算定にも用いられる．

2・4 乗入れ構台計画

乗入れ構台は，根切り中央部までトラックなどを乗入れるための構台のことで，乗入れ桟橋ともいう．根切り工事の残土搬出と地下の躯体工事の資材の搬入荷下ろしのために設ける．掘削をする前に柱（主にH型鋼）を打ち込んでおき，根切り工事に平行して掘削した箇所から梁やブレースを取り付けて組立てる（図2・40）．

1. 乗入れ構台の配置

乗入れ構台の配置は，根切り工事の掘削機を設置する位置・地下工事の資材を下ろす重機の位置・資材の搬出搬入用車両の動線・周辺道路の交通状況などの条件から決定する．乗入れ構台の位置は，地下工事終了後も1階の水平運搬の基本動線になる．

2. 乗入れ構台の設計

構造計算の荷重条件として，固定荷重は各部材の自重とし，積載荷重は掘削機・クレーン・ダンプ・生コン車などの重量とする．衝撃荷重および水平荷重は，積載荷重の20％とする．部材の接合にあたっては，仮設材であるため溶接より普通ボルト接合とする方が望ましい（図2・41）．

2・5 総合仮設計画

総合仮設とは，すべての工事に共通して必要な仮設のことで，共通仮設ともいう．これに対し，工事ごとに直接必要となる足場などの設備を，直接仮設という．次に，総合仮設について述べる．

1. 仮囲いと門扉

仮囲いは現場の管理区域を区分し，入退場の管理・第三者の安全確保・盗難防止・地域の美観確保などの目的で現場周囲に設ける．仮囲いの種類には，有刺鉄線柵・衝立形式パネル・万能鋼板・シート柵などがあり，現場周辺の状況を考慮して選定する．仮囲いの高さは，建築基準法施行令第136条で1.8m以上と定められているが，市街地では3mの高さが一般的で，地方自治体の条例で定められている例もある（図2・42）．

敷地境界ぎりぎりに施工する場合は，作業スペースが必要なため，隣地を借用して境界より外側に仮囲いを設置する．公道に設置する場合は，道路管理者と所轄警察署にそれぞれ申請して許可を受ける．

資材運搬車両の出入口に，門扉を設ける．車両が出入りしない時は，安全のため閉鎖して人の出入口は別に設ける方がよい．構造は，ハンガー式引き戸・アコーディオン扉・シャッターなどが一般的である．

2. 仮設道路

仮設道路は，現場区域内に設ける資材運搬用の道路である．工事車両は重量が大きく，交通量も多い．安易に計画をすると，膨大な維持費がかかる場合がある．

降雨時に道路がぬかるまないように路盤を作り，側溝を設けて排水を確実に行うことが重要である．条件が許せば，本設の路盤を施工して仮舗装をするとよい．

3. 仮設建屋

仮設建屋には，事務所・作業員の食堂や休憩所・倉庫・下小屋などがある．現場敷地内に建てるのが望ましいが，余裕がない場合は近くに借地して建てる．

管理事務所は，貸事務所を利用する場合が多いが，できる限り現場の雰囲気が伝わる場所に設ける．躯体工事が進み施工建屋内にスペースができた時点で，その場所に移転する場合が多い．

仮設建屋の構造は，鉄骨プレハブ造が一般的である．ただ下小屋は単管で組立て，屋根をナマコ鉄板葺きとする場合が多い．

(1) 事務所

事務所としては，元請の現場管理事務所・設計者の設計監理事務所・各専門工事業者の事務所・会議室などがある．現場の規模によって，これらを1つの建屋に納める場合と，分けて建てる場合がある（図2・43）．

(2) 食堂・休憩室・更衣室

元請用は管理事務所内に，作業員用は作業員専用に設ける．大規模現場では，作業員の数が非常に多くなるので売

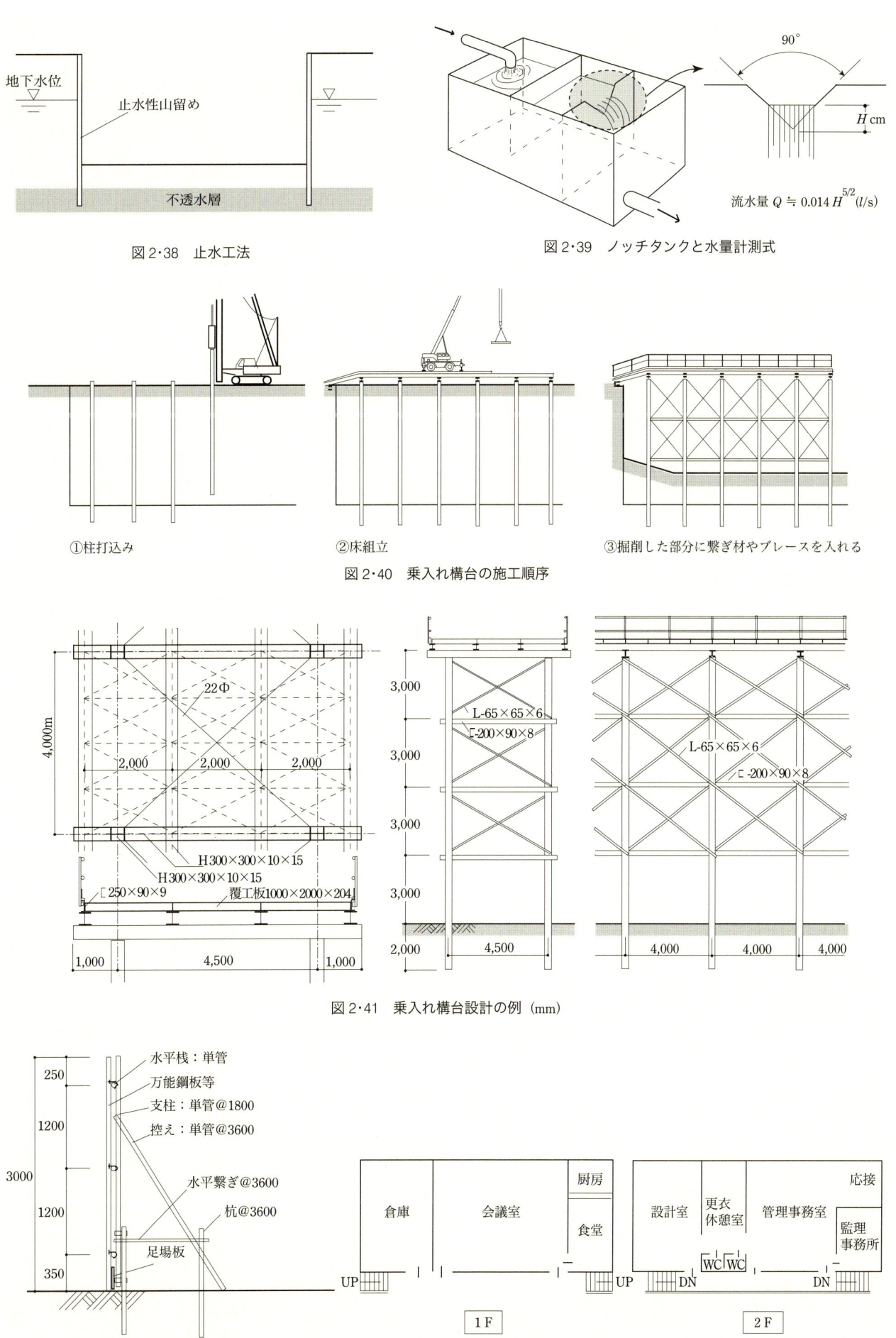

図2・38 止水工法

図2・39 ノッチタンクと水量計測式

流水量 $Q ≒ 0.014 H^{5/2}$ (l/s)

①柱打込み　②床組立　③掘削した部分に繋ぎ材やブレースを入れる

図2・40 乗入れ構台の施工順序

図2・41 乗入れ構台設計の例（mm）

図2・42 仮囲いの構造（mm）

図2・43 事務建屋の標準的プラン

第2章 施工計画　27

店など大がかりな施設になる．これら作業員の厚生施設への心遣いは，工事の運営上の重要なポイントである．

(3) 倉庫

釘・ボルト・針金（番線）・単管の緊結金物（クランプ）・セパレーターなどの，仮設や本工事用に日常に必要な小物を収納するために設ける．

(4) 便所・洗面所

作業員用に便所・洗面所・シャワー室等を設ける．これらについては、各種のユニットがレンタルされている．階数の多い現場では，便所を3階おきに設ける場合が多い．下水配管をして水洗にする場合と，運搬式とする場合がある．

(5) 下小屋

型枠・鉄筋・設備配管などの加工を行うための建屋のこと（図2・44）．専門工事業者が，自社の加工場を使用する場合も多いが，相当の面積が必要であるため，市街地では土地を確保することが難しく，郊外に設ける場合が多い．この他にも，加工の手直し程度の作業のため小規模な下小屋を現場に設ける場合がある．左官工事がある場合は，モルタル混練場を現場に設ける（図9・63参照）．

(6) 守衛ボックス

作業員・来訪者・車両の出入りを管理するため，各出入口に守衛ボックスを設ける．

(7) 宿舎

通勤の不便な地域で工事を行う場合，元請職員や作業員のための宿舎を建設する．宿舎の建設は労働基準法・建設業付属寄宿舎規定に準拠して行う．

4. 資材置場

主に仮設材の一時的なストックのために，資材置場を設ける．資材置場に下小屋を建てる場合が多い．

5. 駐車場

作業員の通勤用車両の駐車場を確保する．市街地は駐車場を確保することは難しく，費用もかかる．

6. 仮設電気設備

仮設電気設備は，クレーン・工作機器・電気溶接器・照明設備などの電力を供給するためのものである．

主に，三相200V・単相200V・100Vの3種類の電力が必要である．受電容量は電力計画表によって決定する．契約電力50kW以上の場合は高圧受電になり，変電設備が必要になる．計画に見合う容量のキュービクルをレンタルして，設置する．大規模工事では，送電ロスを防ぐため高圧で送電し，変圧設備を一定の距離ごとに配置する．仮設電気の使用期間は，本体建築物がほぼ完成して本受電が受けられるまでの長期間に及ぶため，設置場所は工事への障害が少ないこと，撤去後の工事量が少ないことを考慮して決める．

仮設電気配線は，建屋の隅々まで行うために，電線とその支持具は工事の障害になることが多い．躯体工事から仕上げ工事までの，各工程で工事への障害を最少に抑えるよう計画する．各部屋への配線は，出入口や窓などの開口部を通す．ドアやサッシの工事の支障になるのを避けるために，電線を躯体のコンクリートに埋込む場合が多い．

7. 給排水設備

現場では，型枠の洗浄・コンクリート養生・仮設衛生設備・左官工事などに水を使う．また山留め工事および杭工事で，リバース杭を施工する場合は，大量の水を必要とする．

給水設備としては，貯水槽と揚水ポンプが必要である．水の使用量を検討して，必要な能力の設備を選定する．中規模以下の現場では，圧力タンクとポンプを組合せた工事用の簡易揚水ユニットを使う場合が多い．

給排水の計画では，配管が工事の障害にならないよう，また排水が完成した部分を汚さないよう気をつける．その他にも，セメントの灰汁や泥水を外部へ流出させないため沈澱槽などの設備の設置についても検討する．

8. 現場内連絡設備

現場内の個人に連絡が必要な場合がある．そのような場合，現場内にインターホンを配置しておき，スピーカーで最寄のインターホンに呼び出す方法，元請係員が無線機を携行する方法，携帯電話を携行する方法などで連絡をとる．

管理事務所等で現場の状況を観察するため，要所にテレビカメラを配置することもよく行われる．

2・6 足場設備および安全設備の計画

建築施工では，手の届く範囲の作業は少なく，ほとんどが足場上での作業になるため，各工程で足場の計画が必要になる．

足場上での作業には墜落の危険があるため，その構造について安全衛生法令で詳細に規定している．法令では，2m以上の高所での作業を，高所作業と定義している．高所作業を行う場合は，作業床を設けなければならない．

作業床は，幅は40cm以上，隙間は3cm以下とし，周囲には85cm以上の高さの手摺を設ける．作業床が設けられない場合は，防網（安全ネット）を張り，安全帯を使用して作業を行う．

その他,足場からの飛来落下物による災害の防止,足場の倒壊防止についても,安全法令で規定されている (図2・45).

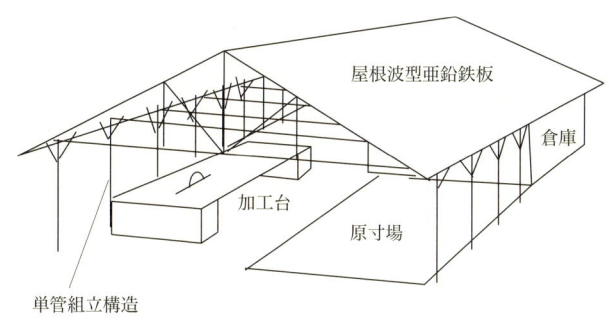

以下の図の解説のうち、「法」は労働安全衛生法、「規」は労働安全衛生規則を示し、次の数字は条項番号を示す.

外部足場の倒壊を防止するため、建屋に足場を固定する.その部材を「壁つなぎ」という.壁つなぎの間隔は、下表のとおりである〔規570〕.

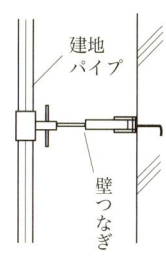

足場の種類	垂直間隔	水平間隔
単管足場	5m以下	5.5m以下
枠組足場（高さ5m以上の場合）	9m以下	8m以下
ブラケット足場	3.6m以下	3.6m以下
金網，シート養生した場合	3.6m以下	3.6m以下
丸太足場	5.5m以下	7.5m以下

図2・44 下小屋（型枠加工小屋の例）　　　　　図2・45 壁つなぎ

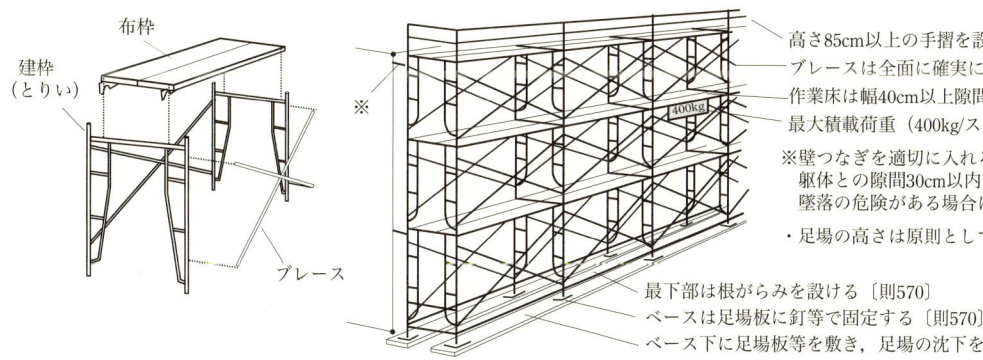

(a) 枠組足場の部材名称と構成　　(b) 枠組足場の組立状況と主な安全法規

図2・46 枠組足場

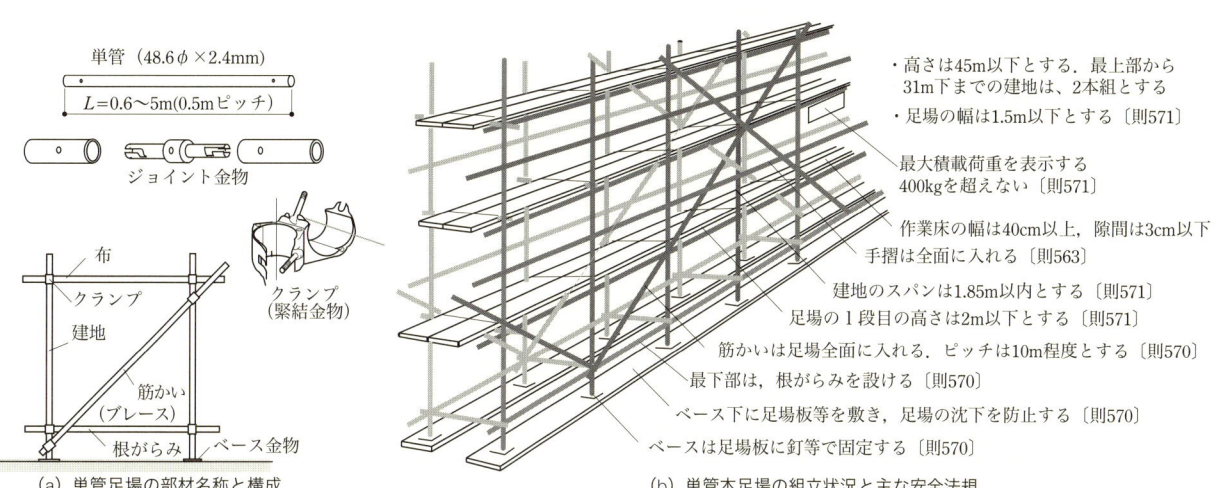

(a) 単管足場の部材名称と構成　　(b) 単管本足場の組立状況と主な安全法規

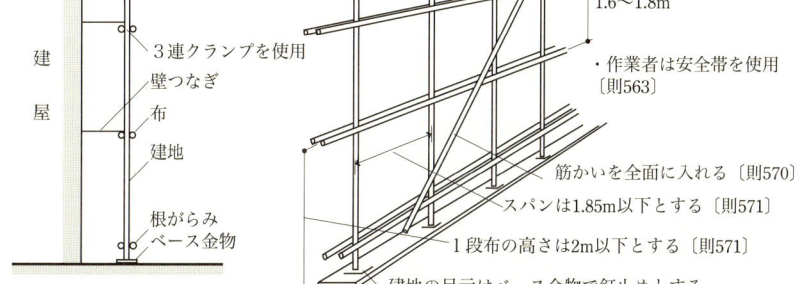
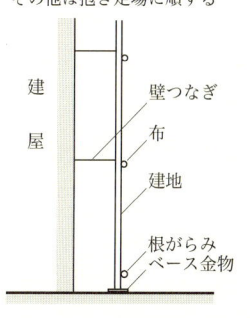

(c) 単管抱き足場の構成　　(d) 単管片足場の構成

図2・47 単管足場

なお，説明図の「法」は労働安全衛生法，「規」は労働安全衛生規則を意味し，次の数字は条項番号を示す．

1. 足場設備

足場には，作業内容や設置場所の制約から，次に述べるような，いろいろな構造の足場が設けられる．

(1) 枠組足場

主に外壁の作業に用いる足場（外部足場）で，最もよく用いられる（図2・46）．建枠・布枠・ブレースを組立てるもので，作業性も良い．

(2) 単管足場

単管足場は，各種の制約から枠組足場が向かない場合に用いられる．径厚48.6φ×2.4mm，長さ0.6〜5.0mの鋼管を緊結金物（クランプ）によって組立てる足場で，本足場・抱き足場・片足場がある（図2・47）．

(3) ブラケット側足場

簡易な外部足場で，建地1本で作業床を設けることができる．ただ，高さは原則15mまでとされている（図2・48）．

(4) 吊足場

鉄骨の接合作業や梁筋の配筋組立作業のための足場で，鉄骨梁から足場チェーンで吊り，全面に架ける（図2・49）．

(5) 吊枠足場

吊足場が床面の全面に架けるのに対し，鉄骨梁の下に吊枠を取付け，梁部のみに架ける足場である（図2・50）．鉄骨鉄筋コンクリート造の施工に際して，一般的に採用される．

(6) ユニット足場

鉄骨の接合作業など，限られた場所のみに足場が必要な場合，その場所に足場のユニットを取付けるもので，主に柱と梁，柱と柱の接合作業が中心になるラーメン構造の鉄骨造の場合に適用される（図2・51）．

(7) 地足場

基礎の躯体工事においては地中梁が障害になって横移動ができないため，地中梁上部に横移動用の通路を設けるのが一般的であり，地足場と呼ぶ．単管または枠組み足場で組立てるが，耐圧盤がある場合，建地の下部は耐圧盤のコンクリートに埋まるため，耐圧盤と同じ厚さの埋殺し材を置き，その上に足場を組む．

(8) 棚足場

階高の高い部屋の天井裏の設備工事・天井の仕上げ工事・壁の仕上げ工事などに用いる．枠組足場を単管で繋いで組立てる場合と，単管のみで組立てる場合がある（図2・52）．また，クレーンから資材を取り込むためのステージ（荷取構台）としても用いる．

(9) 移動式足場（ローリングタワー）

階高の高い部屋の照明器具の取付け作業など，全面に足場を必要としない場合に用いる．枠組足場の下部にストッパー付のキャスターを取り付けた構造である（図2・53）．床に凹凸がある場合は使用できない．

(10) 脚立足場

3m前後までの高さで，部分的に作業を行う場合に用いる足場（図2・54）．足場板受け台を使用することは，禁止されている．

(11) 足場板受け台と足場板による足場

3m前後までの高さで，連続作業を行う場合に用いるもので，足場板受け台に足場板を架けて使う場合と，足場板受け台に大引を渡し，大引に足場板を架けて全面に足場を架ける場合がある（図2・55）．この足場は，天井の施工に一般的に用いられる工法である．その他，天井足場としては長机状の折りたたみ式の既製足場もある．足にキャスターが取り付けてあり，移動も容易で使い勝手がよい．

(12) 高所作業車

とくに，高い場所で部分的な作業を行う場合に用いる．床に多少の凹凸がある場合にも有効である．ブーム式とリフト式がある（図2・56）．平屋の鉄骨工事を高所作業車のみで施工する場合もある．

(13) 足場の昇降設備

高さ1.5m以上の足場には，昇降設備を設けなければならない．昇降設備にはスロープ式と階段式がある（図2・57）．階段式は，枠組足場に限られる．昇降設備については，その勾配や踊り場の高さなどが決められている．

2. 安全設備

(1) 飛来落下養生

施工中の建築物から外部への飛来落下を防止するため，外部足場の外面にシートあるいはメッシュを張る（垂直養生）．内部では，上部作業からの飛来落下を防止するために，シートあるいはメッシュを水平に張る（水平養生）．

(2) 安全ネット

鉄骨工事で墜落災害を防止するため，安全ネットを張る．一般に飛来落下養生のメッシュと二重に張る（図2・58）．

(3) 朝顔（防護棚）

俯角75°を超える範囲に隣家や道路等がある場合，飛来落下を防止するため防護棚（朝顔）を設ける（図2・59）．

(4) 養生構台

現場周辺の歩道への飛来落下を防止するため，道路管理者との調整のうえで，歩道上に構台を設けて，強固な養生を行う．

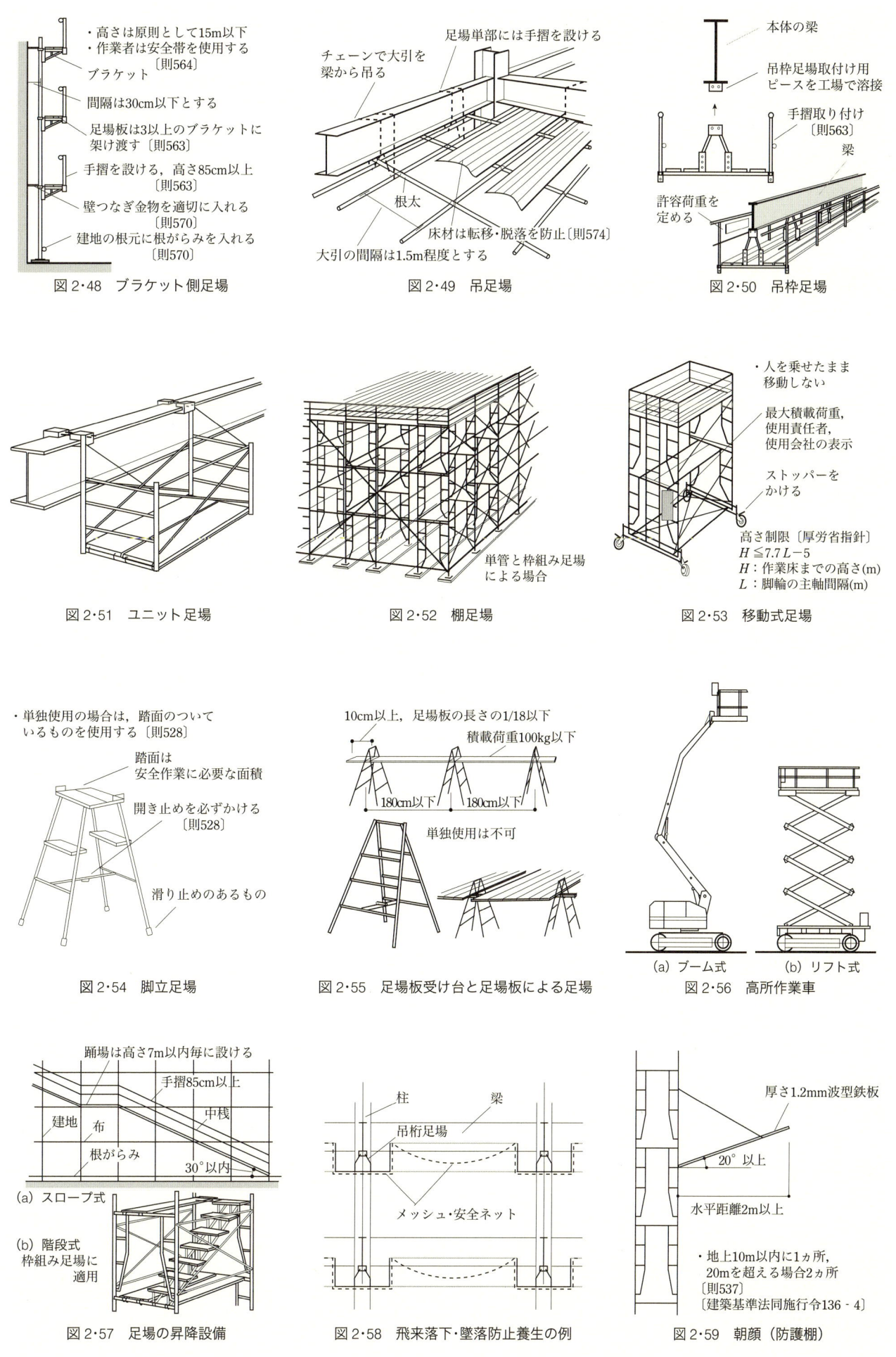

図2・48 ブラケット側足場
図2・49 吊足場
図2・50 吊枠足場
図2・51 ユニット足場
図2・52 棚足場
図2・53 移動式足場
図2・54 脚立足場
図2・55 足場板受け台と足場板による足場
図2・56 高所作業車
図2・57 足場の昇降設備
図2・58 飛来落下・墜落防止養生の例
図2・59 朝顔（防護棚）

第3章　現場管理

現場管理の目標は，施工の過程で品質（Quality），原価（Cost），工程（Delivery），安全衛生（Safety），環境（Environment）を確保することである．これを現場の5大管理項目と呼び，総合建設業の現場における主要業務である．

次に，その内容について述べる．

3・1　品質管理

1. 品質

品質には，寸法精度，材質，見栄え，サービスなど各種の要素があり，品質の良し悪しは，コスト対性能で評価される．

ここでいう性能の考え方は，作り手の立場からの発想によるもの（プロダクトアウト）ではなく，顧客の立場に立ち，顧客に真の満足を与えるかどうか（マーケットイン）という性能である．例えば，高価なグラビア紙に印刷した新聞よりも，安い新聞専用紙に印刷した新聞の方を高く評価する．

2. 品質管理

品質管理手法の主なものに，統計学を応用した統計的品質管理（SQC：Statistical Quality Control）と，品質管理の仕組みと統計的品質管理を組み合わせた総合的品質管理（TQC：Total Quality Control）がある．

ある品質水準を目標に製作した場合，厳密には目標からのずれ（バラツキ）が生じる．所定の品質を確保するためには，これを統計的に把握してバラツキを安定させなければならない．また，できあがった物を壊さなければ品質を確かめられない場合もある．このような場合は，抜取り検査により統計的に母集団の品質を推定して品質管理を行わなければならない．このように，SQCは統計学を応用して品質管理を行う手法である．

企業の存在意義は社会貢献であり，最終的には製品の質またはサービスの質で社会に貢献する．このような思想から，マーケットインに基づいて経営トップの方針を末端まで展開し，全員参加で品質管理に取り組む手法，すなわち企業活動のすべてを品質保証に集中する管理手法をTQC[*1]と呼ぶ．

品質管理の基本的な考え方を示すものに，「品質は工程の段階で作りこまれる」という言葉がある．この言葉は，品質は各工程で作りこまれるもので，所定の品質を確保するためには，一つ一つの工程の管理が重要であり，できあがった製品を厳しく検査しても，目標とする品質は得られないことを言っている．建築施工においても，各工程で目標品質の確保のための管理水準を定めて，工程ごとにきちんと管理しなければ，目標とする品質は得られない．

3. 品質保証活動

建築主の要望する品質を読み取り，これに応える建築物を施工し，その品質を長期間維持していくことが，施工者の役割である．

ここに，現場での品質保証活動の代表的な例を示す．

(1) 要求品質の展開

まず，建築主と設計者の要求を「目的とその手段」の形で3次程度まで展開する．関連する品質特性[*2]を明らかにし，管理対象を決める（図3・1）．

(2) 重要品質項目の選択

要求品質の展開で得られた項目から，通常の工程能力[*3]範囲内にある項目を除き，とくに建築主の要求が強い項目と重要品質項目[*4]を選択して，管理点を絞り込む（図3・2）．

(3) QC工程表の作成

重要品質項目について，管理点[*5]，管理項目[*6]，管理限界[*7]を設定して，QC工程表を作成する（図3・3）．管理項目には管理を容易にするため，必要に応じて代用特性[*8]を用いる．

(4) チェックシートの作成

管理項目をチェックし，記録するフォーマットを作成する（図3・4）．

(5) 品質管理検査

QC工程表に基づいて，品質管理を行う．工程ごとにチェックと検査を行い，所定の品質を確保する．

4. QC七つ道具

P，D，C，AのC，すなわち「チェック」の段階で不具合を発見した場合，ただちにAすなわち「処置」をとらなければならない．

処置の手段には，「手直し」と「改善」がある．「手直し」は不具合を修正することであり，「改善」は二度と同様な不具合を起さないように歯止めをかけることである．管理のサイクルのAは改善による措置のことで，管理のサイクルで最も重要視されている．しかし実際には，不具合の真の原因を明らかにして，対策を立てることは容易ではない．

「QC七つ道具」は，品質管理活動での問題解決のための代表的な手法である．また，これらの手法は視覚的に問題を捉えるもので，当事者が全員参加で問題解決にあたる場合，

要求品質	品質展開		
	1 次	2 次	3 次
外壁の打放し面美観維持	汚れが付きにくい	コンクリート表面密度を高める	型枠にプラスチックコートを施す
			コンクリート打設時，水あばたを避けるためバイブレーターを使用せず，突きだけにする
		表面の吸水率を抑える	コンクリート表面をクリヤーでコートし撥水性を高める
	汚れ物質を排除する	埃がたまり雨で流されることを極力さける	塵のたまる水平面を避ける
		遊離シリコンの流出をさせない	シーリングにシリコンシーラントを使用しない

図 3・1　要求品質の展開表の例

要求品質	品質項目	要求度	難易度	決定	対策	管理項目
外壁コンクリートの乾燥収縮亀裂による欠陥を防止する	コンクリートの調合	◎	◎	○	施工検査	スランプ・空気量
	開口部補強筋	○	○		生コン管理	
	エキスパンションジョイント	○	△		補強標準実行	
	誘発目地	○	△		設計確認	
柱型枠建入れ精度の確保	柱鉄筋建入れ精度	○	◎	○	施工図へ展開	上部位置寸法
	柱下拵え寸法精度	○	△		施工検査	
	柱型枠組立精度	◎	○	○	工程能力確認	仕口寸法
外部鉄部の防錆	亜鉛メッキ	◎	△		施工検査	
	加工部の錆止めタッチ	○	◎	○	設計確認	防錆の実施

図 3・2　重要品質項目の選定表の例

工程	作業内容	管理							管理責任者
		管理点	管理項目	方 法	頻 度	基 準	結果の措置	記 録	
コンクリート工事	コンクリート打設	調 合	スランプ値	スランプ試験	供試体採取毎	18cm±2.5	範囲外は返却	コンクリート管理表	○○○○
			空気量	空気量試験	同 上	3〜6%	同 上	同 上	○○○○
		混錬時間	出荷・荷取時間	出荷伝票確認	各 車	90分以内	同 上	同 上	○○○○
		打足し時間コールドジョイント対策	打足し間隔時間	時間計測	都 度	60分以内	特に入念に突付く	なし	○○○○
		コンクリート面タンピング沈降亀裂対策	タンピング着手時期全面タンピング	指 示	都 度	水が引いた時点	水分除去	なし	○○○○

図 3・3　QC 工程表の例

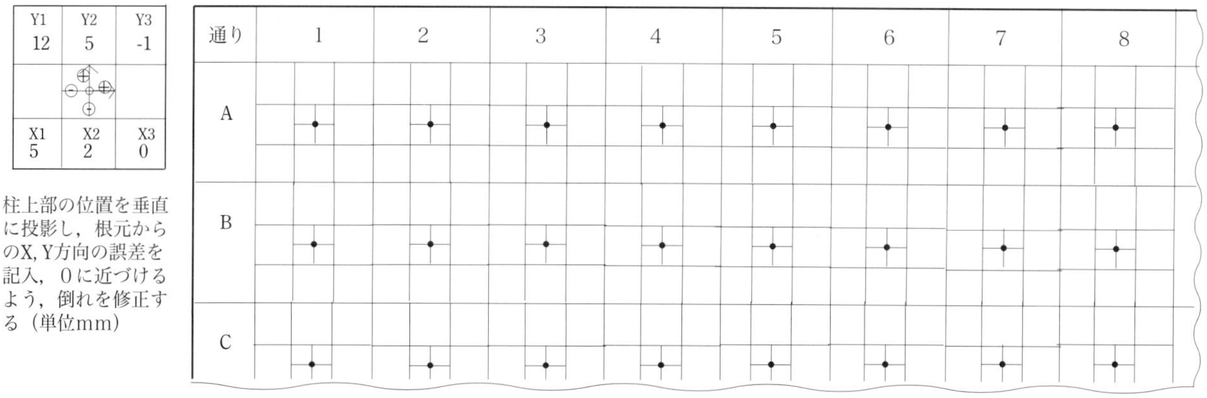

	Y1 12	Y2 5	Y3 -1
	X1 5	X2 2	X3 0

柱上部の位置を垂直に投影し，根元からのX, Y方向の誤差を記入，0に近づけるよう，倒れを修正する（単位mm）

通り	1	2	3	4	5	6	7	8
A								
B								
C								

図 3・4　チェックシート（鉄骨建起しチェックシート）の例

全員に共通の納得が得られやすいという利点がある．

(1) パレート図

品質を低下させる大きな原因を絞り込むために用いる手法である．原因と考えられる項目を，8項目前後に分類し，頻度の大きい順に棒グラフに描くとともに，各項目の全体に対する占有率の累計を，折れ線グラフで重ねて描いたものである（図3・5）．最初の2～3項目が，全体の70～80%を占めるといわれている．

(2) 特性要因図

原因と結果の関係を整理するための図である．「魚の骨」ともいう．右に不具合事項（特性）を書き，そこから左へ不具合の要因を魚の骨のように系統的に表現する（図3・6）．大骨は，4Mに分類することが多い．4Mとは，Man（人），Machine（機械），Material（材料），Method（方法）の頭文字を取ったもので，工程の4要素として工程分析によく用いられる．

(3) ヒストグラム

バラツキを標準偏差値だけでなく，棒グラフ（ヒストグラム）を描き，視覚的にとらえることによって問題点を発見できる場合がある（図3・7）．

(4) チェックシート

チェックシートは工程の生のデータである．いろいろな角度から調べることにより，問題点に気づくことができる（図3・4参照）．

(5) グラフ

データを見やすくまとめた図の総称をグラフと呼び，実態を正確に把握するために便利な道具である（図3・8）．
（この項目には，グラフに替えて管理図をあげる場合がある．）

(6) 散布図

2つの要素からなるデータの関係を，視覚的にとらえるための図である（図3・9）．この図から，気づかなかった別の要因を見い出すこともある．

(7) 層別

全体をいくつかの層に分けることをいう（図3・10）．「分けることは解ること」という格言が示すように，データをいくつかの層に分けて検討することが，問題解決の糸口をつかむ上で有効である．

(8) 新QC七つ道具

上記に加え，「新QC七つ道具」として関連図法・親和図法・系統図法・マトリックス図法・マトリックスデータ解析法・PDPC（Process Decision Program Chart）法・アローダイヤグラム法が推奨されている．

5. 品質保証と瑕疵担保責任

(1) 品質保証

品質保証（QA：Quality Assurance）とは「品質が所定の水準にあることを保証すること」（JIS Z 8101）である．各工程の段階できちんと管理を行うことが品質保証の証になることから，今日では品質確保のためのすべての活動として広くとらえられている．

(2) ISO 9000シリーズ

ISO（International Organization for Standardization）とは，国際標準化機構のことで，ジュネーブに本部を置く国際的非政府機関である．設立の目的は，製品・規格・サービスなどの国際的な標準化と，それを発展させることである．

ISO 9000シリーズは，設計・施工・検査・保全サービスについての仕組み・文書化・責任と権限の明確化・手順の明確化などを定めている．

わが国では，下部機構として㈶日本品質システム審査登録認定協会があり，同協会が認定した審査登録機関が規定への適合の審査を担当している．企業が作成した品質マニュアルがISO規格に適合し，マニュアルどおり実行されていることが認められれば，ISOの認証を取得することができる．近年，多くの企業が自社の品質保証機能を高め，その証となるISO9000シリーズの認証を取得するための取り組みを行っている．

(3) 契約不適合責任

建物の完成引渡し後に品質の不良が明らかになった場合，契約不適合責任が発生する．引き渡された物件の，契約とは異なる不具合を，契約不適合という．契約不適合について，請負人が注文者に負う責任を担保責任という．その内容は，民法634条以下に定められており，請負人に修補義務と損害賠償義務が発生する．有効期間は，普通工作物では引渡し後5年，石造，土造，煉瓦造，金属造は10年となっている．有効期間は当事者間で特約できるため，一般に広く使われている「民間連合協定工事請負契約約款」では，「木造等は1年，石造・金属造・コンクリート造などは2年，ただし請負人の故意または重大な過失による場合は，1年を5年，2年を10年とする」としている．

3・2 原価管理

建設業の社会的役割は，建築物を社会に提供することにある．その企業活動は，企業の総請負金額と総建築原価の差額（企業経費）によって支えられている．現場は，企業の最先端で所定の原価を確保する中心的な役割を果たす．

請負金額と原価は切り離し，現業部門で総量として扱うことが多い．このことは，個別現場の利益率に影響される

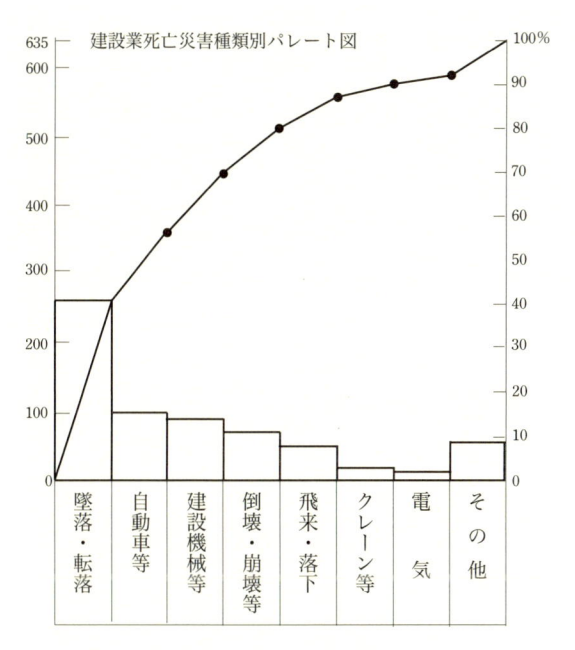

図 3・5　パレート図の例

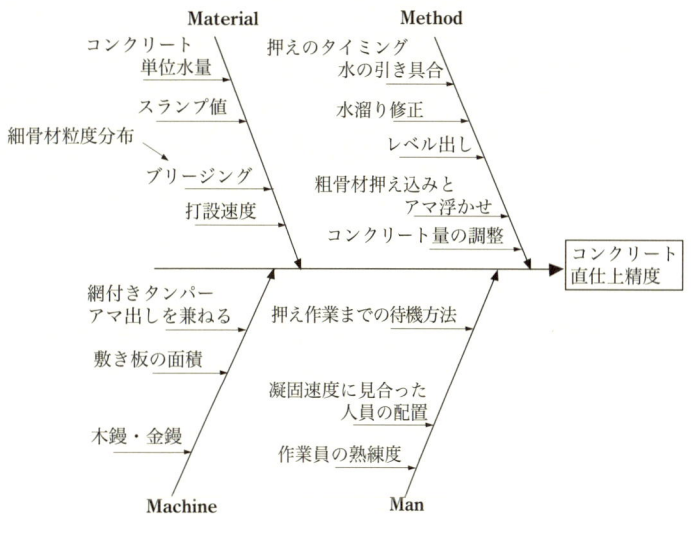

図 3・6　特性要因図の例

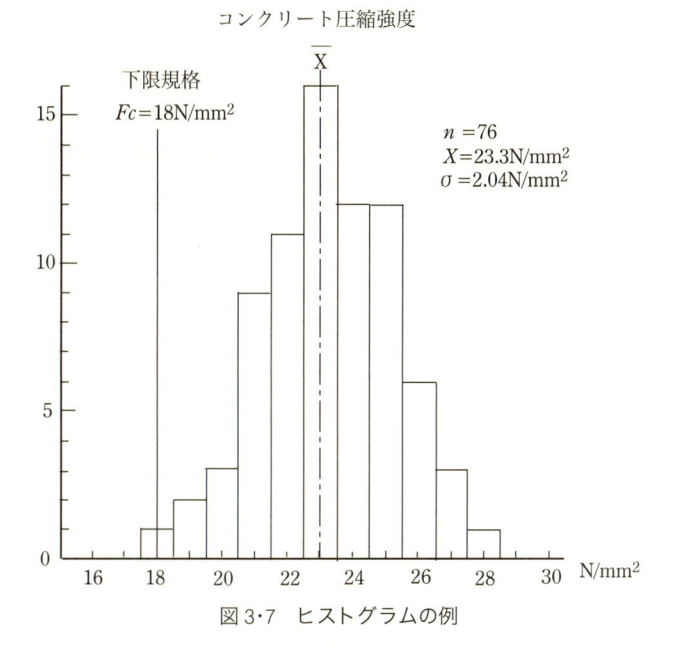

図 3・7　ヒストグラムの例

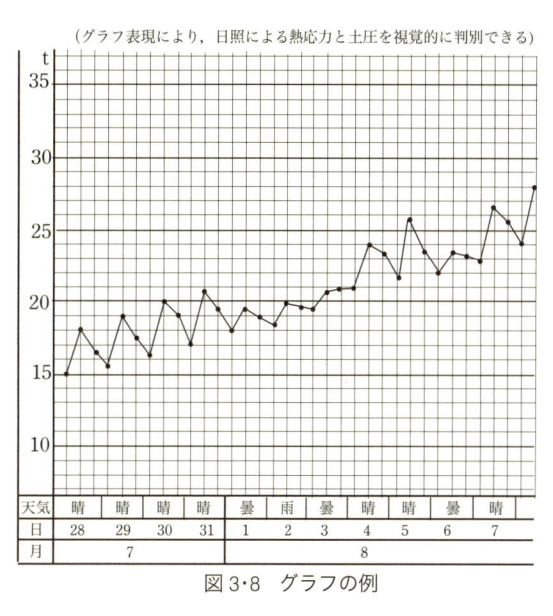

図 3・8　グラフの例

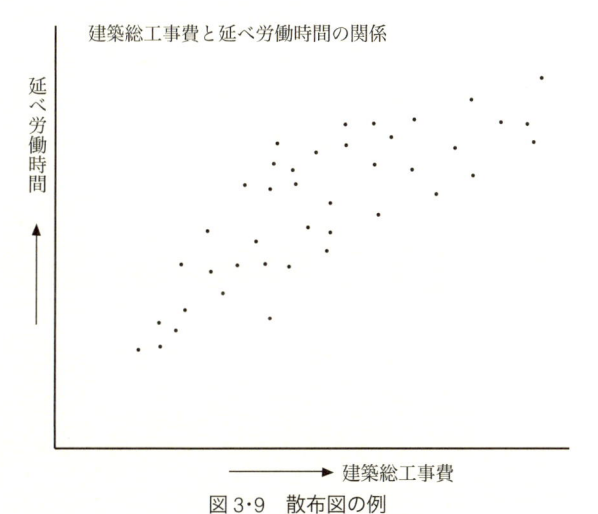

図 3・9　散布図の例

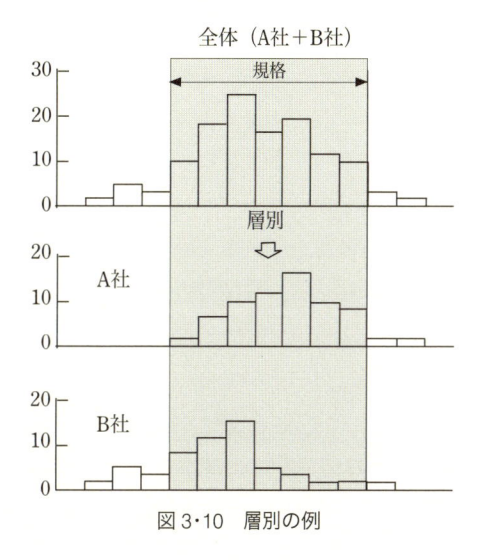

図 3・10　層別の例

第 3 章　現場管理　35

ことなく，企業としての品質水準を確保する上で重要なことである．

1. 目標原価の設定

設計図書に示された，建築物を完成させるために企業が必要とする金額のことを，建設原価と呼ぶ．

工事入手に先だっての建築工事費を見積り，建築原価を想定する．その金額をもとに，受注活動で発注者に提示する金額を決定する．工事を受注できた場合，工事を実行する視点で再度見積り内容を検討し，その工事の目標とする目標原価を決定する（図3・11，図3・12）．

2. 実行予算の作成

実行予算の作成は，原価管理の計画段階に相当する．

実行予算は，主に見積りの工種別分類（図1・9参照）の項目にそって作成する．工種をさらに細分し，一業者に発注しようとする工事範囲を決め，数量，単価を明らかにして予算をたてる．その他，契約にそぐわない日々の清掃など，契約の隙間をうめる臨時の出費も予定しなくてはならない．

このように実行予算の作成は，目標原価を現場経費，各専門工事費，臨時費などに，きめこまかく割り振る作業である．

実行予算書は，工種別分類の項目ごとに契約予定と臨時予定に分類し，さらにそのすべてを建設業法の規定により材料費，労務費，外注費（製品製造と納入据付など複数の要素を含む費用），経費の4費目に分類して作成する（図3・13）．

原価管理は，実行予算にそって行う．実行予算の組立て方が工事の損益を左右するため，発注する工事範囲に何を含めるかをよく検討して，有利に契約できるよう工夫することが重要である．

現在は，現業部門幹部が決定した基本方針に従って，ITによって自動的に実行予算を作成する方法が広く行われているが，実行予算は，責任者がきめ細かく修正を加えて完全に自分のものにすることが最も重要である．

3. 予算の執行

(1) 発 注

現場は，実行予算に従って，購買部門に1工事ごとに予算を示して発注を依頼する．購買部門の所属は，企業によって支店，営業所，工事事務所などさまざまであるが，複数の現場の購買業務を集中的に行う，集中購買が一般的である．多数の工事について，一つひとつ下請と折衝し，契約するためには，相当な時間が必要である．しかし，物価変動の影響を避けるためには，早く契約を済ますことが必要である．

契約のなかには，予算を超過するものも，予算内におさまるものもある．契約予定額が総原価に占める割合は大きいので，契約金額と予算の差額の合計が工事の損益を大きく左右する．

(2) 予算の消化

毎日，臨時費や経費をできる限り抑えながら工事を進める．管理のミスによるやり直し作業は，計画外の出費につながる．また，工事の遅れで急施工が必要になる場合も同様である．このように日常の管理のまずさは，ただちに建築原価を大きく変動させる．

月末に，当月発生した臨時工事の費用と下請契約をした工事の当月出来高分の費用を支払う．

4. 決 算

決算とは，工事の消化量（工事を済ませた量）とそれに対する支出金額から，予算との差異（損益）をチェックすることである．

決算には月次決算・四半期決算・本決算がある．月次決算は毎月行う決算で，当月までの支払金額と工事の消化量に相当する予算金額との差額を算出し，損益の状況をチェックするものである．建築工事中は，常に設計変更や予想しなかった変化が起きる．それに伴う予算の変化も，決算に算入する（図3・14）．

四半期決算は，年度の四半期ごとに行う決算であり，6月，9月，12月，3月に行われる．この決算では，原価償却を考慮したうえで，棚卸により在庫を確認するなど，月次決算よりも詳細に行う．本決算は，年度の最後に行う決算であり，3月に行われることが多い．内容は四半期決算と同様であるが，より正確さが求められる．

5. 予算超過対策

各現場の決算は，上部の現業部門に報告される．予算超過が予想される現場に対しては，部門レベルで指導や支援が行われる．

現場では，予算超過の原因をつきとめ，管理体制や施工計画を見なおし，臨時費や現場経費を圧縮して予算超過を回避する対策を立てる．

3・3 工程管理

工期を守ることは，工事契約のなかで最も重要な要件である．天候不順や労務不足など自然現象や社会状況が工程に影響を及ぼすが，現場管理者にとって工期の遵守は至上命題である．

以下，工程管理の手順について述べる．

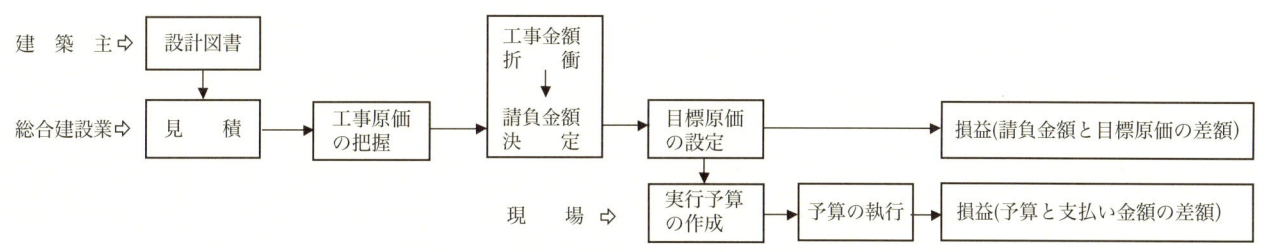

```
建 築 主 ⇨ [設計図書]                    [工事金額 折衝]
                                         ↓
総合建設業 ⇨ [見積] → [工事原価の把握] → [請負金額決定] → [目標原価の設定] → [損益(請負金額と目標原価の差額)]
                                                                    ↓
                                  現 場 ⇨ [実行予算の作成] → [予算の執行] → [損益(予算と支払い金額の差額)]
```

図 3・11　建築原価・請負金額・目標原価・損益の関係

実行予算基本方針確認書

現場名　　　　　　　　　　　　　　　　　　　　　　　　　　　　　　　　　　部門長　工務部　担当部署

工期　　年　月　日 ～　　年　月　日

構造・階数　　　　工事価格　522,580,000　　　利益目標　36,580,000　（7.0％）
延面積　　　　　　工事原価　508,966,000　　　目標原価　486,000,000　（95.5％）

	種　目	工事原価(N) 千円	増　減 千円	目標原価(S) 千円	S/N %	増減理由
仮設	共 通 仮 設	27,825	▲2,325	25,500	91.6	
	直 接 仮 設	28,123	▲3,123	25,000	88.9	
	共通・直接 計	55,948	▲5,448	50,500	90.3	
躯体	土 工 事	15,818	▲1,818	14,000	88.5	根切300m³を230
	杭 地 業 工 事	26,061	▲2,061	24,000	92.1	場所打ち杭は88%
	コンクリート工事	22,451	▲1,451	21,000	93.5	@8500を7100
	型 枠 工 事	11,356	▲1,356	10,000	88.1	@2900を2300

図 3・12　実行予算基本方針確認書の例

集　計　表

工　種		契　約				臨　時				備　考
		材料費	労務費	外注費	経費	材料費	労務費	外注費	経費	

内　訳　書

工種

NO	名称・仕様	数量	単位	単価	契　約				臨　時			
					材料費	労務費	外注費	経費	材料費	労務費	外注費	経費

図 3・13　実行予算書式の例

符号	工　種	原価	目標原価	契　約							契約折衝中			
				契約予算	契約結果	契約差額	既払	未払	契約増減	支払予定	予算	既払	未払	増減

支払予定	臨　時					未契約			支払予定増減の合計	同左前月末増減の合計	差引当月増減合計	増減理由
	臨時予算	既払	未払	増減	支払予定	未契約予算	増減	支払予定				

図 3・14　決算書式の例

1. 工程計画の展開

施工計画の段階で作成された工事総合工程表に基づいて，細部の工程を展開する．

(a) **月間工程表** 工事総合工程表から向こう1ヶ月分を取り出して，月間工程表を作成する（図3·15）．月間工程表の目的は，各下請業者に向こう1ヶ月間の作業内容を徹底し，労務や資材の準備をさせることである．したがって，月間工程表には下請業者別に作業内容を詳細に示すとともに，必要に応じて作業数量も記入する．一般に，日程がわかりやすい棒線工程表を使用する．用紙は，A3判を使う場合が多い．

(b) **月間工程会議** 前月の下旬に，関係下請業者の幹部と現場代表者（職長）を召集し，月間工程表をもとに次の月の工程を検討し，作業内容を徹底する．同時に労働安全衛生法に基づく安全衛生協議会を行う場合が多い．

(c) **週間工程表** 月間工程表から向こう1週間を取り出し，週間工程表を作成する．前週の作業の進行状況と計画日程との調整を行い，資材の取り込み，作業動線，安全など，きめの細かい検討を行う．棒線工程表で表し，A4判の用紙を使用する場合が多い．

(d) **工程会議（工事安全会議）** 毎日15時頃，元請の係員と職長を召集して工程会議を行う．週間工程表をもとに，作業の進捗状況を確認し，当日の残りの作業と翌日の作業について検討を行い，作業内容を徹底する．週の最終日には，翌週の工程表も同時に検討する．また，これらの会議は作業間の連絡調整を行う安全会議としても位置付けられる．

(e) **朝礼** 毎朝，作業開始前に全作業員を召集し，前日の工程会議で決定した作業内容を全作業員に徹底する．

2. 進捗状況の把握

工事の進捗状況は，総合工程表上の日程と実際の作業内容のズレとして把握する．現場では同時に多数の作業が並行して行われているため，進む作業も遅れる作業もある．月間工程計画や週間工程計画で調整するが，とくにクリティカルパス上の作業に重点をおいてチェックする．

一般に，工事総合工程表に1週間毎に現況を記入し，進捗状況を表示する．

杭打ち工事や根切り工事のように工事期間の長い工事や，集合住宅の内装工事のように作業内容が複雑な場合は，進捗状況の把握が困難である．工事期間が長い場合は出来高による進捗管理グラフ（図3·16），複雑な内容の場合には完了した作業を塗つぶすことで視覚的に進捗状況を把握する進捗状況図（図3·17）を用いる場合が多い．

3. 工程遅延対策

工程が遅延した場合，対策を行うタイミングが重要である．そのため，進捗管理グラフに管理限界線を入れておくこともある．

工程が遅延した場合，原因を冷静に把握することが重要である．原因として作業手順，施工設備，労務の質，工程計画の不良などがあげられる．

工期短縮は工程の要素である4Mについて行う．直列作業を並列作業にして短縮する，作業時間を延長して短縮する，機械や人員を増強して短縮する，などの方法がある．いずれの場合も作業効率が低下するため，コストが増加するので，コストの比較検討が必要になる（図3·18）．

4. 工程管理のポイント

工程管理を円滑に行うために最も重要なことは，良い工程計画を立てることである．現場は，多数の専門工事業者が入り乱れて作業を行う場である．工程計画は論理的で複雑なものより，参加業者全員が理解し，一体となって作業を進められるような，シンプルでわかりやすいものとすることが最も重要である．

階別あるいはブロック別に現場を区切り，単位作業を3日または6日などの決まった日数で順に行うタクト工程が優れている（図3·19）．

3·4 安全衛生管理

行政の指導や関係者の努力にもかかわらず，いまだに全産業で年間1300件近い死亡災害が発生している．

建設業の災害はとくに多く，労働者数においては全産業の10%であるのに対し，死亡者数は全産業の35%弱を，死傷者数は20%近くを占めている（図3·20）．このような現状から，労働災害の防止は建設産業の最も重要な課題である．労働災害の防止を含め，現場で働く人たちの安全や衛生を適切な状態に保つことを，安全衛生管理と呼ぶ．

以下，安全衛生管理の考え方や方法について述べる．

1. 災害防止の考え方

災害は不安全な行動と不安全な状態が重なった時に発生すると言われている．例えば，作業員が高所で近道をしようと，安全通路を通らずに危険な鉄骨の梁の上を通るという不安全な行動を行い，足を滑らせたとする．そこに安全ネットが張ってあれば墜落することはないが，安全ネットが張ってないという不安全な状態が重なった場合に墜落災害が発生する．

安全衛生関係法令では，主にこの不安全な状態を回避す

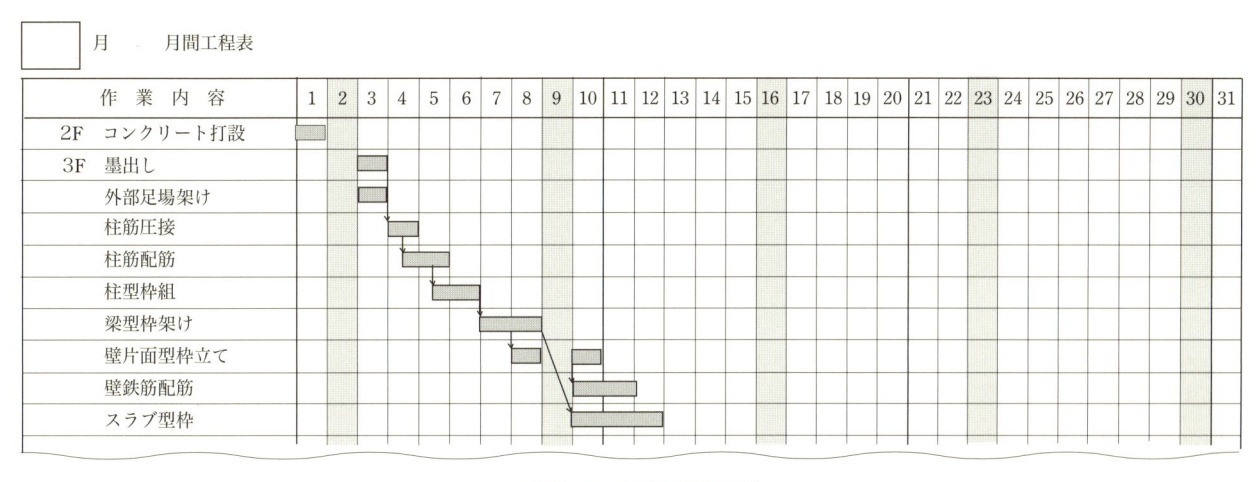

図3・15　月間工程表の例

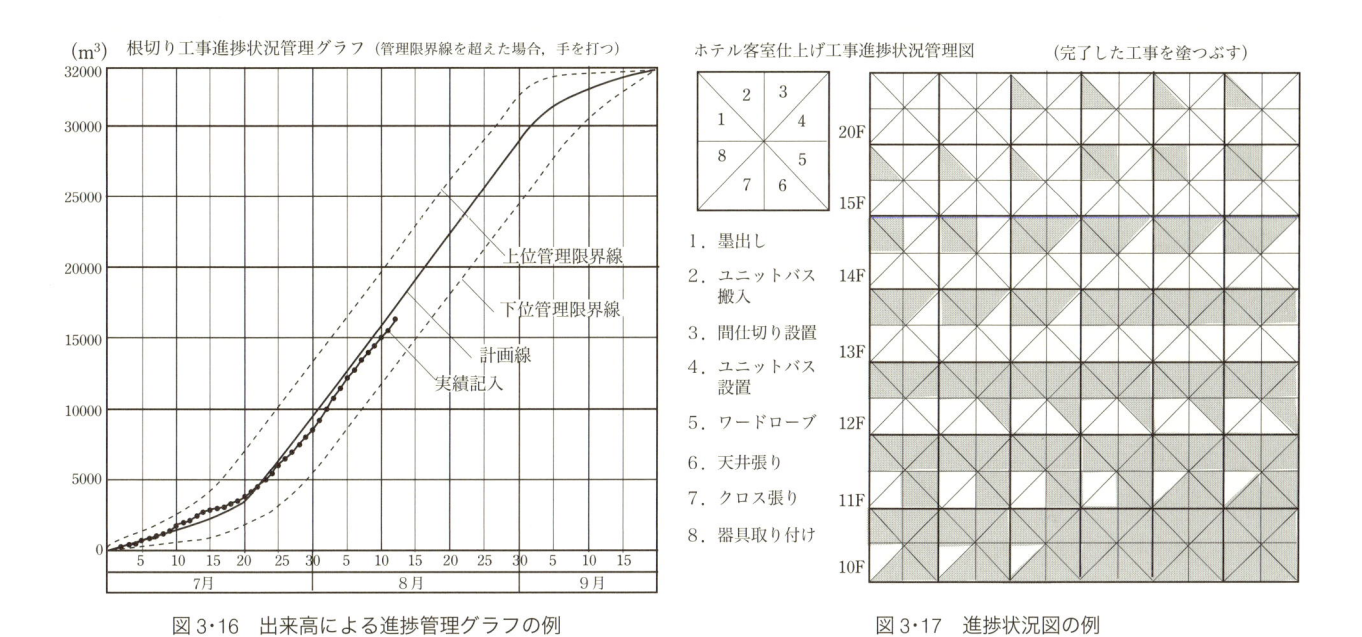

図3・16　出来高による進捗管理グラフの例

図3・17　進捗状況図の例

図3・18　コスト・工期関係

図3・19　タクト工程の例

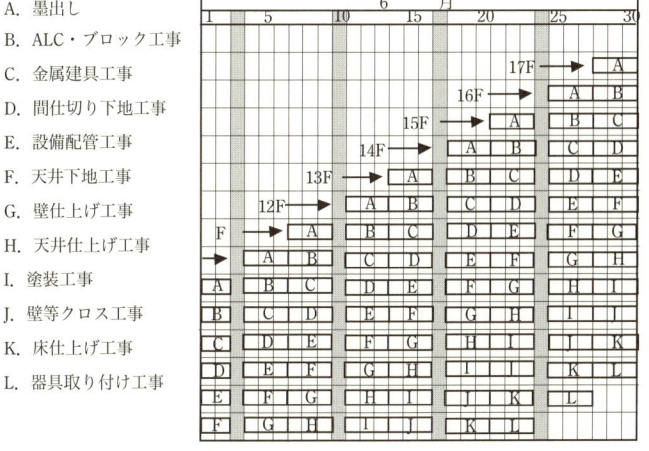

3日タクトの仕上げ工事の工程表である．各階に1職種が入り作業を行う．3日で完成させ上階へ平行移動する．上階を同様に，次の3日で完成させて次の階へ移る．これを繰り返して仕上工事を行う手法である．各職種とも1フロアすべて自職種で自由に作業を行えるため，非常に能率があがる．

第3章　現場管理　39

るための基準と，これを管理する管理体制を規定している．

2. 安全衛生関係法令について

安全衛生に関する主要な法律は労働安全衛生法と，それを補完する労働安全衛生規則である．その他の建築工事に関する安全衛生関係法令については図3・21に示す．現場での生産活動は，これらの安全法令に準拠して行われる．

労働安全衛生法では，災害防止の責任の所在を主に事業者責任・統括管理責任・提供設備の安全確保措置責任の3つに置いている（以下，根拠条文を文末に示す．「法」は労働安全衛生法，「則」は労働安全衛生規則，数字は条項番号を示す）．

(1) 事業者責任

労働者の安全と衛生を確保する責任は，すべて事業者(経営者)にある．法3条で「事業者は職場における労働者の安全と衛生を確保しなければならない」，法2条で「事業者とは，事業を行う者で，労働者を使用するものである」としている．

事業者は，労働者の危険や健康障害を防止するため，規模に応じて総括安全衛生管理者・産業医・安全管理者・衛生管理者・安全衛生推進者・作業主任者を選任し，自社の安全衛生管理体制を確立して(図3・22, 3・23)，作業環境に起因する危険や健康障害，作業行動に起因する危険等から労働者を守らなければならない〔法20〜25〕．

その他，安全衛生教育〔法19の2〕・労働者の健康診断〔法66〕・法令の周知〔法101〕・作業資格の就業制限〔法61〕・安全衛生点検〔法45〕などの義務が定められている．

(2) 統括管理責任

建設現場のように，同一の場所で複数の事業の労働者が混在して作業を行う場合，事業者責任の原則があっても，個々の事業者が自社の労働者の安全を確保することは困難である．

このように，複数の事業の労働者が混在して作業をする事業を行うものを，特定元方事業者と呼び，建設業と造船業が該当する．「特定元方事業者は，労働者及び関係請負人の作業が同一の場所において行われることによって生ずる労働災害を防止するための措置を講じなければならない」〔法30〕とされ，そのための責任のことを統括管理責任という．

統括管理業務には次の17項目があり，現場の主要な安全管理業務となる．

(ア) 統括安全衛生責任者の選任：元請・下請を含め常時50名以上の労働者が働く事業所に適用する．業務は，特定元方事業者の責務を遂行することである〔法15〕

(イ) 元方安全衛生管理者の選任：適用条件は上に同じ．元方安全衛生管理者の業務は，統括安全衛生責任者の技術面の補佐をすることである〔法15の2〕

(ウ) 救護管理者の選任：土木工事に適用する〔法25の2，令9の2〕

(エ) 協議組織の設置，運営：安全衛生協議会を月1回以上開催して記録を残す〔法30，則635〕

(オ) 作業間の連絡と調整：毎日，工事安全会議の席で行う〔法30，則636〕

(カ) 現場の巡視：毎日1回以上行い，記録を残す〔法30，則637〕

(キ) 関係請負人が行う安全衛生教育の指導援助〔法30，則638〕

(ク) 工事に関する計画および機械・設備等の配置計画の作成〔法30，則638の4〕

(ケ) 事業者が作成する作業計画に対する指導〔法30，則638の4〕

(コ) クレーン等の運転についての合図の統一〔法30，則639〕

(サ) 事故現場等の標識の統一など〔法30，則640〕

(シ) 有機溶剤等の容器の集積箇所の統一〔法30，則641〕

(ス) 警報の統一など〔法30，則642〕

(セ) 避難訓練の実施の方法などの統一等：ずい道工事等に適用する〔法30，則642の2〕

(ソ) 周知のための資料の提供等〔法30，則642の3〕

(タ) 重大事故発生時の安全確保措置〔法25の2，30の2〕

(チ) 特定元方事業開始報告〔法100，則664〕：特定元方事業者は現場の規模に応じて，統括安全衛生責任者・元方安全衛生管理者・店社安全衛生管理者を選任して，安全管理体制を確立し統括管理業務を遂行しなければならない．

各々の適用規模，業務内容などを表3・1に示す．

なお，下請業者は表3・1に示すとおり規模に応じて安全衛生責任者を選任し協議会組織に参加しなければならない．

(3) 提供設備の安全確保および措置責任（注文者の責任）

建設物・設備・原材料などを下請に使用させる場合の災害防止の責任は，設備提供者である注文者にある〔法31〕．ただし，下請業者がこれらを自社の再下請業者に提供するときは下請業者が注文者になる．

なお，建築関係の主な提供設備は表3・2に示すとおりである．

(4) 計画の届出等

事業者は建設工事等を行う場合，監督官庁へ各種の届出を行い，確認または審査を受けなければならない．監督官庁は厚生労働省の出先機関である労働基準監督署が直接の窓口となる．

建築工事関係の主な届出を表3・3に示す．

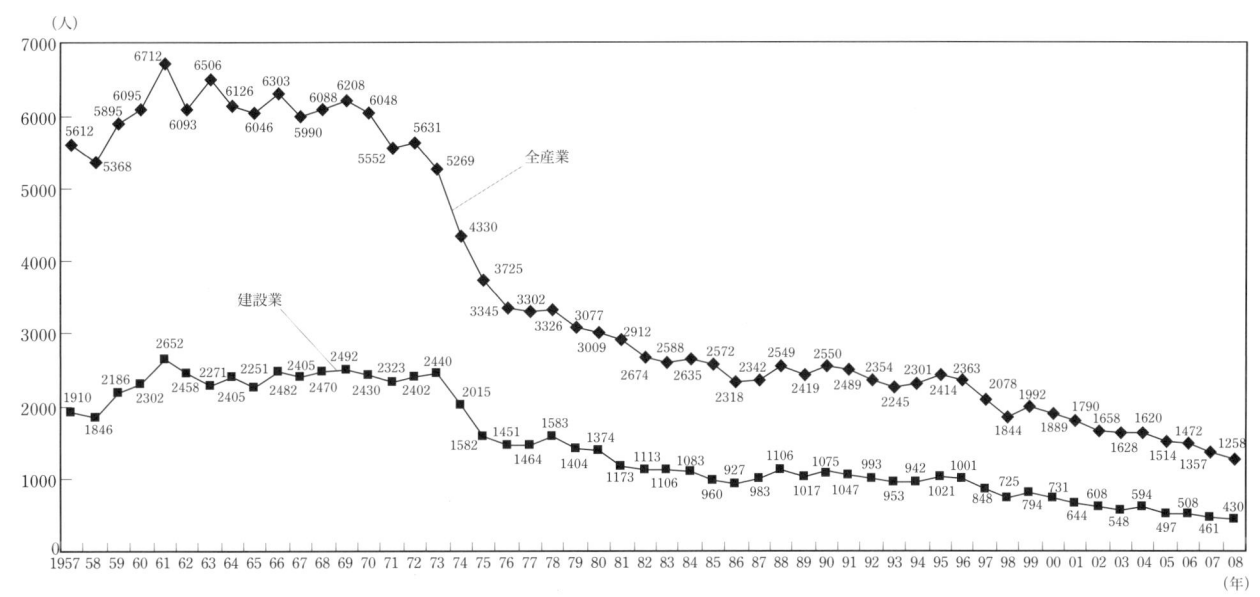

図3・20 死亡災害の推移（建設業労働災害防止協会資料より）

日本国憲法　27条　すべて国民は，勤労の権利を有し，義務を負う．賃金，就業時間，休息その他の勤労条件に関する基準は，法律でこれを定める．
　　　　　　　　児童は，これを酷使してはならない．
　　　　　　　　　　　　　　　　　　　〔昭和21-11-3交付〕

労働基準法（労基法）〔昭22法49〕
├─労働基準法施行規則
├─年少者労働基準規則
├─女子労働基準規則
├─事業付属寄宿舎規則
└─建設業付属寄宿舎規則

労働安全衛生法（安衛法）〔昭47法57〕
　労働安全衛生法施行令（安衛法施行令）（昭47政令318）
　├─労働安全衛生規則（安衛）〔昭47省令32〕
　├─ボイラー及び圧力容器安全規則（ボイラー則）〔昭47省令33〕
　├─クレーン等安全規則（クレーン則）〔昭47省令34〕
　├─ゴンドラ安全規則（ゴンドラ則）〔昭47省令35〕
　├─有機溶剤中毒予防規則（有機則）〔昭47省令36〕
　├─鉛中毒予防規則（鉛則）〔昭47省令37〕
　├─特定化学物質等障害予防規則（特化則）〔昭47省令39〕
　├─高気圧作業安全衛生規則（高圧則）〔昭47省令40〕
　├─酸素欠乏症等防止規則（酸欠則）〔昭47省令42〕
　├─事務所衛生基準規則（事務所則）〔昭47省令42〕
　├─粉じん障害防止規則（粉じん則）〔昭54省令18〕
　└─機械等検定規則（検定則）〔昭47省令45〕
　労働安全衛生法関係手数料令〔昭和47政令345〕

作業環境測定法────同法施行令────同法施行規則
じん肺法────────────────じん肺法施行規則
火薬類取締法──────────────同法施行規則
労働災害補償保険法──同法施行令────同法施行規則
労働災害防止団体法──────────同法施行規則

図3・21　主な安全衛生関係法令

事業者の講ずべき措置

1．機械，器具，設備，爆発，発火，引火，電気，熱，エネルギー等による危険防止　　　　　　　　〔法20〕
2．掘削，採石，荷役，伐木，墜落，土砂崩壊等による危険防止　　　　　　　　　　　　　　　　　〔法21〕
3．原材料，ガス，蒸気，粉じん，酸素欠乏空気，病原体，放射線高温，低温，超音波，騒音，振動，異常気圧，計器監視，精密工作，排気，廃液，残さい物等による健康障害防止　　　　　　　　　　　　　　　〔法22〕
4．通路，床面，階段，換気，採光，照明，保温，防湿，休養，避難，清潔，健康，風紀，生命等の保持　〔法23〕
5．作業行動から生ずる災害防止　　　　　　　　〔法24〕
6．作業の急迫した危険があるときの作業中止，避難
　　　　　　　　　　　　　　　　　　　　　　〔法25の1〕
7．爆発，火災等が生じたときの救護における災害の防止
　　　　　　　　　　　　　　　　　　　　　　〔法25の2〕

図3・22　事業者の講ずべき措置

個別企業の安全衛生管理体制

総括安全衛生管理者〔法10〕──労働者数常時100人以上
├─安全衛生委員会〔法17〜9〕　50人以上
├─産業医〔法13〕　50人以上
├─安全管理者〔法11〕　50人以上
├─衛生管理者〔法12〕　50人以上
└─安全衛生推進者〔法12の2〕　10人以上 50人未満

作業主任者（職長）〔法14〕

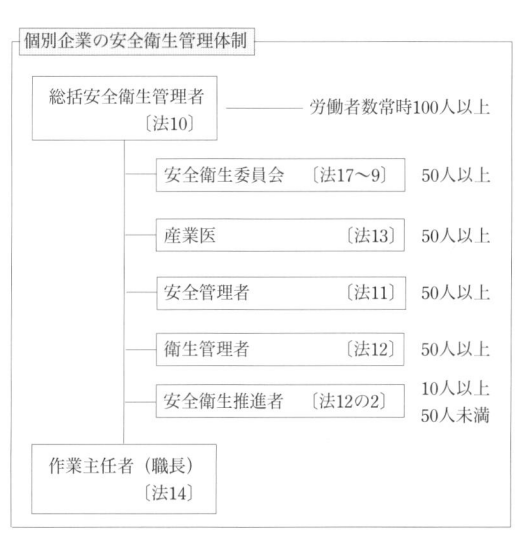

図3・23　個別企業の安全衛生管理体制

3. 現場の安全管理活動

(1) 災害発生状況の指標

災害発生状況の指標として，強度率と度数率が使われる．
強度率は災害の重さを，度数率は災害の頻度の程度を示すもので，下式によって算定する．

$$強度率 = \frac{労働損失日数}{延べ労働時間数} \times 1000$$

$$度数率 = \frac{労働災害による死傷者数}{延べ労働時間数} \times 1000000$$

度数率，強度率とも年単位で算定する．企業はこの数値を指標として災害防止活動の推進状況を把握し，年度安全計画を立てる．各現場は，この方針を受けて安全管理活動を行う．

(2) 安全施工サイクル

現場の安全管理活動は「安全施工サイクル」を軸に行われる．安全施工サイクルは，安全活動を1日サイクル・週間サイクル・月間サイクルで行う安全活動を示す（表3・4）．

1日のサイクルの例を次に示す．

① ラジオ体操：作業員全員を安全広場に召集し，ウオーミングアップのためラジオ体操を行う．作業着手時に多い災害の防止に効果がある．
② 安全朝礼：統括安全衛生責任者と各下請の職長が，当日の作業内容と作業に伴う安全指示を行う．
③ 服装点検：全員が2人ずつ組になり互いに向き合い，ヘルメット，安全帯，ズボンの裾，作業靴等を指差呼称（ゆびさしこしょう）で点検する．
④ KYM：危険予知ミーティングの頭文字を取ったもので，当日，同じ作業を行うグループごとに集まり，黒板を使って作業に伴う危険を洗い出し，その対策を話し合い，全員が守るべき安全事項を誓う．
⑤ 始業前点検：持ち込み機械器具の安全点検や作業場所の足場設備などの安全点検を行う．
⑥ 安全パトロール：職長と元請係員で構成する安全当番で，現場内をパトロールし，設備の安全点検と指示した安全項目の遵守状況を点検する．
⑦ 統括安全衛生責任者の現場巡視：統括安全衛生責任者が現場を巡視し，安全法令の遵守状況を確認し，必要に応じて改善のための指示を行う．
⑧ 工事安全会議：統括安全衛生責任者・元請係員・職長で構成する会議である．翌日の作業の調整と作業に必要な資格の確認を行い，職長に安全工事指示書を交付する．
⑨ 持ち場の後片付け：作業終了後，各自が当日の作業範囲の片付け清掃を行う．
⑩ 工事安全日誌記入：工事安全日誌は，安全管理の中心となる帳票である．下請の業者名・作業内容・人数・作業責任者・作業に必要な資格・安全指示を作業ごとに記入する．前日の工事安全会議で記入し，作業終了後に実績を記入する形式が多い（図3・24）．

(3) その他のサイクルの主な安全活動

(a) **安全大会** 月1回程度（月初めが多い）当月の目標やスローガンなどを徹底するために開催する．
(b) **工事安全作業手順検討会** 1工種ごとに，工事着手前に，安全作業を徹底するため，関係作業員全員で安全作業手順を検討する．
(c) **安全衛生協議会** 法定の協議会として，元請全員，下請幹部，職長を召集して月1回程度開催する．
(d) **安全勉強会** 安全勉強会として，作業員に法令の教育や危険予知能力の向上教育（危険予知トレーニング・KYT）を適宜行う．
(e) **現場大掃除** 適宜（週1回程度）全員で現場内，現場周辺の大掃除を行う．

3・5　環境管理

建築工事は，安定した地域社会に新しく参入して行われる場合が多い．工事で，その地域社会の環境を乱さないことが環境管理の原点である．

施工にあたっては，環境保全に関する法律を遵守することはもちろん，地域社会に対する細やかな心遣いが必要である．

1. 施工に関わる環境規制法

施工に関わる法律には，排出物・環境・廃棄物などに関する規制や自然保護・土地利用に関するものなど多くのものがある（図3・25）．そのうち主要なものについて，次に述べる．

(1) 廃棄物の処理及び清掃に関する法律（廃棄物処理法）

①廃棄物の定義と処理責任

人々の日常生活から発生する廃棄物は一般廃棄物と呼ぶ．一般廃棄物は国民の税金で処理する（企業から出る一般廃棄物の処理を有料としている自治体もある）．

事業活動によって発生する廃棄物のうち，法律で定められたものを産業廃棄物と呼ぶ．産業廃棄物は事業者が処理しなければならない(自己処理責任の原則)．多量排出事業者は「計画書」と「実績書」の提出義務がある．その他，有毒性の高い廃棄物は特別管理一般廃棄物や特別管理産業廃棄物として厳重な管理を要求される（図3・26）．

なお，廃棄物は不要物と定義され，有価性があれば廃棄物とはされない．

②産業廃棄物の委託処理

表3・1 特定元方事業者が選任する責任者ほか

建築工事において特定元方事業者が選任すべき責任者

責任者	適用範囲	資格要件	業務内容
統括安全衛生責任者の選任〔法15〕	元請下請を含めて，常時50人以上の場合は選任，報告	事業の実施を統括管理する者で規定はない	特定元方事業者の責務遂行
元方安全衛生管理者の選任〔法15の2〕	上記に同じ	大学，高専卒3年，高卒5年以上の実務経験（理科系）	統括安全衛生責任者の補佐，特定元方事業者の責務のうち，技術的事項（実務の管理）
店社安全衛生管理者の選任〔法15の3〕	鉄骨または鉄骨鉄筋コンクリート造の建築工事で，元請下請あわせて20～49人の場合，選任	大学，高専卒3年，高卒5年，他8年以上の実務経験	・統括管理担当者の指導 ・月1回以上の巡視 ・作業の状況把握 ・協議組織の参加 ・工程及び配置計画の措置を確認

関係請負人が選任すべき責任者

責任者	適用範囲	資格要件	業務内容
安全衛生責任者の選任〔法16〕	統括安全衛生責任者を選任すべき現場において仕事を行う関係請負人	個別関係請負人ごとに当該事業場の労働者を統括する者	・統括安全衛生責任者との連絡，関係者への周知，実施管理 ・作業計画を統括安全衛生責任者と調整 ・混在作業の危険の確認 ・請負人間の連絡と調整

表3・2 建築関係の主な提供設備

提供設備	注文者の講ずべき措置項目
くい打，くい抜機〔則644〕	ワイヤロープの安全，ブレーキの備付け，ウインチの据付，みぞ車の取付けと位置
型枠支保工〔則646〕	型枠支保工の材料，支柱の主要部分の鋼材，型枠支保工の構造，段状の型枠支保工
アセチレン溶接装置〔則647〕	発生器室の設置，発生器室の構造，溶接装置の構造規格，安全器の設置
アーク溶接機〔則648〕	交流アーク溶接機用自動電撃防止装置構造規格
電気機械器具〔則649〕	感電防止用遮断装置
物品揚げ卸等〔則653〕	高所作業の措置，1.5m以上の高さ，昇降設備
架設通路〔則654〕	架設通路
足場〔則655〕	材料，構造
作業構台〔則655の2〕	材料，構造
クレーン等〔則656〕	クレーン，移動式クレーン，デリック，エレベータ，簡易リフト，建設用リフト
ゴンドラ〔則657〕	構造規格

表3・3 届出の必要な計画等

労働安全衛生法	特定元方事業開始報告〔法15〕 統括安全衛生責任者選任報告〔法15〕 元方安全衛生管理者選任報告〔法15の2〕 店社安全衛生管理者選任報告〔法15の3〕 共同企業体代表者届〔法5・則1〕 安全管理者選任報告〔法11・則4〕 衛生管理者選任報告〔法12〕 産業医選任報告〔法7〕 建設物，機械等設置，移転変更届〔法88〕 建設工事計画届（大臣届出）〔法88の3〕 〃　　　　　　　（監督署長）〔法88の4〕
労働基準法	適用事業報告〔労則57〕 就業規則届〔労89・90〕〔労則49〕 時間外労働，休日労働に関する協定届〔労36〕 継続的宿直又は日直勤務許可申請書〔労則23〕 監視，断続的労働に従事する者に対する適用除外許可申請〔労則41〕 寄宿舎（設置，移転，変更）届〔法96の2〕 寄宿舎規則届〔労95〕

表3・4 安全施工サイクルの例

活動		内容
日間	安全朝礼	ラジオ体操，連絡調整，指示伝達
	安全ミーティング	安全指示，KYM，服装・体調のチェック
	安全点検	材料，設備，機械の点検（記録と報告）
	作業中の指導監督	発見した不安全行動を改善指導する
	安全工程打合せ	翌日の作業の調整指示，危険箇所の周知徹底
	持場片付け	使用した材料，工具，不用材の整理整頓
	終業時の確認	後片付け状況，火気の始末，第三者防護確認
週間	週間安全工程打合せ	今週の評価，来週の予定と調整の徹底
	週間点検	作業環境，設備，機械，工具の点検記録
	週間一斉片付け	不要材の搬出，未使用材の整理
月間	安全衛生協議会	月間計画，各職間の調整，教育訓練・行事計画
	定期点検・自主検査	法定の機械，設備点検，検査
	安全衛生大会	前月の実績評価，当月の予定発表，安全表彰
	職長会	勉強会，レクリエーション，見学会
随時	新規入場者受入れ教育	当現場のルールの徹底，特性伝達
	入場予定者事前打合せ	施工要領，使用設備等のすり合わせ

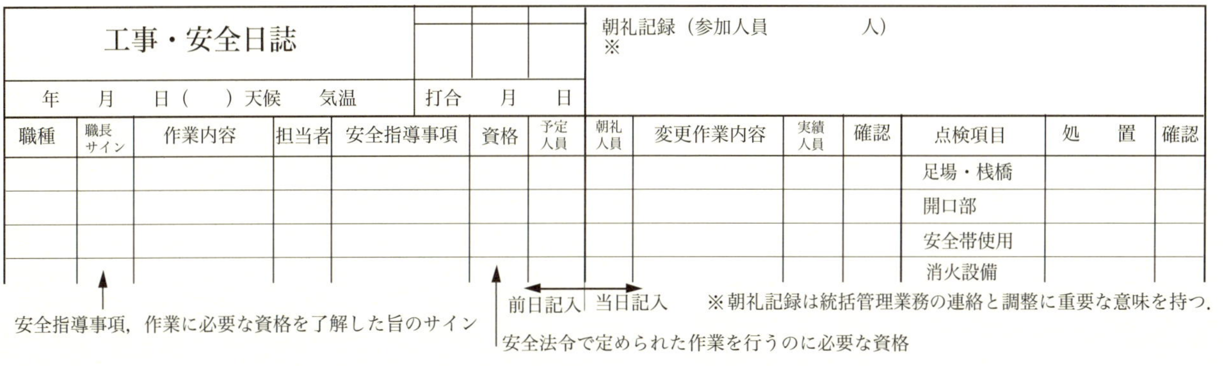

図3・24 工事安全日誌の例

産業廃棄物は自己処理責任が原則であるが，次の要件を満たせば専門業者に委託することができる．
(a)行政の許可業者で，委託内容が許可範囲内であること．
(b)再委託をしない．
(c)委託契約書を書面で締結する．
(d)マニフェスト伝票（産業廃棄物管理票）管理を行う．

ただし，中間処理施設または最終処分場までの責任は排出業者にある．

③ 再利用（リサイクル）

廃棄物処理法には再利用制度がある．再利用制度には，個別指定制度と一般指定制度がある．前者は申請により都道府県知事または環境大臣が指定する．後者は申請によらず都道府県知事または環境大臣が認定する．廃棄物の再利用にあたっては不法処理とならないよう，法に準拠して正しく運用するよう注意が必要である．

(2) 建設工事に係る資材の再資源化等に関する法律（建設リサイクル法）

この法律は80㎡以上の解体工事，500㎡以上の新築工事，1億円以上のリフォーム工事に適用される．

特定建設資材すなわちコンクリート・コンクリートおよび鉄筋からなる建設資材・木材・アスファルトコンクリートについて分別解体および再資源化を義務付けるものである．

これらの工事を行う場合は，発注者または自主施工者は，分別計画を下請業者へ説明し，工事開始7日前までに都道府県知事へ届出しなければならない．

(3) 資源の有効な利用の促進に関する法律（リサイクル法）

事業者自身が，事業副産物を有効に利用することを義務付けるものである．

建設業では，年間施工50億円以上の業者が特定事業者の適用をうける．この場合，建設副産物として建設発生土・コンクリート塊・アスファルトコンクリート塊・建設発生木材の再生と，再生材として土砂・砕石・加熱アスファルト混合物を使用するよう，努力することを義務付けている．

(4) その他の建築関係環境法

① ダイオキシン類対策特別措置法（ダイオキシン対策法）

焼却能力50kg/h以上または火床面積0.5㎡以上の廃棄物焼却炉に排出基準を定めたもの．

② ポリ塩化ビフェニール廃棄物の適正な処理の推進に関する特別措置法（PCB特別措置法）

PCB廃棄物の保管事業者に対して，15年以内にPCB廃棄物を処分することと，PCB廃棄物を他者へ譲渡することの禁止等を規定している．

(5) 騒音規制法

次は建設工事で騒音を発生する特定作業とされる．

① 杭打ち機・杭抜き機・杭打ち杭抜き機を使用する作業
② びょう打ち機を使用する作業
③ 空気圧縮機を使用する作業
④ コンクリートプラントまたはアスファルトプラントを設けて行う作業

これらの作業を行う場合は，音量と作業時間に制限が設けられており，工事開始7日前までに都道府県知事へ届出ることが義務付けられている．

(6) 振動規制法

次は建設工事で振動を発生する特定作業とされる．

① 杭打ち機・杭抜き機・杭打ち杭抜き機を使用する作業
② 鋼球を使用し建築物等を破壊する作業
③ 舗装版破砕機を使用する作業
④ ブレーカーを使用する作業

これらの作業を行う場合は，振動の大きさおよび作業時間に制限が設けられており，工事開始7日前までに都道府県知事へ届出ることが義務付けられている．

2. 環境関係法規に基づく現場環境管理活動

現場では，環境関係法規に基づいて，次のような現場環境管理業務を行う．

(1) 廃棄物処理法

① 建設副産物処理責任者を決めて管理体制を確立し，「現場建設副産物管理組織表」を掲示する．
② 廃棄物の種類によって処理方法とコストが異なるため，廃棄物の分別計画を作成し実施する．
③ 分別ヤードを設置する．
④ 廃棄物の収集・運搬・処理業者と委託契約を締結する．
⑤ 廃棄物の運搬と処分先を確認する．
⑥ マニフェスト管理を徹底する（図3・27）．
⑦ 排出量の抑制目標およびリサイクル量の目標達成状況確認のため，廃棄物の排出量とリサイクル量を記録する．

(2) 建設リサイクル法

① 特定建設資材の分別計画を作成する．
② 発注者および下請業者へ分別計画を説明する．
③ 発注者は，着工7日前までに，都道府県知事へ届出る．

(3) リサイクル法

① 現場建設副産物適正処理計画を作成する．
② 計画に基づく実施と実績書を作成する．

(4) ダイオキシン対策法

現場に焼却炉を設ける場合は，この法に準拠して行う．

(5) PCB特別措置法

解体工事等でPCB廃棄物が出た場合，建築主に法の内容を十分に説明する．

(6) 騒音及び振動規制法

特定作業を行う場合，都道府県知事への届出るとともに

図3・25 環境, 公害, 廃棄物に関する法体系

- 環境基本法
  - 環境・排出等の規制
    - 水質汚濁防止法 ………… 工事および事業者から公共水域への排出規制
    - 下水道法 ………… 公共下水道等に処理水を放流する場合の基準
    - 海洋汚染防止法 ………… 海洋への油の流出及び廃棄物（液状を含む）の排出規制
    - 騒音規制法 ………… 特定建設作業の規制基準
    - 振動規制法 ………… 特定建設作業の規制基準
    - 大気汚染防止法 ………… 工場及び事業所から発生する粉じん等の排出規制
    - 悪臭防止法 ………… 都道府県知事が指定する規制地域について規制基準を定める
    - 農用地の土壌の汚染防止に関する法律
  - 産廃物処理副産物利用
    - 廃棄物の処理及び清掃に関する法律（産廃物処理法） ………… 産業廃棄物に対する事業者の責務及び処理基準
    - 再生資源の利用の促進に関する法律（再資源利用促進法・リサイクル法） ………… 副産物を再生資源として利用促進するための基本方針
    - 産業廃棄物処理特別施設整備促進法 ………… 施設立地促進
    - 省エネ・リサイクル支援法 ………… 技術開発の支援
  - 自然保護
    - 自然環境保全法 ─┐
    - 自然公園法 ─────┴── 立地等禁止する地域の規制
  - 土地利用の規定
    - 国土総合開発法
    - 都市計画法
  - 公害罪
    - 人の健康に係わる公害犯罪の処罰に関する法律

図3・26 建設副産物の一覧表

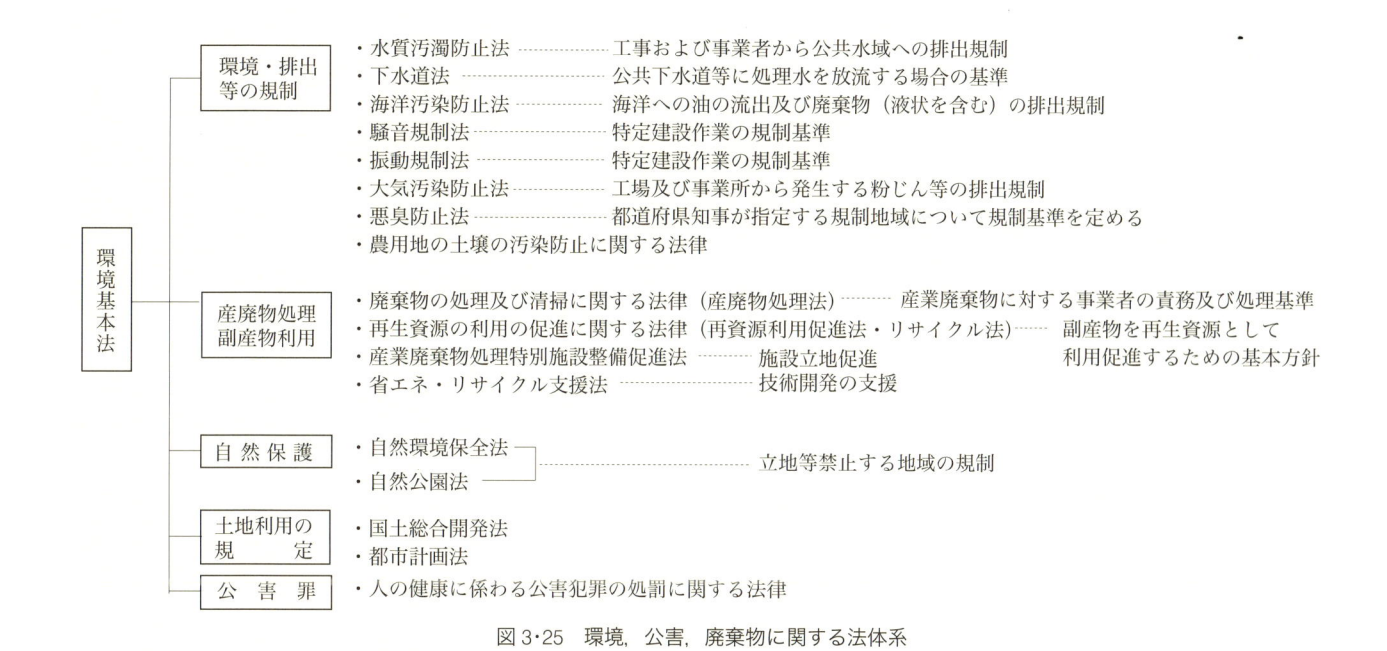

建設副産物
- 建設発生土
  - 土砂及び専ら土地造成の目的となる土砂に準ずるもの
  - 港湾, 河川等の浚渫に伴って生ずる土砂, その他これに類するもの
- 有価物
  - アルミニウム片, ダンボール, 鉄片等他人に有償で売却できるもの
- 建設廃棄物
  - 一般廃棄物

分類	建設工事現場から排出される一般廃棄物の具体的内容（例）
事業系一般廃棄物	現場事務所, 宿舎等の撤去に伴う各種廃材（寝具, 浴槽, 畳, 日用雑貨品, 設計図面, 雑誌等）, 現場事務所の生活ゴミ（生ゴミ・コピー用紙）

  - 産業廃棄物

分類	建設工事現場から排出される産業廃棄物の具体的内容（例）
がれき類	建設工事に伴って生じたコンクリートの破片, その他これに類する不要物（新設・解体・改修の別なく）1.コンクリートの破片, 2.レンガ破片, 3.杭頭処理の斫りガラなど
廃プラスチック類	廃発泡スチロール等梱包材, 廃ビニール, 合成ゴムくず, 廃タイヤ, 廃シート類
金属くず	鉄骨鉄筋くず, 金属加工くず, 足場パイプ
ガラスくず及び陶磁器くず	ガラスくず, タイル衛生陶器くず, 廃ALC
	廃石こうボード
汚泥	含水率が高く粒子の微細な泥状の掘削物 掘削物を標準仕様ダンプトラックに山積みができず, また, その上を人が歩けない状態（コーン指数がおおむね200kN/㎡以下又は一軸圧縮強度がおおむね50kN/㎡以下）, 具体的には, 場所打ち杭工法・泥水シールド工法等で生ずる廃泥水
建設木くず	工作物の除去に伴って生じたもの（木造建屋解体材等）, 新築工事から排出される木くず, 型枠, 足場材, 内装・建具工事等の残材
紙くず	梱包材, ダンボール, 壁紙くず
繊維くず	廃ウエス, 縄, ロープ類, 畳
燃え殻	現場内焼却残渣物（焼却灰）
廃油	防水アスファルト, アスファルト乳材等の使用残渣（タールピッチ類）

- 特別管理産業廃棄物

分類	建設工事現場から排出される特別管理産業廃棄物の具体的内容例
廃石綿等	飛散性アスベスト廃棄物
廃PCB	PCBを使用したトランス, コンデンサー, 蛍光灯安定器
廃酸 (ph2.0以下)	排水中和剤（硫酸など）
廃アルカリ (ph12.5以上)	冷凍機冷媒（六価クロム含有臭化リチウム）
引火性廃油	揮発油類, 灯油類, 軽油類の引火しやすい廃油

法を遵守して作業を行う．

---

*1 TQC

TQCは1961年に米国のファイゲンバウムがその著書「Total Quality Control」のなかで，品質管理は製造部門だけでなく，経営者が行う経営管理が重要で，販売・サービス・営業まで一貫した総合的な管理体制で臨むことを提唱したものである．これ対して日本で行われている全員参加の会社ぐるみの品質管理活動を，欧米ではCWQCすなわちCompany − wide Quality Control（全社的品質管理）として区別している．

*2 品質特性

品質特性とは，品質を作り上げている要素で，品質評価の具体的な対象となるもの．

*3 工程能力

工程能力とは，工程が安定状態にある場合，その工程がつくり出す品質の達成能力をいう．

$\overline{X} \pm 3s$ で表す場合が多い．（$\overline{X}$：平均値，s：標準偏差）

工程能力指数 C_p が1.33以上であれば，工程能力は十分と判断される．　$C_p = \dfrac{T}{6s}$　（T：規格値の公差の幅）

*4 重要品質項目

重要品質項目とは，基本性能に重大な影響を与える品質項目をいう．

*5 管理点

管理点とは管理の対象をいう．

*6 管理項目

管理項目とは，管理するためにチェックする項目．参考：「管理点」「を」「管理項目」「で」管理する．例えば，「健康」「を」「体温」で管理する（この場合，管理限界は37℃である）．

*7 管理限界

管理限界とは，品質を確保するための管理項目の限界値．この限界値を超えた場合は手を打つ．

*8 代用特性

代用特性とは，ある品質特性を直接測定することが困難な場合に，その代用として用いる品質特性．(例)：工事の進捗状況を支払金額で管理する．

マニフェストは，A，B1，B2，C1，C2，D，E，の7枚複写で構成されており，下に示す運用により産廃の管理を行う．

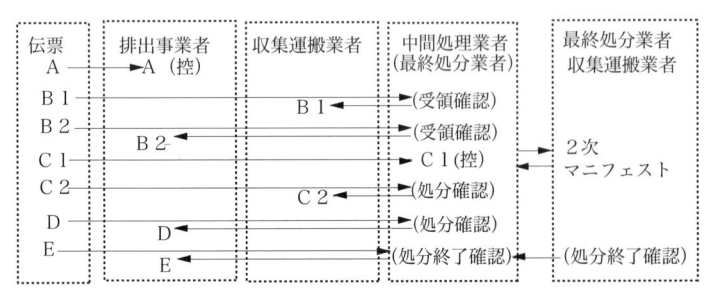

図3・27　マニフェストによる産業廃棄物管理の仕組み

第 II 部
施工技術

　第II部では施工の順序にそって，工事の準備・地業工事・土工事・躯体工事・準躯体工事・仕上げ工事に区分し，工法・施工手順・施工基準・検査方法などの施工技術について述べる．また最後に，建築工事に伴って行われることの多い解体工事についても述べる．

第4章　工事の準備

工事を受注すると，直ちに施工計画に着手する．現地にはプレハブの小規模な仮事務所を置き，工程計画にそって準備工事，近隣対策などに着手する．起工式の準備は総合仮設の工事と平行して進める．

4・1 起工式

1. 敷地の整備

起工式に先だって敷地の整地を行う．敷地の状況はさまざまであるが，開発行為を伴う造成工事がある場合など，起工式に支障のないよう，関係先と工事内容や日程について協議が必要な場合もある．

2. 起工式

工事着手にあたって工事の無事を祈念して儀式[*1]を行う．神式で行う場合が多い．建築主関係者と工事関係者が参列する．地鎮祭や安全祈願祭と呼ぶ場合もある．

式典では，小さなミスも許されないので細心の注意を払って行う．式場の規模は工事の規模，参列者の人数などにより異なるが，式場には天幕を張り，足元は靴を汚さないように砂を敷き，便所および冬季は暖房，夏季は冷房の用意をする（図4・1）．

4・2 測量

1. 基準テープ

現場の計測の基準となる基準テープ（鋼製巻尺）を決定する．数本のスチールテープをばね秤で50N（テープの幅10mmの場合）の張力を与えて計測し，標準的な1本のスチールテープを選び，基準テープとして保管する（表4・1）．現場で使用するテープは基準テープと照合して選定する．

2. 敷地境界の確認

工事に着手する前に，建設敷地と隣地との境界を確定する．境界としては，道路と建設敷地の境界および隣接する民間の土地と建設敷地の境界が主となる．前者を官民境界，後者を民民境界と呼ぶ．

官民境界を優先して確定し，紛争を避けるため道路管理者・建設敷地の所有者・隣接する土地の所有者など，関係する土地の権利者立会いのもと，境界を確認する．承認された測量図に各自が捺印して，関係者で保管する場合もある．

3. 地縄張り

地縄張りは建物の位置を現地に示し，建築主や設計者が敷地と建物との関係を確認するために行う．建設敷地の地面に建物の外壁線にそって縄などを張る方法と，白線を引く方法がある．

4. 基準墨

建物の位置は，鉛直方向ではGL（Grand Line），水平方向では通り芯を基準とする．建築工事の基準になるこれらの線のことを，基準墨[*2]という．

(1) GLの決定

GLの位置は，周囲の地盤高さを測定し，建物の高さ位置が周辺地盤とスムーズになじむか，豪雨時に水が流れ込む心配はないかなど，全体の地形をよく観察して決める．GLの位置を決定して，基準点を設置する．これをベンチマークという．ベンチマークは，工事期間中移動しない構造とする．市街地では，見通しのきく場所にある既存の建築物に，マークを付けて基準点とする場合が多い．

なお，杭のない建築物は施工中にわずかずつ沈下するため，周辺の施工実績を調査して最終沈下量を想定する．この沈下量を見込んだレベルを施工建築物に移し，以後の計測はこのレベルを基準にして行う．これら一連の基準点の決定は，発注者，設計者，工事監理者立会いのもと決定される．

(2) 基準通り芯の決定

基準通り芯は，地縄張りから割り出したX，Y方向の通り芯から決定する．通り芯は，一般に柱の芯であるため，トランシットで測量する場合，柱が邪魔になって見通すことができない．そのため見通しのきく位置まで平行移動した線を，基準線とする．これを逃げ墨と呼び，1000mmなど切りのよい寸法を移動する．基準通り芯の基準点も，工事期間中移動しない構造とする．逃げ墨は，返り墨，控墨とも呼ぶ．

5. 墨出し

基準墨から求められ，各種工事の寸法の基になる墨には，躯体墨と仕上げ墨があり，図4・2のような機器を使い以下のようにして位置を出す．

(1) 躯体墨

躯体墨は，躯体の位置を示す墨で，各階の躯体を立ち上げるごとに，次に立ち上げる柱や壁の位置を床に描く（図4・3，図4・4）．この墨に合わせて，型枠を建込む．

基準墨は，スラブに設けた墨出し用の開口（建物の外隅

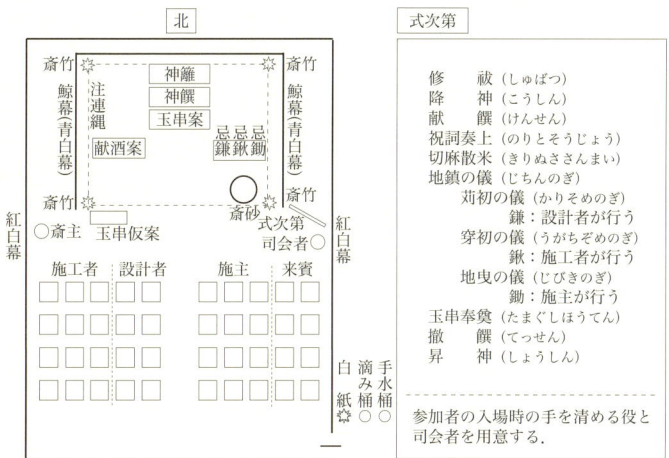

図 4・1 起工式の式場と式次第の例

表 4・1 基準テープの許容誤差 (JIS B 7512 抜粋)

巻尺の長さの許容差は，温度20℃を基準とし，かつ，所定の張力をテープの軸線方向に加えた状態において，基点からの任意の長さ及び任意の2目盛線間の長さに応じ，次の式のとおりとする．
なお，張力を必要とする巻尺は，すべてその所定の張力を表記する．
1級：±(0.2＋0.1 L)mm
2級：±(0.25＋0.15 L)mm
ここに，Lは測定長で単位はm（端数は，JIS Z 8401によって整数位に丸める）．
また，2級の許容差は，この計算式で求めた値の小数点以下第2位を整数位に丸めたものとする．
また，端面を基点とする巻尺の場合，基点からの許容差は上式の値に±0.2mmを加えたものとする．

(a) トランジット
鉛直と水平の角度を計測する計器．墨出しでは主に通り芯など，平面上の長い直線を書く場合に使用する．

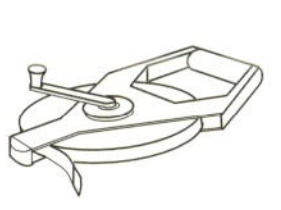

(b) レベル
水平に回転し，同じ高さを計測する計器．墨出しでは，主に高さの基準墨（陸墨）をだす場合に使用する．

(c) 回転式レベルレーザー
水平面のレーザービームを飛ばす機器．墨出しでは水平基準墨をだす場合に使用する．レーザービームを鉛直に飛ばす機器もある．

(d) スチールテープ
スチールテープはJIS1級を使用する．幅10mm，長30m，50mが主に用いられる．通り芯など，長い距離の計測に使用する．

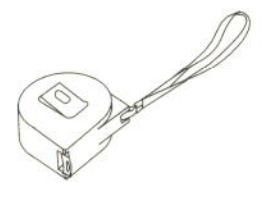

(e) コンベックス
2mから5mの長さのスケール．各自が携帯して通り芯の基準墨をもとに，細かい墨出しに使用する．

(f) 下げ振り
水糸の先に錘を取り付けたもので，鉛直の位置をだす場合に使用する．風の影響を受けるので，レーザービームを応用したものもある．

(g) 墨坪
糸巻きと糸に墨を染込ませる綿からなっている．各種の形があるが，左図は伝統的な形状である．糸を張って直線を打つ．

(h) 墨さし
230mm程度の竹の両端に切れ目を入れたもので，墨坪の墨を使って片方は線，片方は文字を書くために使う．

(i) 矩尺（指しがね）
ステンレス製の直角に曲げたスケール．古くは√2倍尺の目盛りがあり，対角長さなどが計測できたが，現在はすべて同じで，直角を計測するために使用される．

図 4・2 墨出し用機器

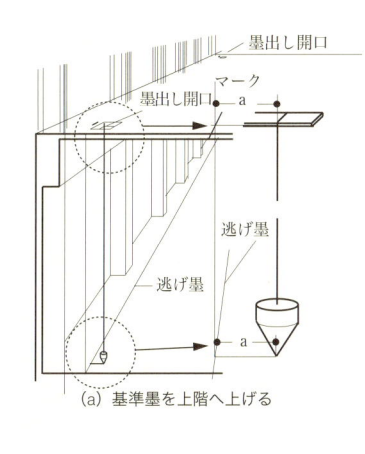

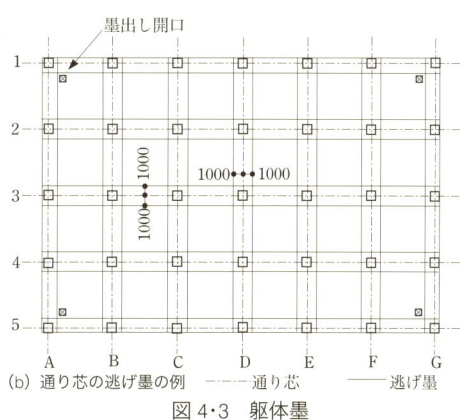

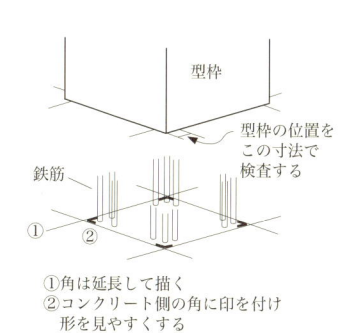

(a) 基準墨を上階へ上げる
(b) 通り芯の逃げ墨の例
(c) 独立柱の墨出しの例

図 4・3 躯体墨

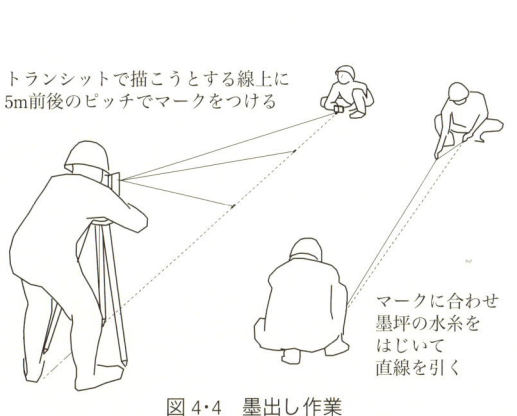

図 4・4 墨出し作業

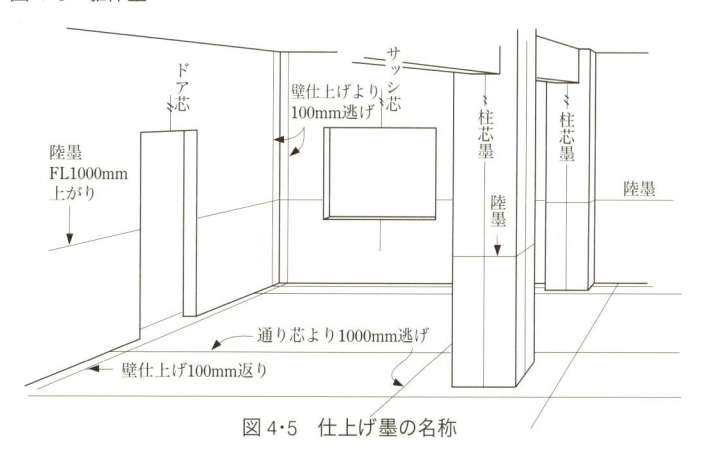

図 4・5 仕上げ墨の名称

の基準線の交点近く）から下の階の基準墨を下げ振りで上階に移す（図4・3a，b）．

柱や壁の線は型枠で隠れるので，型枠建込み後に位置の検査ができるよう墨を延長しておく（図4・3c）．

高さ関係の墨は，一般的にFL＋1000mmの逃げ墨を打つ．この墨は，型枠の高さを合わせるため鉄筋や鉄骨に打つが，コンクリートを打設すると見えなくなるので，基準墨はタワークレーンのマストか，専用の丸鋼を各階に通してこれに打つ．

(2) 仕上げ墨

仕上げ墨は，仕上げ工事に必要な位置を示す墨で，躯体工事完了後，できあがった躯体のコンクリート面に出す墨である（図4・5）．平面の墨は，床に残っている躯体工事の通り芯の逃げ墨を，高さの墨は，墨出し専用丸鋼などから柱や壁に移したFL＋1000mmの墨（陸墨）を基にして行う．仕上げ面は描けない場合が多いため，返り墨（仕上げ位置の逃げ）を打つ．返り墨は一般に仕上げ面から100mm，50mmの返りが多い．

6. 遣り方

遣り方は，小規模な工事において，基礎の平面および立面の位置を直接に表示する工法である．

建物の周囲に杭を打ち，GLから500mm前後の高さに上部の位置を揃え，水平に貫（水貫）を打ち付ける．

この貫に，通り芯やコンクリート面の位置と，水貫からの高さ寸法を書き込む．書き込まれた墨から墨に糸（水糸）を張り，この糸を基準にして基礎の水平位置と高さを計測する．

4・3 地盤調査

地盤調査は，地盤の性状を知るために行う．設計のために行うものと施工のために行うものがある．設計では，主に地盤の支持力と圧密（建物の重量などで土中の水が徐々に押し出され，地盤が長時間の間に沈下する現象）の状況を知ることが目的となる．施工では，根切り工事の側圧の計算・ヒービング・ボイリング・盤ぶくれの有無の検討・排水工法の選定のための資料を得ることなどが目的である．

着工時には，設計のための地盤調査があるが，施工に必要な資料を得るために，新たに地盤調査が必要になる場合が多い．地盤調査の結果により，重要な判断を行うため，信用のおける業者を選定する．

1. 土 質

土は，土の粒子・水・空気の三者で構成されている．土の性状は，土粒子の粒径や形および土粒子・空気・水の配合で異なる．また地中の場所によって配合の違いがあり，バラツキも大きい．そのため土質は理論的に把握することが難しく，現状に即してとらえることが重要である．

土の粒子は粒径によって，コロイド（0.001mm以下），粘土（0.005～0.001mm），シルト（0.074～0.005mm），砂（0.074mm以上）に分類される（JIS A 1204）．

土質は，これらの粒径の混合割合と，土粒子・水・空気の配合で表すことができる．粒径の混合割合は，粒径加積曲線（図4・6）で，粒子・水・空気の配合は，単位体積重量・含水比・間隙比・飽和度などの指標（図4・7）で示される．

各粒子の混合割合によって土を分類し，図4・8に示す名称が与えられる．

2. 標準貫入試験と土質柱状図

標準貫入試験は，地質調査で最も多く行われる試験である．地質は場所によって異なるため，敷地の何箇所かで行うことになり，その間を推定して敷地全体の地質を把握する．

標準貫入試験は，地下の各深さの土を採取することと，N値を求めることを目的に行う．N値は，ボーリングロッドの先端に直径51mm，長さ810mmのスプリットスプーンサンプラーを取付け，質量63.5kgの錘を76cmの高さから自由落下させ，30cm打込むために要する打撃回数として求められる．土のサンプルはスプリットスプーンサンプラーの先端から内部に取り込まれ，地上で開いて取り出すことができる．計測は深さ1mごとに行うのが普通である（図4・9）．

N値と土のサンプルから，土質柱状図を作成する（図4・10）．

この土質柱状図と市販の資料（都市地盤図・地形図・地質図など）から土質を把握する．

N値は，砂質土の場合は相対密度（締まり方の程度），粘性土の場合はコンシステンシー（硬さの程度）を表している（表4・2）．また，乱されないサンプルを得にくい砂質土の内部摩擦角や単位体積重量を推定する指標となる（図4・11）．

表4・2 N値と粘土のコンシステンシー・砂の相対密度

粘土の場合		砂の場合	
N 値	コンシステンシー	N 値	相対密度
<2	非常に軟らかい	<4	非常にゆるい
2〜4	軟らかい	4〜10	ゆるい
4〜8	中位の	10〜30	中位の
8〜15	硬い	30〜50	締まった
15〜30	非常に硬い	>50	非常に締まった
>30	特別に硬い		

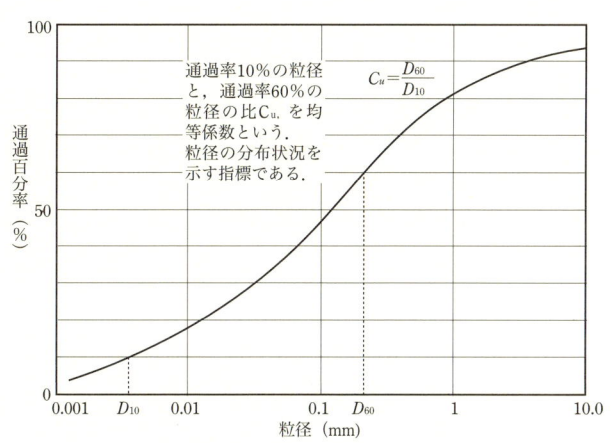

図4・6 粒径加積曲線の例（日本建築学会編：建築基礎構造設計指針）

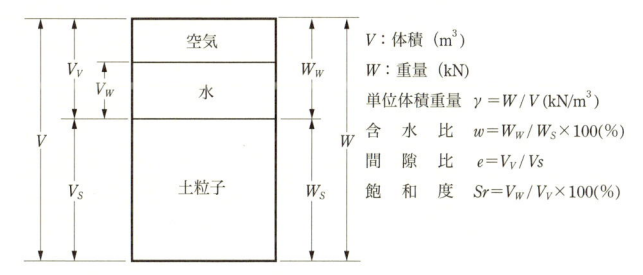

通過率10％の粒径と，通過率60％の粒径の比C_uを均等係数という．粒径の分布状況を示す指標である．

$$C_u = \frac{D_{60}}{D_{10}}$$

V：体積 (m^3)
W：重量 (kN)
単位体積重量 $\gamma = W/V$ (kN/m^3)
含 水 比 $w = W_w/W_s \times 100$(％)
間 隙 比 $e = V_v/V_s$
飽 和 度 $Sr = V_w/V_v \times 100$(％)

図4・7 土粒子，水，空気の配合

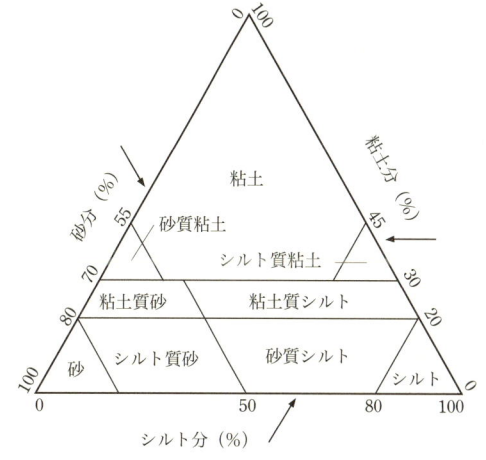

図4・8 三角座標による土の分類

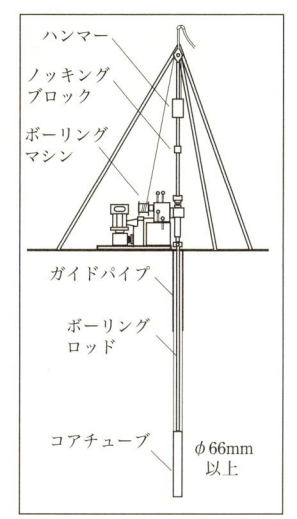

(a) 装置概念図

(b) スプリットスプーンサンプラー

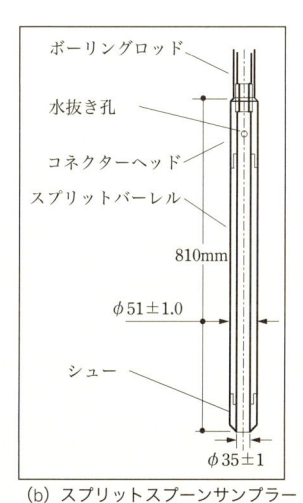

図4・9 標準貫入試験

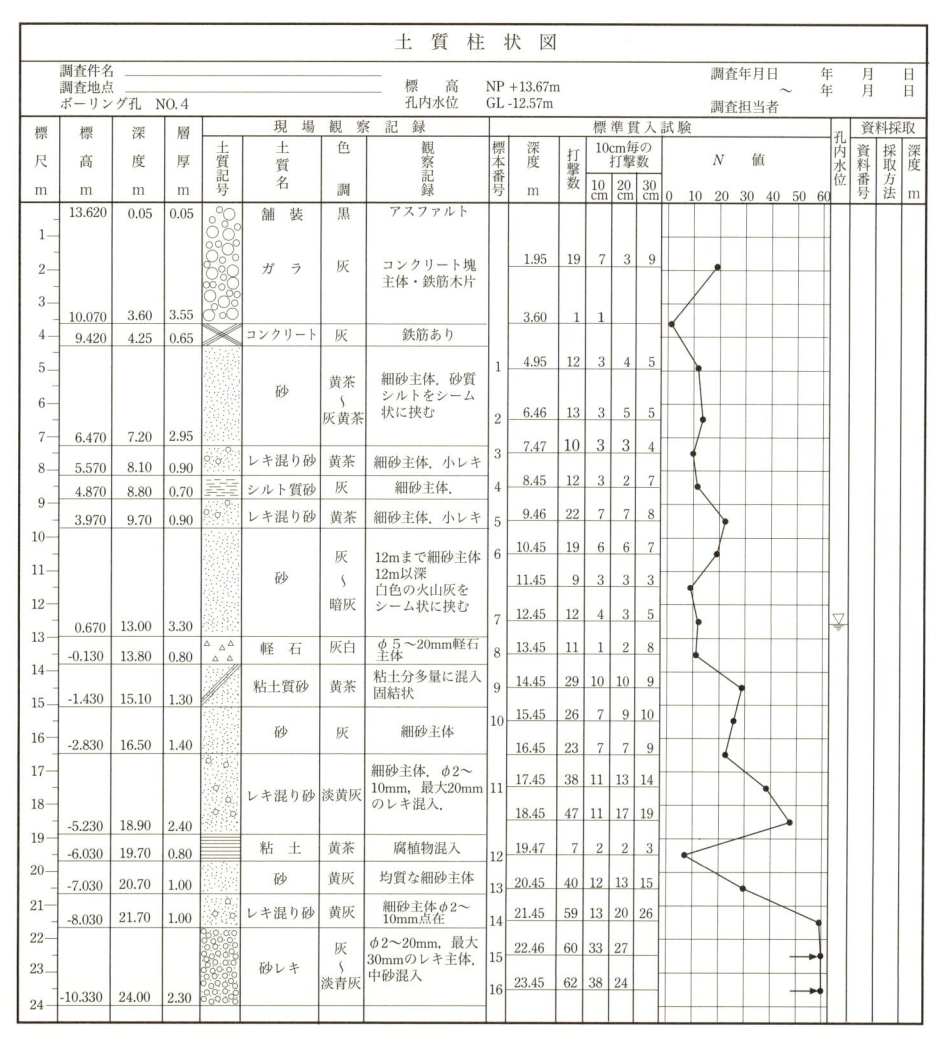

図4・10 土質柱状図の例

第4章 工事の準備 51

3. その他の土質試験

土質試験には，地盤そのものを試験するものと，サンプルを試験するものがある．施工に関係する主な試験を，次に述べる．

(1) 一軸圧縮試験

サンプルの上下から荷重をかけて行う試験で，粘性土の一軸圧縮強度（qu）と粘着力（C）の概算（$C≒qu/2$）を求めることができる（図4・12）．

(2) 三軸圧縮試験

サンプルを薄いゴム幕で包み浸水を防ぎ，水圧をかけた水槽の中で圧縮試験を行うもので，粘着力（C）および内部摩擦角（ϕ）が得られる（図4・13）．

(3) 一面せん断試験

サンプルに鉛直に荷重をかけ，水平にせん断力をかけて検査を行う．粘着力（C）および内部摩擦角（ϕ）が得られる（図4・14）．

(4) 透水試験

透水試験は排水計画のために必要な透水係数（k）を求める試験である．ボーリング孔の孔壁を洗浄した後，地下水を汲み上げて水位の回復状況から透水係数を求める方法と，観測井戸の水を汲み上げて揚水量と水位の降下状況を測定して透水係数を求める方法がある．

(5) 被圧水試験

根切り底より下に不透水層がある場合，その下の水位を測る試験である．ボーリング穴に測定パイプを挿入し，不透水層部でボーリング孔と測定パイプの隙間をシール（パッカー）して水位を測定する（図4・15）．

(6) その他の試験

施工計画に必要となる，その他の試験を表4・3に示す．

---

*1 起工式以外に建築工事では次のような儀式が行われる．
- 立柱式：最初の柱を立てる時点で行われる．
- 上棟式：最後の梁を取付ける時点で，または鉄筋コンクリート造の躯体が完成した時点で行われ，棟上式とも呼ばれる．
- 定礎式：建物がほぼ完成し，定礎を設置する時点で行われる儀式．
- 竣工式：工事が完成した時点で行われ，落成式あるいは完工式とも呼ばれる．

*2 墨
墨を染み込ませた糸をピンと張って打ち付けて直線を引くことから，施工建物に描き各種工事の寸法の基になる線のことを墨と呼ぶ．また線を描くことを墨を打つ，または墨を出すという．

表4・3 物理的性質の試験一覧表 (建築基礎構造設計指針)

名称	試験から求まる値	代表的な値	規格など	利用
土粒子の比重試験	土粒子の比重 G_S	2.7 (2.65〜2/90)	JIS A 1202	間隙比 e の計算 $e=\dfrac{G_S\gamma_w}{\gamma_d}-1$ 飽和度（S_y）の計算
含水量試験	含水比 ω (%)	砂質土 (10〜30) 粘性土 沖積 (40〜80) 洪積 (30〜70)	JIS A 1203	間隙比 e の計算 $e=\dfrac{G_S\gamma_w}{\gamma_t}\left(1+\dfrac{\omega}{100}\right)-1$ 飽和度（S_y）の計算
密度試験	湿潤密度 γ_t (t/m³)	砂質土 (1.9〜2.1) 粘性土 沖積 (1.3〜1.8) 洪積 (1.6〜1.8)		e, S_y の計算，地盤の支持力・沈下計算における土被り重量の計算，斜面の安定計算及び土圧計算における自重の算出
粒度試験	粒度分布 均等係数 曲率係数など		JIS A 1204	砂質土・粘性土の分類，液状化の有無の判定，透水係数の推定
液性限界塑性限界試験	液性限界 ω (%) 塑性限界 ω (%) 塑性指数 $I_P=\omega_L-\omega_P$ (%) 液性指数 $L_L=\dfrac{\omega-\omega_P}{\omega_L-\omega_P}$ (%)		JIS A 1205 JIS A 1206	粘性土・非粘性土の分類，圧縮指数（C_C）の推定，粘性土の安定性の推定

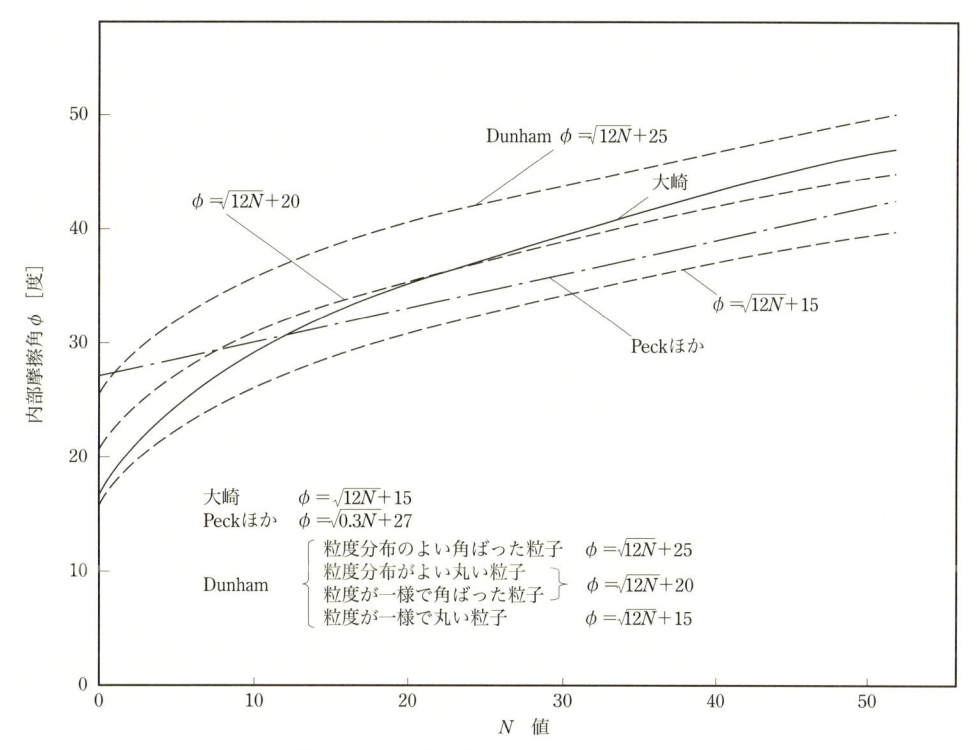

図 4・11 砂質土の N 値と内部摩擦角 （日本建築学会編：建築基礎構造設計指針）

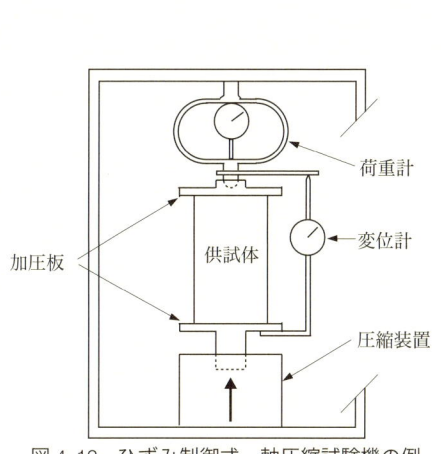

大崎　　$\phi = \sqrt{12N} + 15$
Peckほか　$\phi = \sqrt{0.3N} + 27$
Dunham
　粒度分布のよい角ばった粒子　$\phi = \sqrt{12N} + 25$
　粒度分布がよい丸い粒子
　粒度が一様で角ばった粒子　　$\phi = \sqrt{12N} + 20$
　粒度が一様で丸い粒子　　　　$\phi = \sqrt{12N} + 15$

図 4・12　ひずみ制御式一軸圧縮試験機の例

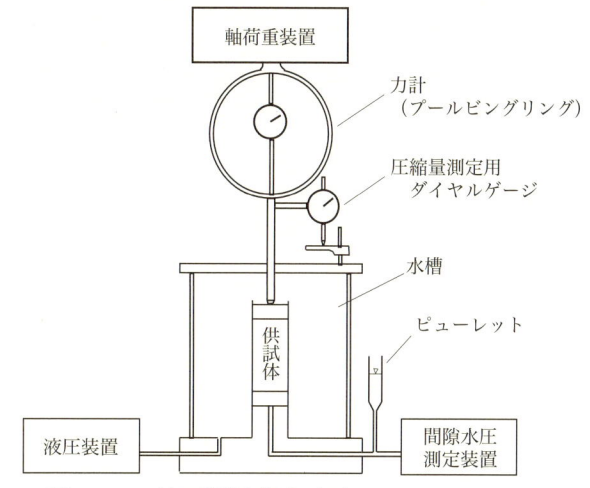

図 4・13　三軸圧縮試験装置の概念図 （土質工学会編：土質試験法）

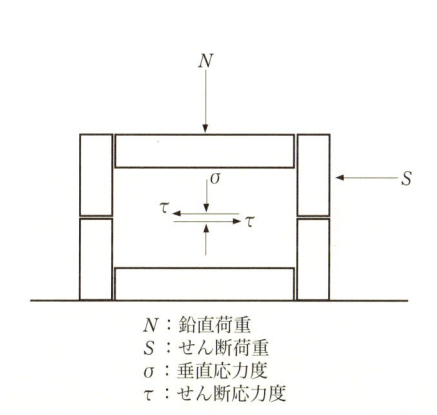

N：鉛直荷重
S：せん断荷重
σ：垂直応力度
τ：せん断応力度

図 4・14　一面せん断試験装置概念図 （土質工学会編：土質試験法）

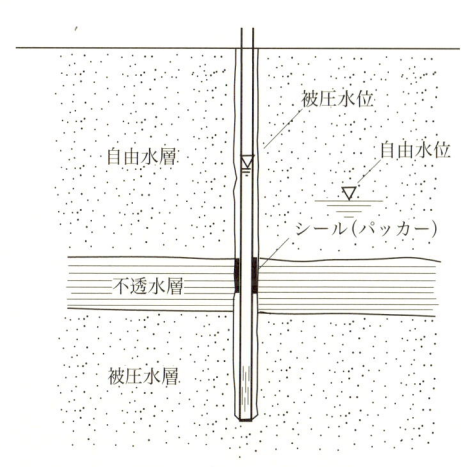

図 4・15　被圧水位の試験

第 4 章　工事の準備　53

第5章　地業工事

　地業工事は，建築物の重量を支持地盤に伝えるための工事である．

　支持地盤が建物の基礎より深い場合，その位置まで建築物の重量を伝えるために杭工事を行う．また軟弱地盤の強度を高めて重量を支えるために地盤改良工事が行われる．

5・1　杭工事

　杭工事には大掛かりな施工機械を使用するため，これを根切り底までおろすことは困難である．一般には，根切り工事の前に，地面から所定の位置に杭を打設する工法が行われる（図5・1）．

　杭工事には，既製の杭を打込む既製杭工事と，地盤を円柱状に掘削して，その場所に鉄筋コンクリート杭を構築する場所打ちコンクリート杭工事がある．

1. 既製杭工事

(1) 既製杭

　既製杭には，支持層の深さ・垂直応力・水平応力などの設計条件に対応できるよう各種の製品がある．長さは15mまでであり，それ以上の長さが必要な場合は，現場で打設した杭にアーク溶接で新たな杭を接続する．

　既製杭の種類には，次のようなものがある（図5・2）．

(a) **木杭**　木杭は，コンクリート杭が開発されるまでは杭の主流であった．水中では腐食しないため，地下水位が安定している場所では優れた耐久性を示す．

(b) **鉄筋コンクリート杭（RC杭）**　鉄筋コンクリート杭には，鉄筋コンクリート製の遠心力成形杭と振動締固め杭がある．このうち遠心力成形杭は，筒形の型枠の中に鉄筋をセットしてコンクリートを流し込み，回転させて遠心力を利用して製造するもので，中空になる．先端を円錐形に成形したものと成形しないものがある．

　コンクリート締固め杭には，摩擦抵抗を高めるためにフランジ（つば）を付けた異型杭などがある．

(c) **プレストレストコンクリート杭（PC杭）**　鋼線を用いてプレストレスを導入したコンクリート製の遠心力成形杭で，高強度のPC杭で現在の既成杭の主流で，杭径は300mmから900mmまである．

(d) **高強度プレストレストコンクリート杭（PHC杭）**　高強度コンクリートを用い，高プレストレスを作用させ，高温高圧蒸気養生した高強度のPC杭．現在の既製杭の主流．

(e) **鋼管補強コンクリート杭（SC杭）**　コンクリート杭の表面を鋼管で補強した杭．

(f) **鋼杭**　鋼杭には，鋼管杭とH型鋼杭がある．鋼管杭が一般的である．鋼管の端部は，帯鉄を巻いて補強する．

(2) 打設工法

　従来は，ハンマーで打撃して打込む工法が主流であったが，現在は騒音や振動による公害を低減させるため，先に地盤を掘削して杭を挿入する工法が主流である．

　いずれの場合も，クローラークレーンの本体に櫓（リーダー）を取付けた形式の杭打機を使用する（図5・3）．

　既製杭の打設工法には，次のようなものがある．

(a) **打撃工法**　打撃工法には，リーダーに沿ってドロップハンマーを吊上げ，自然落下させて杭を打撃する工法，ジーゼルエンジンの原理で杭を打撃する機械（ジーゼルパイルハンマー）を用いる工法，垂直振動を発生させ杭と地盤の摩擦を軽減して杭を沈める機械（バイブロハンマー）を用いる工法などがある．打撃工法は経済的であるが，騒音や振動が大きいため，市街地で使用されることはほとんどない．

(b) **プレボーリング工法**　リーダーに，アースオーガーとドロップハンマーを装備した杭打機を用い，先にアースオーガーで掘削し，その孔に杭を挿入する工法である．孔壁の崩壊を防止するために，安定液（ベントナイトとセメントミルクの混合液）を土砂と置き換えながら掘削する．先端を支持層に定着させるため，最後に打撃する工法とセメントミルクを注入して固定する工法がある（図5・4）．

(c) **中掘工法**　先端が開放形になった杭の中空部にアースオーガーを入れ，掘削しながら埋設する工法である．先端はセメントミルクを注入して固定する（図5・5）．

(d) **ウォータージェット工法**　杭の先端にジェットノズルを取付け，ウォータージェットで土の摩擦を軽減して杭を沈める工法である．先端は，打撃またはセメントミルクで固定する．

(3) 施工管理

　施工中に杭を損傷させないこと，継杭の場合は確実に接合すること，支持地盤に確実に定着させること，平面精度，鉛直精度を確保することなどが施工管理のポイントとなる．

① 杭の損傷の防止

　杭の損傷を防止するため，既製コンクリート杭は，水平に仮置きする場合の支持点が決められている．搬入・仮置き・吊込み作業にあたっては，支持点に注意する．亀裂の検査は杭に水をかけて行う．乾燥する過程で，亀裂部の乾燥が遅れるために確認できる．その他に杭が損傷する原因として，打撃工法の場合には，偏心打撃による杭頭の破損，

図 5・1　地上からの杭打設

図 5・2　既製杭の種類

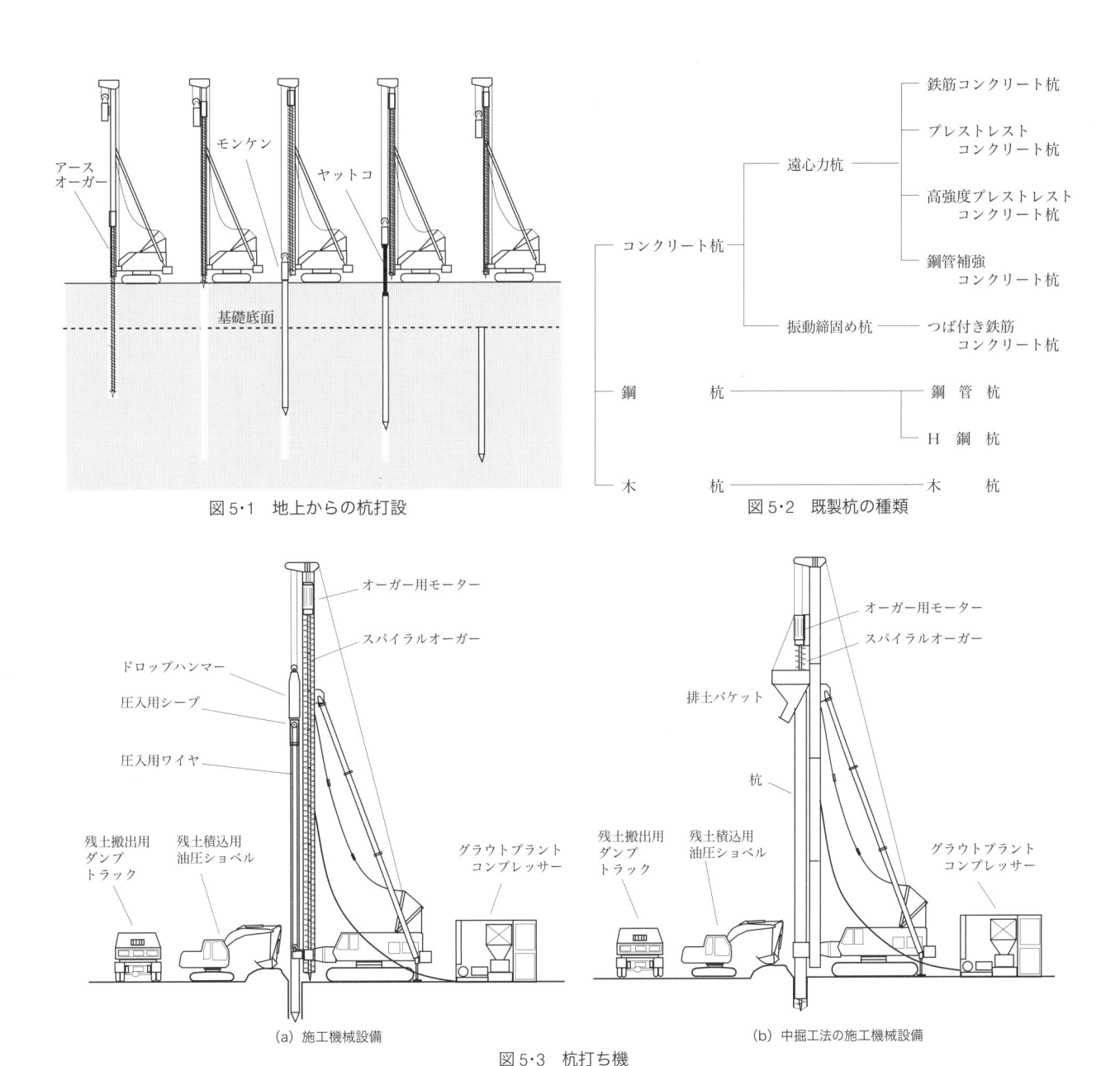

図 5・3　杭打ち機
(a) 施工機械設備
(b) 中掘工法の施工機械設備

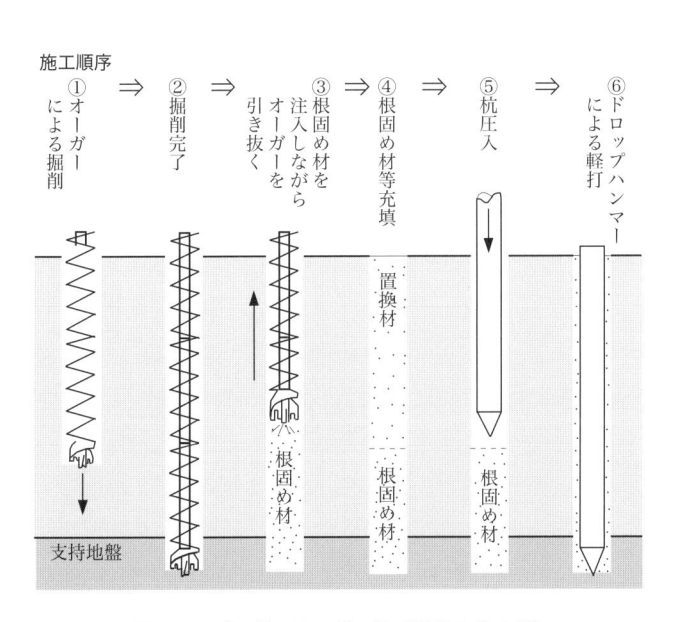

図 5・4　プレボーリング工法（埋込み杭の例）

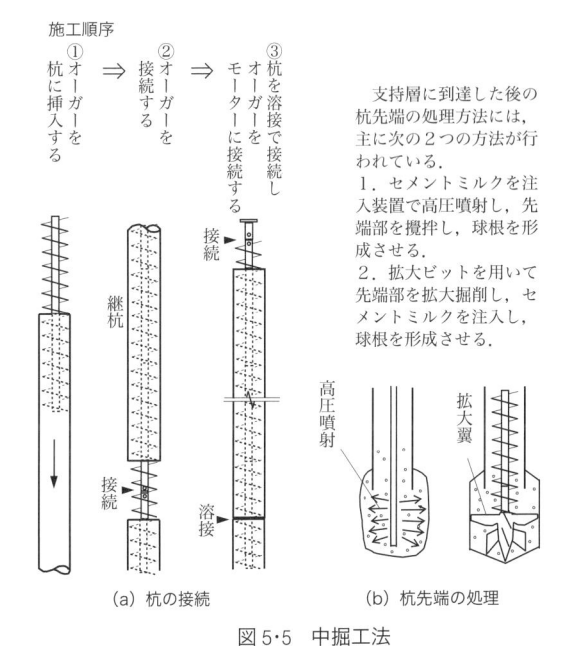

施工順序
① オーガーによる掘削
② 掘削完了
③ 根固め材を注入しながらオーガーを引き抜く
④ 根固め材等充填
⑤ 杭圧入
⑥ ドロップハンマーによる軽打

図 5・5　中掘工法

施工順序
① オーガーを杭に挿入する
② オーガーを接続する
③ 杭を溶接で接続しオーガーをモーターに接続する

(a) 杭の接続
(b) 杭先端の処理

支持層に到達した後の杭先端の処理方法には，主に次の2つの方法が行われている．
1．セメントミルクを注入装置で高圧噴射し，先端部を攪拌し，球根を形成させる．
2．拡大ビットを用いて先端部を拡大掘削し，セメントミルクを注入し，球根を形成させる．

第5章　地業工事

軟弱地盤で打撃した場合に発生する引張り反射波による亀裂，軟弱地盤の下に強い支持地盤がある場合の打撃による破損などがある．これらの破損の防止策について，事前に検討しておくことが重要である．杭に亀裂や破損がある場合は，杭の内部への地下水の浸入で確認できる．

なお鋼杭の場合，さびて断面欠損が起こる．それを防止するために，電気防食法や表面塗装をする方法などがあるが，2mm 程度の腐食代をとるのが一般的である．

②杭の接続

杭の接続は一般的にアーク溶接で行う．足元がぬかるむなど悪条件の作業環境下で，確実な作業が要求される．要求される精度は，芯ずれは 2mm 以下，溶接面の傾きなどによる隙間（ルート間隔）は 4mm 以下である（図5・6）．溶接工には資格が必要であり，溶接工の技能資格を確認することが重要である．

③支持地盤への定着

杭を支持地盤に定着させ，建築物の重量を支持地盤に伝える．

打撃工法の場合は杭打ち公式によって，杭の鉛直支持力を確認できる．杭の鉛直支持力算定のために，各種の公式があるが，ここでは国土交通大臣告示式を示す．

$$Ra = \frac{F}{5S+0.1}$$

Ra：杭の長期許容鉛直支持力（kN）
S：1回打撃による貫入量（m）
F：打撃エネルギー（kN·m）
　　ドロップハンマーの場合，$F = W_H H$
　　ディーゼルパイルハンマーの場合，$F = 2W_H H$
W_H：ハンマー重量（kN）
H：落下高さ（m）

打撃工法，プレボーリング打撃工法では，すべての杭について支持力を確認できる．条件が許せば，定着部は打撃工法を採用して支持力を確認することが望ましい．セメントミルクで根固めする場合は，地質調査地点を増やすか，打撃工法による試験杭によって，支持地盤の深さや傾きを詳細に把握して，杭の打込み深さを決定することが必要である．

④打設精度の確保

水平精度は杭径の 1/4 かつ 10cm 以内，鉛直精度は杭長の 1/100 以内が一般的である．

地面に正確な杭の打設位置を確保するために，次の方法が行われる．杭位置を測量し，目印として長さ 30cm 程度の杭（めぐし）を地面に打込む．地表面は重機などが移動するので目印となる杭が移動しないよう，杭の上端に針金または布を付けて地面下まで打込む．杭を打設するとき，この針金または布から地面下にあるめぐしを見つけることができる．

鉛直精度の管理は，下げ振りまたはトランシットで行う．

⑤その他

群杭を打撃工法で打設する場合，周囲から順に打設すると中心部の地盤が締固められるので，中心部から外側へ打設する．

杭頂部を地面下まで打込む場合は補助治具（ヤットコ）を用いる（図5・1参照）．この場合の杭頂部の深さは，4m 程度までとする．

2．場所打ちコンクリート杭工事

場所打ちコンクリート杭は，地盤を円柱状に掘削し，中に鉄筋を筒状に組み立てた鉄筋かごをセットしてコンクリートを打設し，鉄筋コンクリートの杭体としたものである（図5・7）．

(1) 工　法

場所打ちコンクリート杭を構築するためには数種類の工法があり，土質・杭径・杭長さ・作業スペースなどの条件から工法を選択する（表5・1）．

(a) オールケーシング工法　　オールケーシング工法は，ケーシングと呼ばれる鋼管で孔壁の崩壊を防ぐ工法である（図5・8）．内部をハンマーグラブバケットで掘削し，ケーシングは油圧で揺動して摩擦を低減させながら掘削機の重量で圧入する．ケーシングはボルトで継ぎ足して延長する．この工法は杭の全長にわたってケーシングを使用するため，確実に断面形状を確保できる．他の工法と比べて性能は優れているが，コストも高くなる．

(b) アースドリル工法　　アースドリル工法は，ドリリングバケットを回転させてバケットの内部へ土砂を取り込みながら掘削する工法である（図5・9）．必要な場合は，ベントナイト液などの安定液によって孔壁の崩壊を防ぐ．杭孔の上部にスタンドパイプを挿入し，表土や上部の軟弱層の崩壊を防ぐ．

敷地境界からの施工可能距離が最小であることや，施工設備が簡易で工費が比較的低いことなどから，最も多く行われている．

(c) リバースサーキュレーション工法　　リバースサーキュレーション工法は，孔内水位を地下水位より 2m 以上高く保つことで孔壁を保護しながら，先端の掘削ビットを回転させて掘削する工法である（図5・10）．掘削土は，シャフトの先端から孔内水とともに泥水として汲み揚げる．泥水を沈殿槽に導き，残土を分離して処分する．杭孔の上部にはアースドリル工法同様にスタンドパイプを設置する．なお，孔壁保護のためにベントナイト液などの安定液を使用する場合もある．

大規模な杭を構築する場合，地下水位が高い場合，軟弱

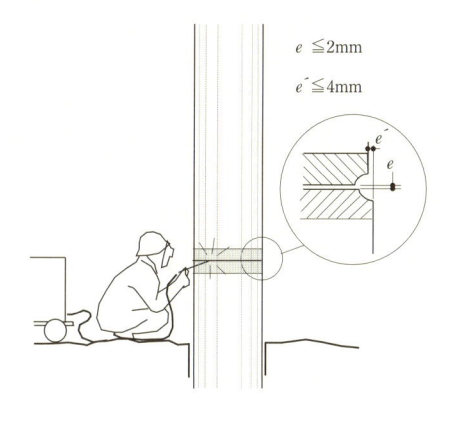

図 5・6 杭の接続

表 5・1 場所打ち杭の特性比較

比較項目		オールケーシング	リバース	アースドリル	深礎
適応土質		N値50以下	N値50以下	N値75以下	つるはしが利く
礫の大きさ		径40cm以下	径35cm以下	径12cm以下	人力で可能な範囲
杭径mm		900〜2500	600〜6000	600〜3000	1200〜4000
作業面積	標準	250m²	350m²	300m²	(2×杭径)²
	最小	180m²	250m²	210m²	(1.5×杭径)²
斜杭		10°まで可	不可	不可	不可
水上施工		不利	有利	不利	不可
支持層の傾斜		30°まで	30°まで	30°まで	無制限
孔壁保護		ケーシング	孔内泥水圧	安定液	なまこ等土留め壁
掘削方式		ハンマーグラブ	回転ビット	回転式バケット	人力
コスト		大	中	小	小
鉄筋の共上り		有り	無し	無し	無し

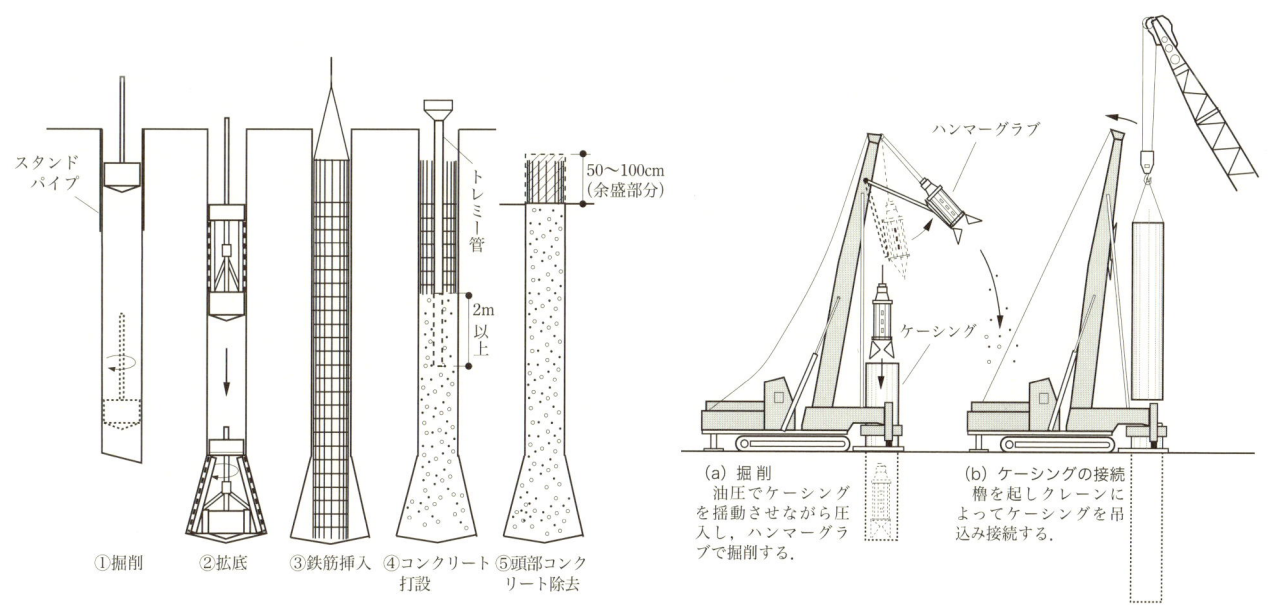

図 5・7 場所打ち杭の施工手順

図 5・8 オールケーシング（ベノト）工法

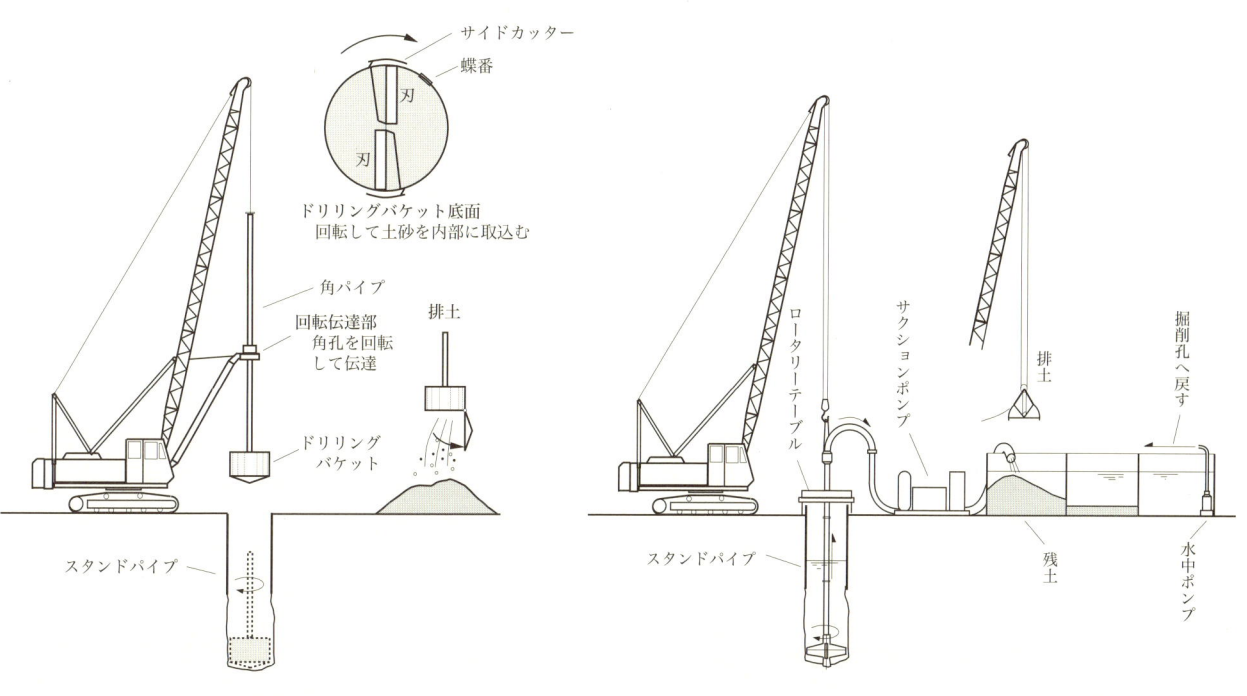

図 5・9 アースドリル工法

図 5・10 リバースサーキュレーション工法

第 5 章　地業工事

層における杭の構築などにも対応できる工法である．沈殿槽を設置するため，広いスペースが必要である．

(d) **拡底工法**　拡底工法とは，杭の支持力を高めるために杭の底部を広げる（拡底する）工法である（図5・11）．アースドリル工法やリバースサーキュレーション工法で掘削し，杭の内部でビットの先端を開くことができる構造をもった掘削機を取り付けて拡底する．

(e) **深礎工法**　深礎工法は，井戸を掘るように人力によって杭孔を掘削する工法である（図5・12）．山留めには波型鉄板を使用し，腹起しに山型鋼または溝型鋼を用いたリングを使用する方法が一般的である．山留めに鉄筋コンクリート製の井筒を使用する場合もある．山留めの波型鉄板と腹起こしはコンクリート打設時に撤去する．

施工スペースが小さい，重機を必要としない，などの特徴がある．重機の近づけない急傾斜地などに適している．

(2) 施工管理

場所打ち杭の施工管理においては，杭の強度を確保すること，孔壁の崩壊を防止すること，杭位置の寸法精度を確保すること，泥土をコンクリートへ混入させないこと，支持地盤へ確実に定着させることなどが重要である．次にこれらの注意点を述べる．

① 杭の強度確保

コンクリートの調合は，設計基準強度以上，スランプ20cm以下，水セメント比60%以下，セメント量は，空気中で打ち込む場合270kg/m^{3}以上，水中で打ち込む場合330kg/m^{3}以上とし，設計者と協議して決定する．

鉄筋は，ミルシートやメタルタッグによって品質を確認して用いる．鉄筋かごの組立には，剛性を高めるためアーク溶接を行うが，鉄筋の断面欠損を起こさないように気をつける．

② 孔壁の崩壊防止

スタンドパイプの長さは，表土の厚さ以上とする．砂層の場合は地下水面以下まで，かつN値10以下の部分をカバーする長さとする．

安定液は，比重と粘度を測定して厳重に管理する．測定は杭ごとに1日1回以上とする（図5・13）．

③ 寸法精度の確保

水平位置は，スタンドパイプまたは最初のケーシング設置位置で決まる．スタンドパイプまたはケーシングのセット用の治具を使い，X・Y方向に逃げポイントを設けておき，それらの設置位置を正確に決める．水平精度は杭径の1/10以下かつ10cm以下とする（図5・14）．

鉛直精度は，掘削機のシャフトまたはケーシングの鉛直度をトランシットまたは下げ振りを用いて検査する．鉛直精度は，杭長の1/100以下とする．

杭径の精度は，ケーシング外形またはドリリングバケットのサイドカッター間の寸法で決まる（図5・9参照）．

逆打ち工法で逆打ち支柱を建込む場合などは，非常に高い精度を必要とするが，そのような場合は，孔壁を超音波測定器で計測して鉛直度を管理する（図5・15）．

(f) **泥水のコンクリートへの混入防止と支持地盤への定着**

杭の支持力の確保には，支持地盤の支持力の確認が重要となる．掘削深度と掘削土の土質を，地質調査資料と照合して確認する．さらに安全のため，支持層に1m以上，杭の先端を挿入する．

杭と支持地盤の間に，スライム（沈殿物）が挟まると支持力が低下するおそれがある．掘削終了後，床浚えバケットまたはポンプでスライムを除去して，鉄筋かごを建て込んだ後，さらにポンプでスライムを吸い上げる．

コンクリートの打設は，安定液の中にトレミー管を建て込んで，上からコンクリートを流し込み，比重の大きいコンクリートで下から安定液を押し上げながら行う．この時，スライムや安定液を巻き込んでしまうと，所定のコンクリートの品質が得られない．なお，コンクリートの上部で安定液とコンクリートが接触する部分は，迫り上がってくる間に安定液を巻き込むことは避けられない．これらのことを考慮して，コンクリート打設作業では，次の点について管理を行う．

① 最初のトレミー管の先端位置は，孔底から20～30cm上にする．
② 打設中トレミー管は，コンクリートの迫上がりにあわせて上げるが，常に2m以上コンクリート部分に埋まった状態を維持する．
③ 杭の上端は設計値より500～1000mm程度余分に打設（余盛）して，コンクリート硬化後に余盛部分を除去する（図5・7参照）．

5・2 地盤改良工事

地盤改良工事は，主に次の目的で行われる．
① 軟弱地盤の鉛直支持力を増大させ，沈下を抑制する．
② 地盤の水平抵抗力を高め，基礎の水平耐力を高める．
③ 緩い砂地盤における地震時の液状化を防止する．
④ 根切り工事などの地下工事の際の地盤の崩壊を防ぐ．

図5・16は，埋立地の軟弱地盤において，構造体を杭で支え，土間スラブを支持するために地盤改良を行う場合の例である．

1. 地盤改良工法

地盤改良の工法には，地盤の締固め・脱水・固結・置換・補

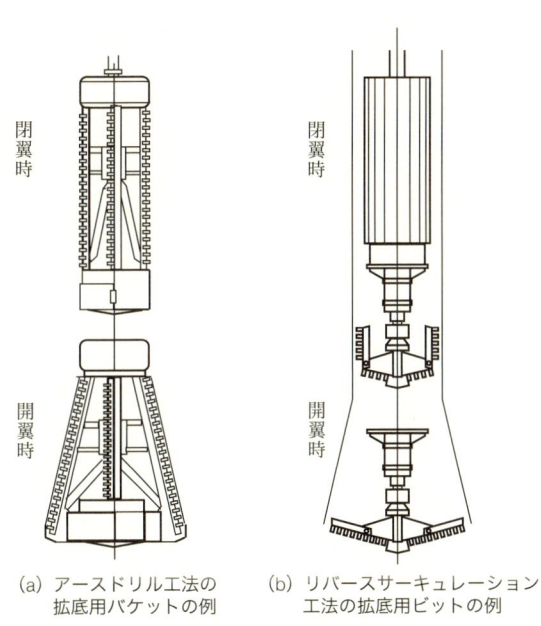

(a) アースドリル工法の拡底用バケットの例
(b) リバースサーキュレーション工法の拡底用ビットの例

図 5・11 拡底工法

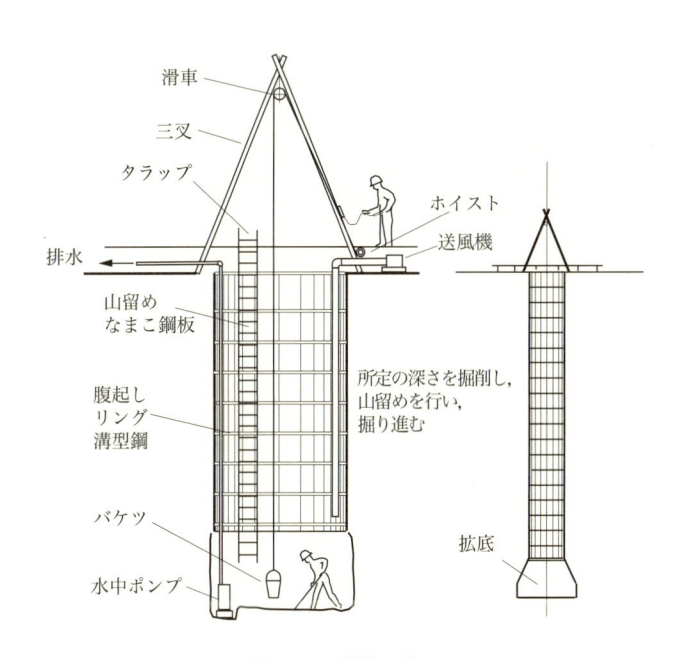

図 5・12 深礎工法

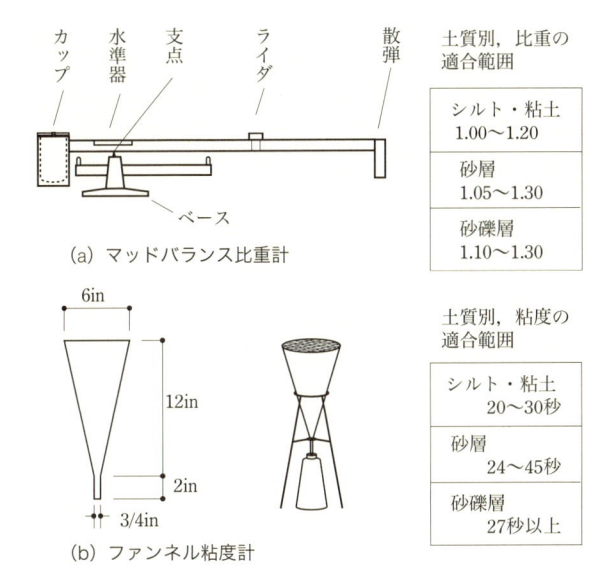

(a) マッドバランス比重計

土質別，比重の適合範囲
シルト・粘土 1.00〜1.20
砂層 1.05〜1.30
砂礫層 1.10〜1.30

(b) ファンネル粘度計

土質別，粘度の適合範囲
シルト・粘土 20〜30秒
砂層 24〜45秒
砂礫層 27秒以上

図 5・13 安定液の比重と粘度の計測

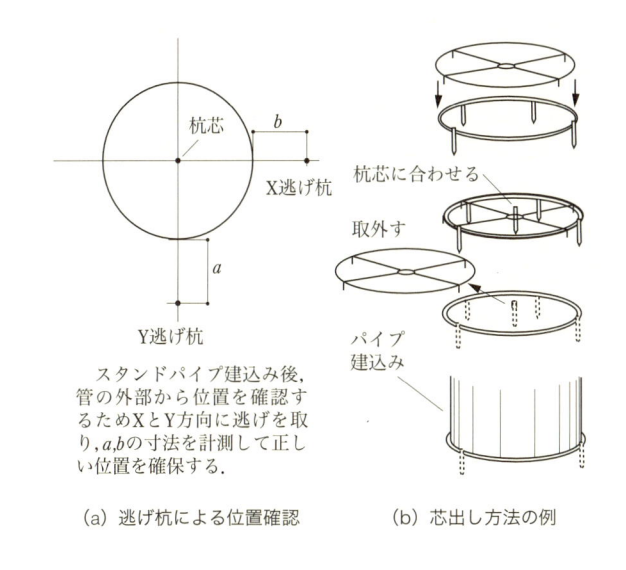

(a) 逃げ杭による位置確認

スタンドパイプ建込み後，管の外部から位置を確認するためXとY方向に逃げを取り，a,bの寸法を計測して正しい位置を確保する．

(b) 芯出し方法の例

図 5・14 スタンドパイプまたはケーシングの位置精度確保の方法

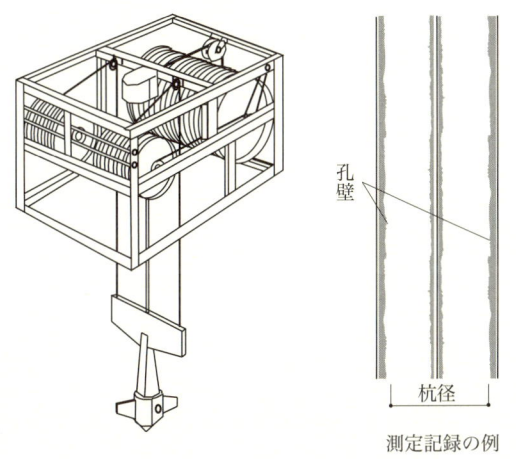

図 5・15 超音波測定器の例

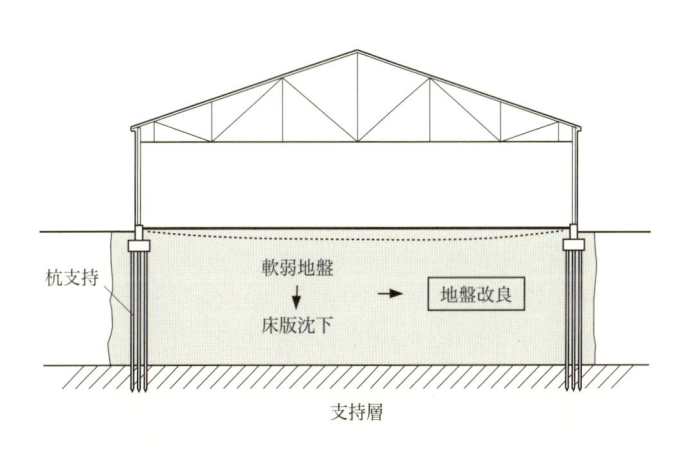

図 5・16 地盤改良の事例

第 5 章 地業工事

強などの工法と，それらを複合した工法がある．

(1) 締固め工法

(a) **転圧工法**　転圧機を用いて締め固める工法である（図5・17）．最も簡易な工法で，床付け面や埋戻し土の締固めに用いる．転圧力はあまり深くまで及ばないので，埋戻しの場合，30cm以下に層を分けて転圧する．砂質土で埋め戻す場合は，水締め（水を散布して締め固める）を併用する．

(b) **バイブロフローテーション工法**　緩い砂質地盤に用いる．シャフトに振動を与えながら先端から射水して地盤に貫入させることで，砂粒子を密に並べ換える工法である（図5・18）．シャフトを引抜くときにできる空隙には，骨材を充塡する．

(c) **締固め杭工法（コンパクションパイル工法）**　杭を密に打ち込み，その体積で地盤を締固める工法である．杭には既製杭を用い，砂質の軟弱地盤における工場の土間の工事の際などに有効である．

(d) **締固め砂杭工法（サンドコンパクションパイル工法）**
サンドコンパクションパイル（砂杭）は，鋼管の先端をふさいでバイブロハンマーで打ち込み，所定の深さで先端を開放して鋼管内に砂を入れ，圧搾空気で砂を押えながら振動を与えて鋼管を引き抜くことで形成する．

締固め杭工法と同様に，杭の体積に相当する分の地盤の締固め効果がある．

(2) 脱水工法

粘性土地盤において，脱水を促して圧密速度を速め，所定の支持力を得る工法である．

水を地上へ導くために砂・ペーパー・プラスチックなどの鉛直方向の小抜き（鉛直ドレーン）を設け，建設する建築物の重量以上の載荷を行って，土中の水を搾り出す．地盤の沈下が終息するまで脱水する．

ウエルポイント工法および電気浸透工法（図5・19）が有効な場合は，これを併用する（図2・34参照）．

(a) **サンドパイル載荷工法**　鉛直ドレーンとしてサンドパイル（砂杭）を打設し，盛土による載荷を行い，地盤の脱水を促して締め固める工法である（図5・20）．

(b) **パックドレーン工法**　専用の機械を用いて，直径12cm程度のサンドドレーンを構築する工法である．径が細いため地層の移動で切断しないよう，強靭な布袋で保護する構造とする．内径12cm程度のケーシングをバイブロハンマーで所定の位置まで打ち込んだ後，まず袋，つぎに砂の順に充塡し，圧搾空気で砂を押さえながらケーシングを引き抜く．一般に4本を一度に施工する．

(c) **ペーパードレーン工法**　専用の機械で，ドレーン効果の高い帯状のペーパーを土中に深く差し込む工法であり，施工例は多い（図5・21）．施工が容易で，ドレーンの間隔

を短くでき，圧密時間を短縮することができる．

(3) 固結工法

固結材を土に混入，注入または混合して地盤の強度を高める工法である．

(a) **固結材混入工法**　セメントや石灰などを固結材として土に混入する工法である（図5・22）．地盤の表層部の改良に用いられ，転圧工法と併用される場合が多い．専用のスタビライザーが用いられる．

(b) **注入工法**　セメントあるいは水ガラス系の薬液を主体とする固結材を，ボーリングなどにより地中の土の間隙に圧入し，地盤の強度または止水性を高める工法である．

注入圧力によって構造物を押し上げてしまう事故や，注入剤が地下水へ混入する事故が起きる場合があるので，注意が必要である．

(c) **混合工法**　大型の杭打ち機を用いて，パイプを地中に貫入し，先端のノズルから高圧でセメントミルクを噴射しながら回転させて上下に移動することで，周囲の土と混合させ，円柱状の硬化体を形成する工法と，セメントミルクを注入しながら攪拌翼で回転攪拌して円柱状の硬化体を形成する工法がある（図5・23）．

(4) 置換工法

軟弱層を取除き，良質土と入替える工法で，軟弱層が浅い場合に行われてきたが，残土の処分が困難になっている．

(5) 補強工法

地盤のせん断・引張り・曲げ強度を高めるために，帯状または網状の抵抗材（鋼や合成樹脂）を幾層にも挟み地盤を補強する工法である．

アースアンカーによって斜面を安定させる工法も，補強工法に含まれる．

2. 各工法の適用

各工法について，地盤改良の目的や適用される土質について整理したものを表5・2に示す．

表5・2 地盤改良工法の適用表

工　　法		土　質			目　的			
		砂質土	中間土	粘性土	支持力	圧密改善	液状化防止	
締固め工法	転圧工法	○	△		△	○		骨材を圧入することによる効果
	バイブロフローテーション工法	○			○		○*	
	締固め杭工法	○	△		○		○*	
	締固め砂杭工法	○			○		○*	
脱水工法	サンドパイル載荷工法		△	○	○	○		
	パックドレーン工法			○	○	○		実績拡大
	ペーパードレーン工法			○	○	○		機械の改善により実績拡大
固結工法	固結材混入工法		△	△	○	○		深度50cmまで
	注入工法	△			○			
	混合工法	○			○		○*	採用実績拡大
置換工法					○	○		施工深度4m程度まで
補強工法					○			

凡例 ○：最適または有効　△：有効な場合がある　○*：目的ではないが，効果がある

図5・17 転圧機の例 (ソイルコンパクター)

図5・18 バイブロフローテーション工法
①貫入 ②骨材充填 ③完了

図5・19 電気浸透工法の原理図

図5・20 サンドパイル載荷工法の例

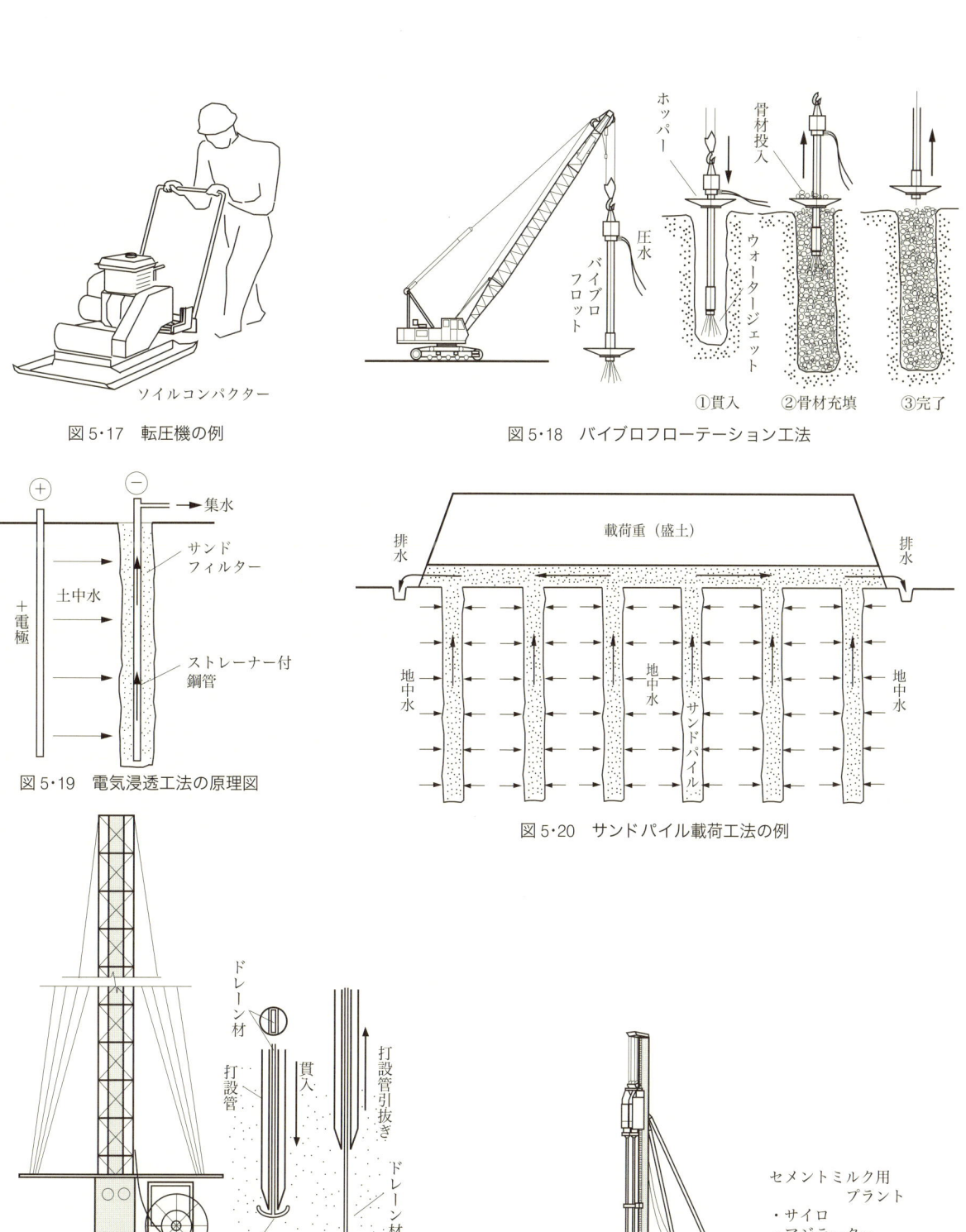

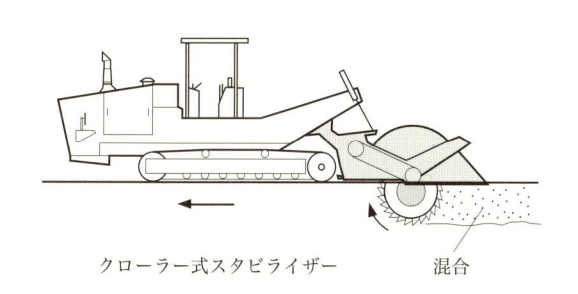

図5・21 ペーパードレーン工法

図5・22 固結材混入工法の機械の例

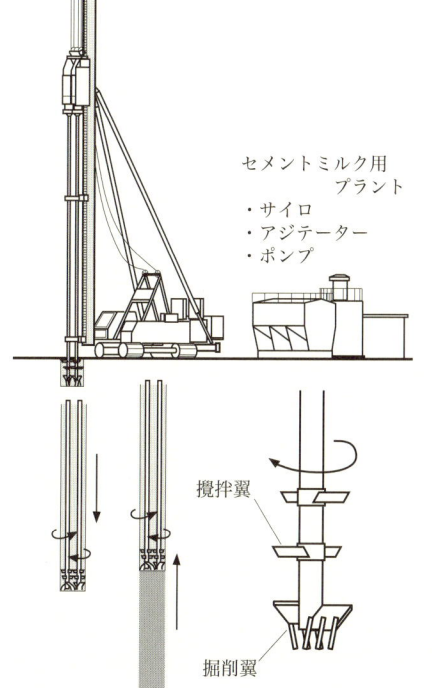

図5・23 混合工法

第5章 地業工事 61

第6章　土工事

土工事は，地下の構造物を構築するために土を掘削し，構造物を施工後，余分に掘削した部分を埋め戻す工事である．地下階のある場合は，山留め工事など大掛かりな仮設工事が必要になり，施工全般に大きな比重を占める．

6・1　根切り工事

基礎や地下階の構築のために地盤を掘削することを根切りと呼び，次に示すような機械や工法が用いられる．

1.　土工事の施工機械

土工事には，掘削・移動・積込みなどの用途に合わせて各種の施工機械が使用される（図6・1）．

2.　法切りオープンカット工法

(1) 浅い根切り工事

低層で地下階のない建築の場合，1m前後の深さの根切りになることが多い．遣り方で位置を出して根切り位置に白線を引き，バックホーを用いて掘削する．掘削した土はダンプカーに積み込んで搬出する．

(2) 深い根切り工事

最初に，地上からバックホーで一度に掘削できる8m前後の深さを掘削する．このとき概略の法を付けるとともに，根切り底へ下りるためのスロープを掘削しないで残しておく．次に，根切り底へバックホーやトラクターシャベルを下ろし，根切り底で掘削を行い，掘削した土はその場でダンプカーに積込み，スロープを使って搬出する．最後に，スロープ部を撤去する．

■法切りオープンカット工法の主な管理項目
① 法面の角度の確保
② 根切り周辺の地盤における，沈下・亀裂の有無などの地盤変化の観察
③ 法面の保護状況・出水・亀裂の有無などの，法面の変化の観察（法面から水が滲み出したときは，ウエルポイント工法などで対処する）
④ 根切り周囲の安全柵や昇降設備の維持管理

3.　山留め（を行う根切り）工法

山留めを行う根切り工事は，最初に山留め壁または親杭を打込み，掘削作業と山留め支保工組立作業を交互に行って掘り進む（図6・2）．

(1) 山留め壁工事

親杭横矢板工法・鋼矢板工法・連続柱列壁工法の場合は一般の杭打ち機を用いて打込む．ソイルセメント壁，連続地中壁工法の場合は，専用の機械を使用する（図5・3，5・4参照）．

構造体に山留め壁が当たらないよう，高い打込み精度が要求される．山留め壁の位置に定規となるH型鋼を固定し，定規にそって山留め杭を打込む．連続地中壁の場合は，鉄筋コンクリート製のガイドウォールを設ける．垂直精度はトランシットまたは下振りを用いて確保する．

山留め杭の打込み後，山留め壁の剛性を高めるため杭頭部を鉄筋コンクリートで繋ぐ．繋ぎ部分は，雨水が流入しないよう周辺地盤より高くしておく．

親杭横矢板工法では，掘削と平行して横矢板をはめ込む作業が伴う．この場合，元の地盤(地山)と横矢板の間に土を確実に充填することが重要である．水が滲み出る場合は，土砂が流出しないよう隙間に布などを挟み込む．

(2) 山留め支保工工事

山留め壁にブラケットを取り付け，腹起しを載せる．次に，支柱（棚杭）にブラケットを取付け，切張りを載せて組立てる．支保工の材料は，レンタルするのが一般的である．定尺のためにジャッキを用いて寸法を調節する．プレロード工法を採用したり，土圧測定の役割を兼ねるジャッキを使用することが多い（図6・3a）．

支保工組立作業の要点を，次に述べる．
① 山留め壁にかかる応力を確実に腹起しに伝えるため，腹起しと山留め壁の隙間に，コンクリートを充填するか専用の治具を用いる（図6・3b）．
② 切張りと腹起しの交点では，腹起しの座屈強度を高めるため，腹起しのウエブをプレート補強するか，コンクリートで補強する（図6・3b）．
③ 切張りの交点は箱金物で緊結し，XY方向から移動止めを取付けて座屈長さを確保する（図6・3c）．
④ 切張りの浮き上がりを防止するため，支柱部で切張りの上部にブラケットを取付けて，切張りを上から押さえる（図6・3c）．
⑤ プレロードを導入する．アースアンカー工法を用いて山留め壁を固定する場合は，アースアンカーを設置してから腹起しを取付ける．腹起しを支持するブラケットを確実に固定することが重要である（図6・3e）．

(3) 土留め支保工の解体

土留め支保工の位置は，地下の各フロアーで解体しやすい高さに計画する．躯体のコンクリートを打設し，強度が出現した時点で，その段の支保工を解体する．

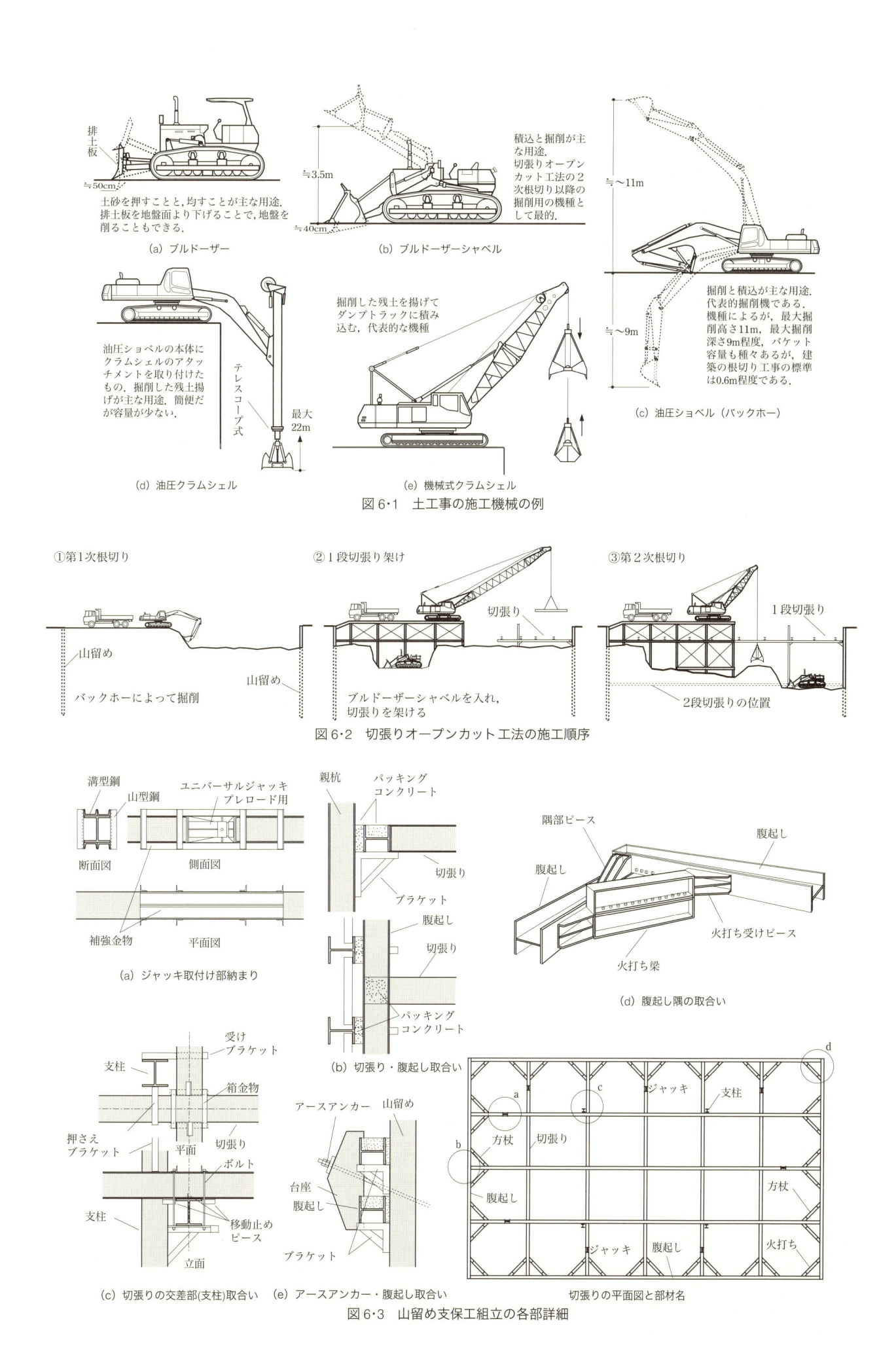

(a) ブルドーザー
排土板
≒50cm
土砂を押すことと、均すことが主な用途。排土板を地盤面より下げることで、地盤を削ることもできる。

(b) ブルドーザーシャベル
≒3.5m
≒40cm
積込と掘削が主な用途。切張りオープンカット工法の2次根切り以降の掘削用の機種として最適。

(c) 油圧ショベル（バックホー）
～11m
～9m
掘削と積込が主な用途。代表的掘削機である。機種によるが、最大掘削高さ11m、最大掘削深さ9m程度。バケット容量も種々あるが、建築の根切り工事の標準は0.6m程度である。

(d) 油圧クラムシェル
テレスコープ式
最大22m
油圧ショベルの本体にクラムシェルのアタッチメントを取り付けたもの。掘削した残土揚げが主な用途。簡便だが容量が少ない。

(e) 機械式クラムシェル
掘削した残土を揚げてダンプトラックに積み込む、代表的な機種

図6・1　土工事の施工機械の例

①第1次根切り
山留め
バックホーによって掘削

②1段切張り架け
切張り
ブルドーザーシャベルを入れ、切張りを架ける

③第2次根切り
1段切張り
2段切張りの位置

図6・2　切張りオープンカット工法の施工順序

(a) ジャッキ取付け部納まり
溝型鋼
山型鋼
ユニバーサルジャッキ プレロード用
断面図　側面図
補強金物　平面図

(b) 切張り・腹起し取合い
親杭
パッキングコンクリート
切張り
ブラケット
腹起し
切張り
パッキングコンクリート

(c) 切張りの交差部(支柱)取合い
受けブラケット
支柱
箱金物
押さえブラケット
平面
切張り
ボルト
支柱
立面
移動止めピース

(d) 腹起し隅の取合い
隅部ピース
腹起し
腹起し
火打ち受けピース
火打ち梁

(e) アースアンカー・腹起し取合い
アースアンカー
山留め
台座
腹起し
ブラケット

切張りの平面図と部材名
ジャッキ　支柱
方杖　切張り
腹起し
方杖
ジャッキ　腹起し　火打ち

図6・3　山留め支保工組立の各部詳細

(4) 根切り工事

山留めのコンクリートの強度が発現した段階で、根切り工事に入る（図6・2参照）.

第1次根切りは、地盤面からバックホーで掘削する．根切り周囲に余裕がなく、根切り側に跳出し通路を設置する場合は、山留め壁に沿って1.5m程度掘り下げ、その地盤を足場に跳出し通路を取付ける．平行して根切りを進め、第1次根切りを完成する．

切張り工法の場合、根切り底は山留め支保工の組立作業の場になるため平坦に掘削する．ただ一部を深く掘削し、第2次根切りに使用する掘削機械を先に入れておく．

第1次根切りに続いて、乗入れ構台を組立てる．定置式クレーンを用いる場合は、クレーン構台も同時に組立て、クレーンを設置する．

山留め支保工の組立ては、乗入れ構台に移動式クレーンを設置して行う．定置式クレーンを設置した場合は定置式クレーンを使用する．

第2次根切り以降は、ブルドーザーシャベルなどの掘削機械で地山を掘削して、掘削土を揚重場所に集積する．それを乗入れ構台からクラムシェルでつかみ揚げて、ダンプカーに積み込む．

逆打ち工法などの大規模な工事では、残土の垂直運搬に垂直コンベヤー、テルハ式クレーンなどの設備を設置するか、クラムシェルを定位置に設置する（図6・4）．

(5) 山留めの管理

根切り工事には、周辺地盤の沈下、近隣建物の傾斜や沈下、最悪の場合は山留め崩壊という危険を伴う．これら事前に察知して対処するために、山留めの日常点検が重要となる．

掘削の進行に伴って支保工に土圧が作用し、土圧による歪みが生じる．この歪みを常に観察することが、管理の中心になる．異常を発見したら直ちに原因を究明し、対処する．

根切り周辺で、突然地盤が陥没する事故がよくある．地盤が陥没した場合、上下水道管の破損を誘発してさらに事故が拡大する．山留め壁からの漏水により土砂が少しずつ流出し、長時間かけて地中に空洞が形成されることや、水が流れやすくなる流路（水道）が形成されて突然に水が土砂を巻きこみ流出することが原因となることが多い．出水の原因の多くは、宙水の絞り水や上下水道管からの漏水である．これらを予知するためには、山留め壁面の湿りや漏水に注意する．

山留め工事における主な管理項目を次に示す．
① 周辺地盤の亀裂・沈下の観察
② レベル・傾斜計を用いた近隣建物の傾斜・沈下の計測
③ 山留め壁頭部の変位の計測（図6・5）
④ 切張りに生じる軸力の計測（図6・6, 図3・8参照）
⑤ 切張りの交点の移動の観察
⑥ 支持杭（棚杭）の浮上がりの計測（切張りが土圧で上側へ湾曲した場合、支持杭の引抜き耐力のみで抵抗することになり、山留め工事の弱点である）
⑦ 山留め壁の湿り・漏水の観察

6・2 床付け作業（床浚え作業）

床付け作業は床浚え作業とも呼ばれ、根切りの最終段階で計画深さに地山を整える作業である．

地山を掘り過ぎないことが重要である．目標深さの少し上で、通常の根切りを一旦止めてレベル杭を打ち、水糸を張って計測しながら注意深く地山を削る．また浅い根切りを行う場合は、表土が残らないよう気をつける．

(1) 地耐力試験（平板載荷試験）

支持地盤の地耐力を確認するために行う試験である．支持地盤に30cm角の平板または直径30cmの円盤を置き、載荷物を支えにして反力をとり、オイルジャッキで載荷板に段階的に荷重をかける．荷重と変位と時間の関係を計測し、グラフを作成してグラフ上で地耐力を確認する．

載荷面積が小さいので、深い位置の地耐力は確認できないため、地質調査資料とあわせて判断する（図6・7）．

(2) 地　業

支持地盤の表面を突き固める作業である．地盤面に砂・砂利・砕石・割栗石を敷き、上からソイルコンパクター（バイブロプレート）などの機械で転圧する（図5・17参照）．使用する材料により、砂地業・砂利地業・砕石地業・割栗地業の名称で呼ばれ、砕石地業が多く行われる．

(3) 捨てコンクリート

地業の上に、躯体工事の基盤を整えるため水平に厚さ50mm程度のコンクリートを打設する．

高い精度を必要とする躯体工事の第1段階であることから、作業員の心構えを切り替える意味で入念に施工する．厚さも90mm以上で、金ごて仕上げとすることが望ましい．

6・3 埋戻し工事

地下の躯体工事が完了した時点で、余分に掘削した部分を土で埋め戻す．後で沈下しないよう確実に締め固めることが重要である．砂質土で埋め戻し、大量の散水をして締め付ける水締めと呼ばれる工法が一般的に行われる．粘性土を含む土の場合は、水の通りが悪くて締まりにくいので、30cm厚ごとにソイルコンパクターなどでよく転圧して埋め戻す．

埋戻し後の沈下を見込み、10〜15cm余盛しておくのが一般的である．

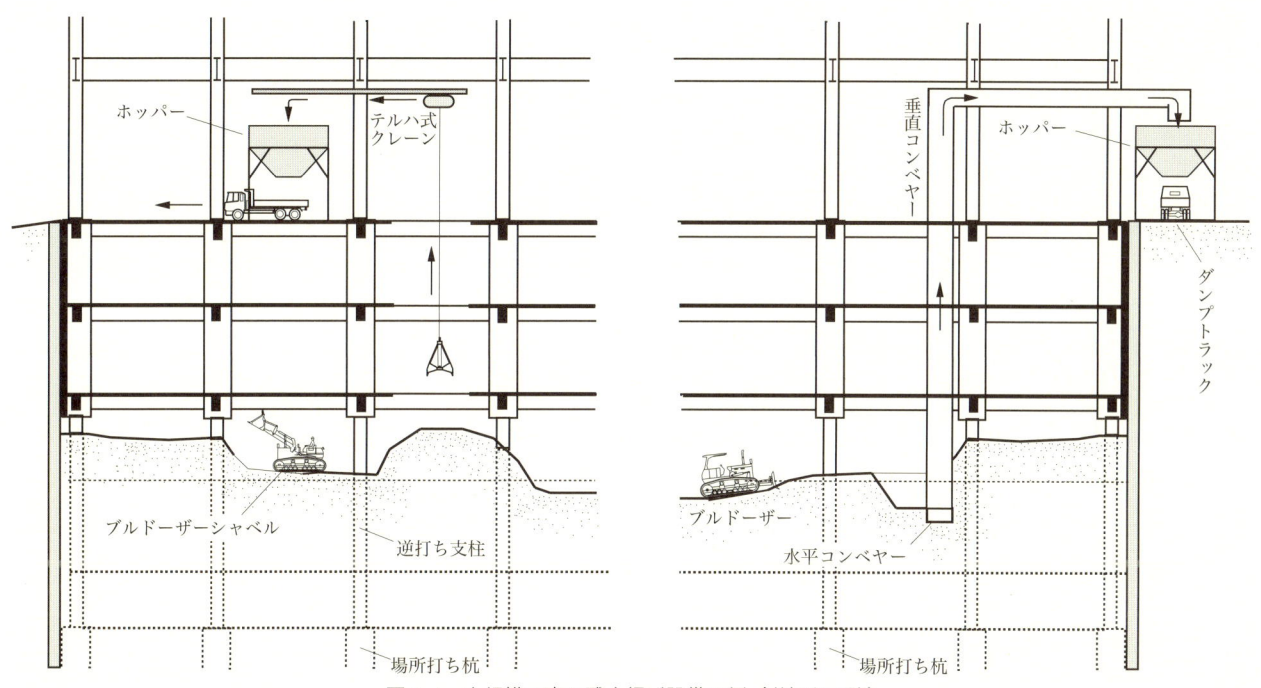

図6・4 大規模工事の残土揚げ設備の例（逆打ち工法）

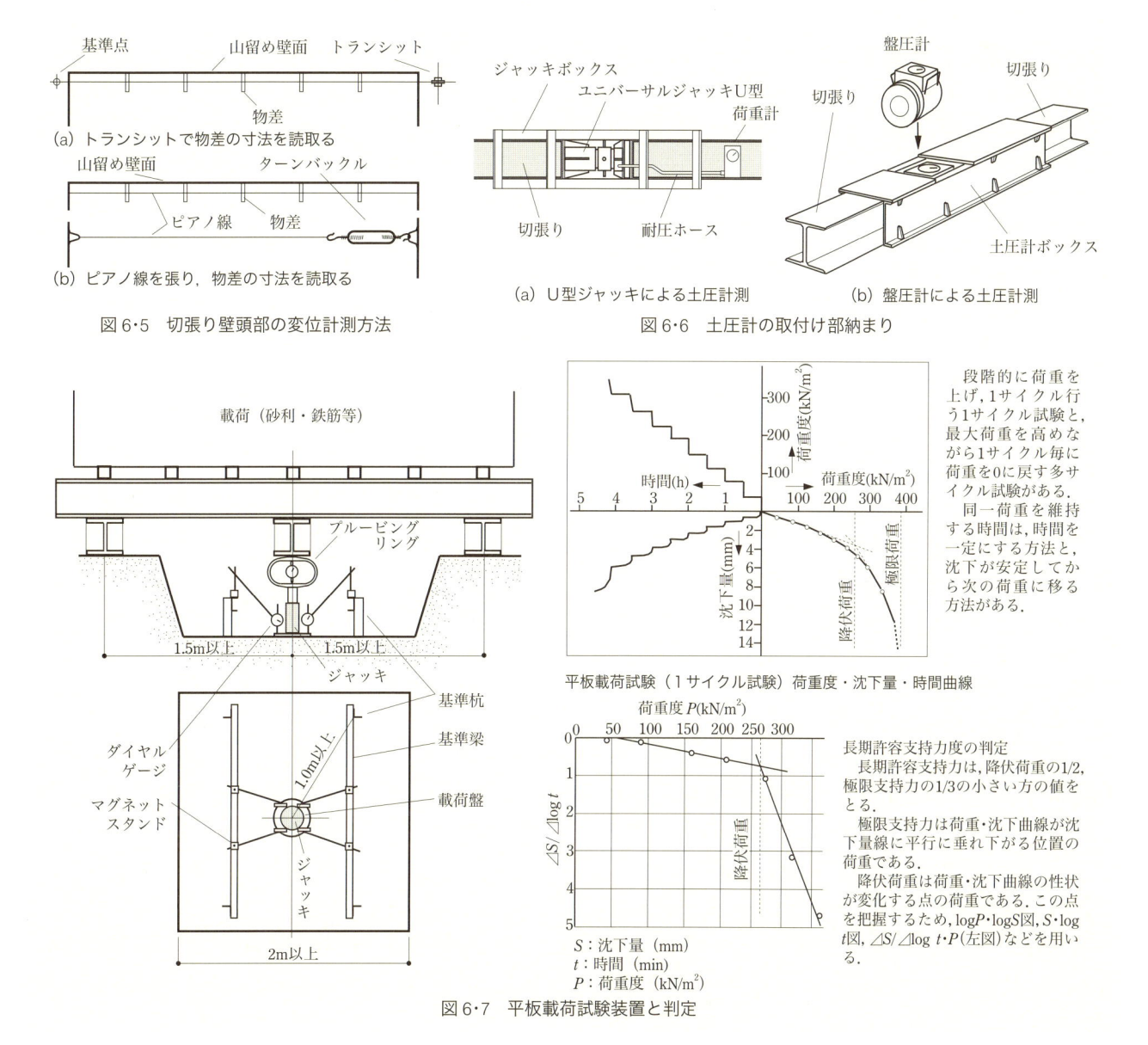

図6・5 切張り壁頭部の変位計測方法

(a) U型ジャッキによる土圧計測
(b) 盤圧計による土圧計測

図6・6 土圧計の取付け部納まり

平板載荷試験（1サイクル試験）荷重度・沈下量・時間曲線

段階的に荷重を上げ，1サイクル行う1サイクル試験と，最大荷重を高めながら1サイクル毎に荷重を0に戻す多サイクル試験がある．
同一荷重を維持する時間は，時間を一定にする方法と，沈下が安定してから次の荷重に移る方法がある．

長期許容支持力度の判定
長期許容支持力は，降伏荷重の1/2，極限支持力の1/3の小さい方の値をとる．
極限支持力は荷重・沈下曲線が沈下量線に平行に垂れ下がる位置の荷重である．
降伏荷重は荷重・沈下曲線の性状が変化する点の荷重である．この点を把握するため，$\log P \cdot \log S$図，$S \cdot \log t$図，$\triangle S / \triangle \log t \cdot P$（左図）などを用いる．

S：沈下量（mm）
t：時間（min）
P：荷重度（kN/m^2）

図6・7 平板載荷試験装置と判定

第6章　土工事　65

第7章　躯体工事

躯体は構造体とも呼ばれ，建築物にかかる荷重を支え，建築空間を確保する役割をもつ．

次に，各構造について施工手順・工法・材料・施工基準などを述べる．

7・1　躯体工法

主な躯体の構法には，鉄筋コンクリート構造・鉄骨鉄筋コンクリート構造・鋼構造・プレキャストコンクリート構造・木構造・組積構造・膜構造などと，これらの複合構造がある．

ここでは，代表的な構法として，鉄筋コンクリート構造・鉄骨鉄筋コンクリート構造・鋼構造・プレキャストコンクリート鋼造を取り上げ，その躯体を形づくる工法について述べる．

1.　鉄筋コンクリート構造

鉄筋コンクリート構造は，引張り強度の低いコンクリートと鉄筋を一体化させ，鉄筋に引張り力を分担させることにより躯体を形成する．

コンクリートのアルカリ性が鉄筋の腐食を防ぎ，熱に弱い鋼をコンクリートで保護するなど，耐久性にも優れている．また，現場でコンクリートを型に流し込んで成形するため，自由な形が得られる．

(1) コンクリート寸法図の作成

コンクリートの躯体を造るためには，まず躯体のあらゆる寸法を明らかにしなければならない．

そのために，構造図・意匠図・設備施工図などからコンクリートの寸法を決め，コンクリート寸法図を作成する．

コンクリート寸法図は，コンクリート躯体図と呼ばれ，また意匠（衣裳）を着けていないことから裸図とも呼ばれることがあり，仕上がり寸法の基本になる．

一般に，コンクリート寸法図は，柱スパン・階高・柱や梁の断面寸法・壁やスラブの厚さなど，構造図に示される構造上必要な寸法を確保した上で，意匠や設備に必要な開口や形状による修正を加えて作成する．

コンクリート躯体の施工は，その階のスラブ面から上階のスラブ面までを単位として施工する．そのため，N階のコンクリート躯体図は，N階の床の高さを示すフロアライン（FL）から1m程度上の高さの平面にN＋1階の梁とスラブを重ねて表現する（図7・1）．

(2) インサート・アンカー図

コンクリートに仕上げ材を取付ける方法には，次のようなものがある．

① コンクリートに雌ねじ（インサート）を埋込み，ボルトで取付ける方法（図7・2a）
② コンクリートにアンカーを埋込み，溶接で取付ける方法（図7・2b）
③ 躯体完成後，コンクリートに孔をあけ，ボルトをエポキシ樹脂または機械的に固定する方法（図9・36参照）
④ 躯体完成後，コンクリート釘で打ち付ける方法
⑤ 躯体完成後，糊で貼り付ける方法

天井材・設備配管・鋼製建具・金物など重量のある仕上げを取付ける場合は，①または②の方法で取付ける．

インサートやアンカーの種類と位置を決定するため，躯体工事に着手する前に，それらを必要とする工事の施工図を作成し，この図面に従ってインサート・アンカー図を作成する．

(3) その他の施工図の作成

その他の施工図として，躯体関係では型枠施工図・鉄筋施工図・埋込み配管配線施工図を，仮設関係では足場計画図・仮設電気配線図（コンクリート埋込みの場合）・コンクリート打設計画図などを，施工要領書とともに作成する．

(4) 鉄筋コンクリート構造の施工工程

次に，標準的なラーメン構造の基準階の施工工程について述べる．

① 下の階のコンクリートを打設した後，コンクリート寸法図に基づいて床に躯体墨を打つ（図7・3 ①）．また，平行して上階まで外部足場を組み上げる．
② 柱筋を搬入し，柱位置に分配する．
③ 床スラブの柱部に出ている柱主筋に，柱筋を圧接して延長する（図7・3 ②）．
④ 脚立またはローリングタワーを足場にして，柱に帯筋を取付ける（図7・3 ③）．
⑤ 柱筋のねじれおよび鉛直度を修正する．この作業は型枠精度確保のポイントとなる．
⑥ せき板と鉄筋の間隔を確保するための，スペーサーを帯筋に取付ける．
⑦ 柱筋にFL＋1mの陸墨を出す．
⑧ 柱の中に埋め込まれる，電気配管とコンセント・スィッチ用のボックスを取り付ける．
⑨ 柱のスラブ上の位置を示す柱墨に合わせて，柱型枠を固定する定規をコンクリート釘でスラブに打ち付ける．
⑩ 柱型枠を墨に合わせて建て込み，緊結治具で締付ける（図7・3 ⑤）．

図 7・1 コンクリート寸法図の例

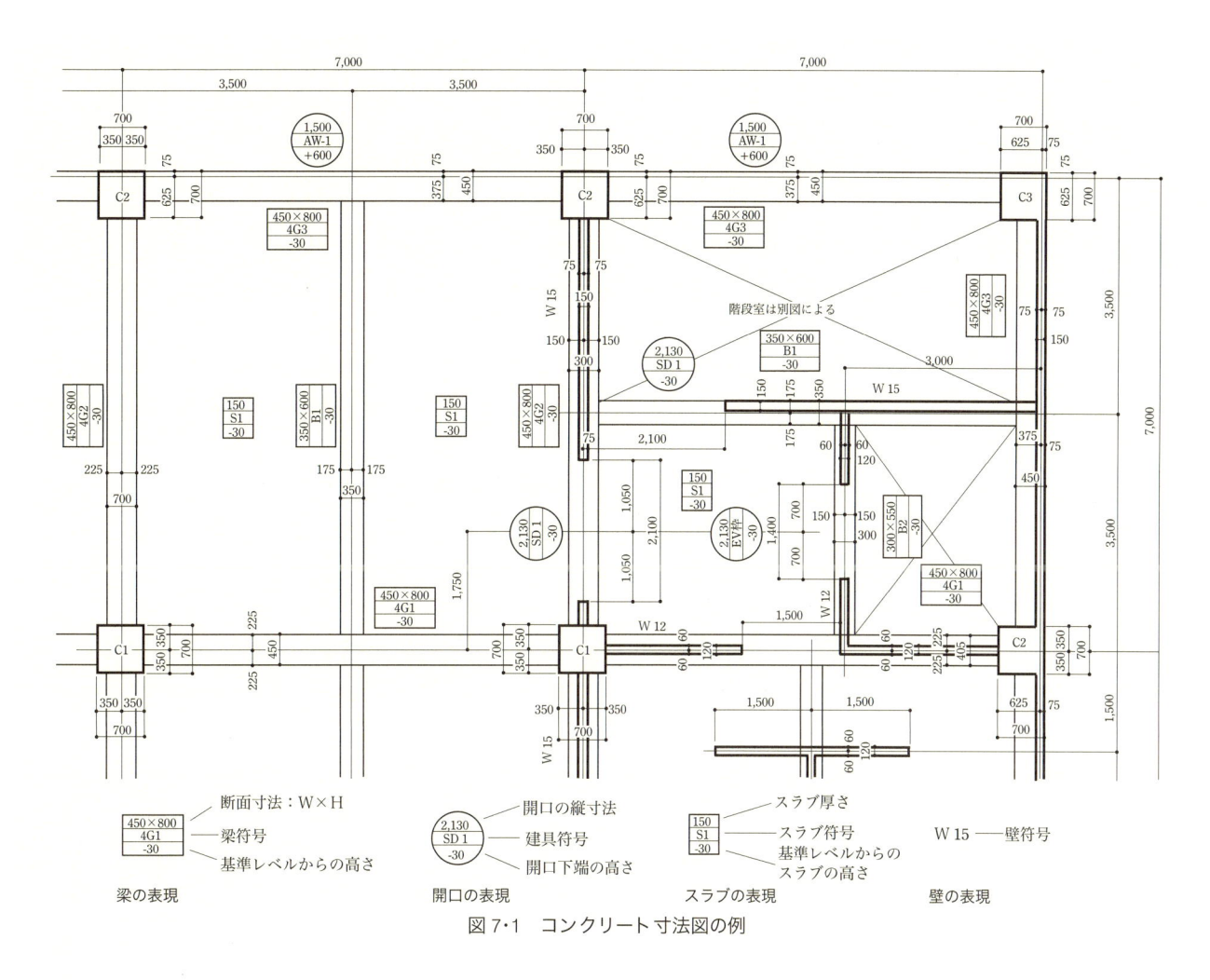

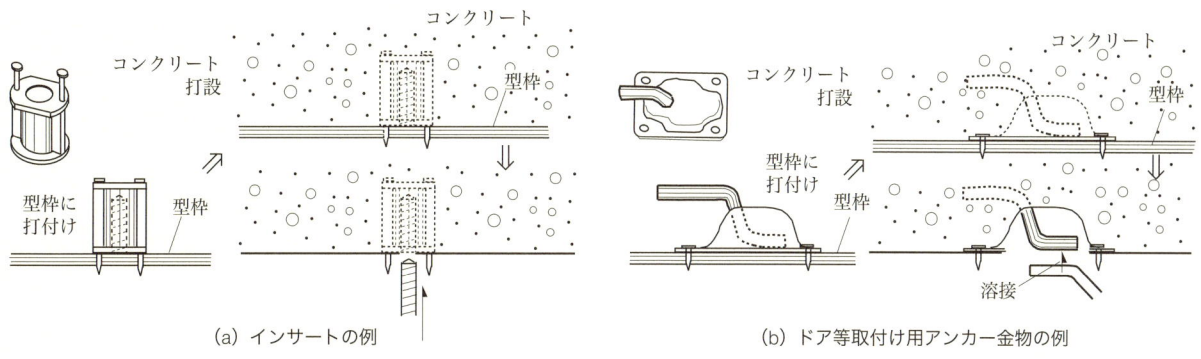

凡例:
- 梁の表現: 450×800 / 4G1 / -30 — 断面寸法：W×H、梁符号、基準レベルからの高さ
- 開口の表現: 2,130 / SD 1 / -30 — 開口の縦寸法、建具符号、開口下端の高さ
- スラブの表現: 150 / S1 / -30 — スラブ厚さ、スラブ符号、基準レベルからのスラブの高さ
- 壁の表現: W 15 —— 壁符号

図 7・2 インサート・アンカーの例

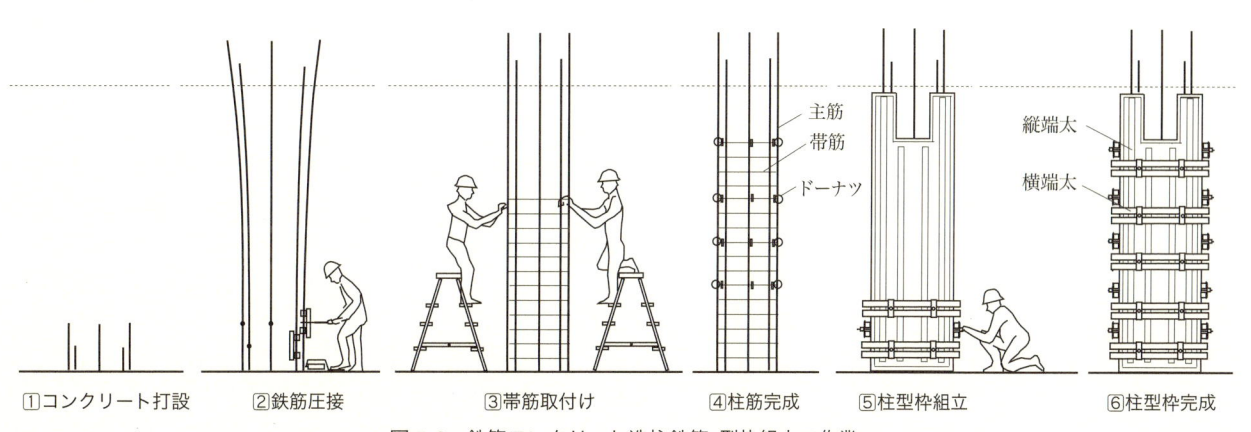

(a) インサートの例
(b) ドア等取付け用アンカー金物の例

図 7・3 鉄筋コンクリート造柱鉄筋・型枠組立て作業

① コンクリート打設
② 鉄筋圧接
③ 帯筋取付け
④ 柱筋完成（主筋、帯筋、ドーナツ）
⑤ 柱型枠組立
⑥ 柱型枠完成（縦端太、横端太）

第 7 章 躯体工事

⑪ 壁型枠の片面を建込み,セパレーター・縦端太・横端太を取り付ける.なお,同時にアンカー類を取り付ける.

⑫ 壁筋を配筋し,スペーサーを取り付ける(図7・3⑥).

⑬ 壁の中へ埋込まれる,電線管やボックスなどの設備配管を行う.

⑭ 壁型枠の残りの面を建て込む.この作業は「伏せる」ともいわれる.なお,同時にアンカー類を取り付ける.

⑮ 大梁型枠を床上で組み(地組という),クレーン等で柱に架け,サポートで支える.梁せいが大きい場合は,梁筋を組むために片側を外しておく.なお,同時にアンカー類を取り付ける(図7・4②,④).

⑯ 小梁型枠も同様な方法で大梁型枠に取り付ける.

⑰ スラブにサポートを建て,大梁型枠間に大引と根太を架け,スラブせき板を張る(図7・4③,⑤,⑥,⑦).

⑱ 床型枠にインサートやアンカーなどの位置を出し,取り付ける.

⑲ 梁位置のスラブ上に馬と呼ばれる架台を置き,その上に梁筋を配置する(図7・4⑧).

⑳ 梁主筋にあばら筋を取付け,梁貫通スリーブと補強筋を組む(図7・4⑨).

㉑ 梁筋を梁型枠内へ落とし込む.梁せいの大きい場合はスラブ下からあばら筋と下筋を結束し,残りの梁側を伏せる(図7・4⑩).

㉒ 梁せい部分の柱に帯筋を取り付ける.

㉓ 柱筋上部をスラブ型枠に固定して,正しい位置を保つ.

㉔ 梁の中間セパレーターを取り付け,梁型枠を締め付ける.

㉕ 梁貫通スリーブを梁型枠に固定する.

㉖ スラブ開口の型枠を取り付ける.

㉗ スラブ筋を組んだ後にかぶり厚さを確保するため,スペーサーブロックをスラブせき板とスラブ筋の間にセットする(図7・4⑪).

㉘ スラブに埋め込む電線管などの配管を行う.

㉙ 次の階の壁位置に鉄筋を立ち上げ,後施工をする躯体の鉄筋を型枠の上部に出す.これらを差し筋と呼び,上階のアンカーとなる.

㉚ 柱頭部から控えワイヤを張り,計測しながらワイヤを絞って柱を鉛直に固定する(図7・4⑬).

㉛ 柱の鉛直度およびスラブ・梁の高さの検査を行う(型枠検査).

㉜ 次の階のコンクリート高さの墨を出す.

㉝ 型枠内を清掃する.

㉞ コンクリート圧送管の配管を行い,バイブレーター・突付き棒・槌などのコンクリート打設機材を配置する.

㉟ コンクリートを流し込み,コンクリート突き作業・バイブレーターかけ・床面仕上げ作業を行う.

㊱ コンクリートに散水して,養生をする.

2. 鉄骨鉄筋コンクリート構造

鉄骨鉄筋コンクリート造は,鉄骨の骨組みと鉄筋コンクリートを合わせた構造である.構造断面を小さくでき,構造に粘りを持たせることができる.高層の場合は施工面のメリットも多い.

地下階は鉄筋コンクリート造とし,より粘りを必要とする地上階のみを鉄骨鉄筋コンクリートにする場合が多い.

次に,その一般的な施工の流れを示す.

(1) 躯体施工図の作成

コンクリート寸法図やその他の躯体施工図は,鉄筋コンクリート構造の場合と同じである.

主な加工を,次に示す.

(2) 鉄骨製作段階での準備

鉄骨の製作段階で,鉄筋工事・設備工事・仮設工事に必要な加工を行う.

これらの加工のうち,主なものを次に示す.

① 梁の主筋・柱の帯筋・幅止め筋・セパレーターなどを通す位置に鉄骨がある場合,鉄骨に孔をあけておく(図7・5a).ただし,鉄骨のフランジには孔をあけてはならない.

② 鉄筋梁を受けるため,梁の上に丸鋼(かんざし筋)を取り付ける(図7・5e).

③ 梁とガセットプレートの下部に,足場受け金物を取り付ける(図2・50参照,図7・6c).

④ 設備配管の貫通部に開口と補強を行う(図7・5f).

⑤ 安全帯の親綱を取り付けるフックを溶接する(図7・6a).

⑥ 柱に昇降用のタラップを取り付ける(図7・6b).

(3) 鉄骨鉄筋コンクリート造の施工工程

ここでは,鉄骨鉄筋コンクリート造の標準的な鉄骨建方工事と,大梁の配筋作業を中心に施工工程の概要を述べる.

① 鉄骨建方計画の組立順序に基づいて,柱や梁を搬入する.作業効率を高めるため,トラックから直に取り上げることが多く,搬入順序に気をつける.

② 地上で柱を架台(馬)の上に横置きし,ガセットの下に足場受けや安全親綱を取り付ける(図7・7①).柱の長さは,運搬可能な長さと重量によって決まる.2階から3階分の長さとするのが一般的である.

③ クレーンで柱を建て込み,最下部の柱はアンカーボルトに,それより上部の柱は下の柱にボルトで固定する.

④ 梁を地上で架台(馬)に載せ,下部に足場受け金物を取り付ける.スプライスプレート(継ぎ手板)・安全親綱・ボルトなどを仮付けしておき,取付け位置に揚げる.

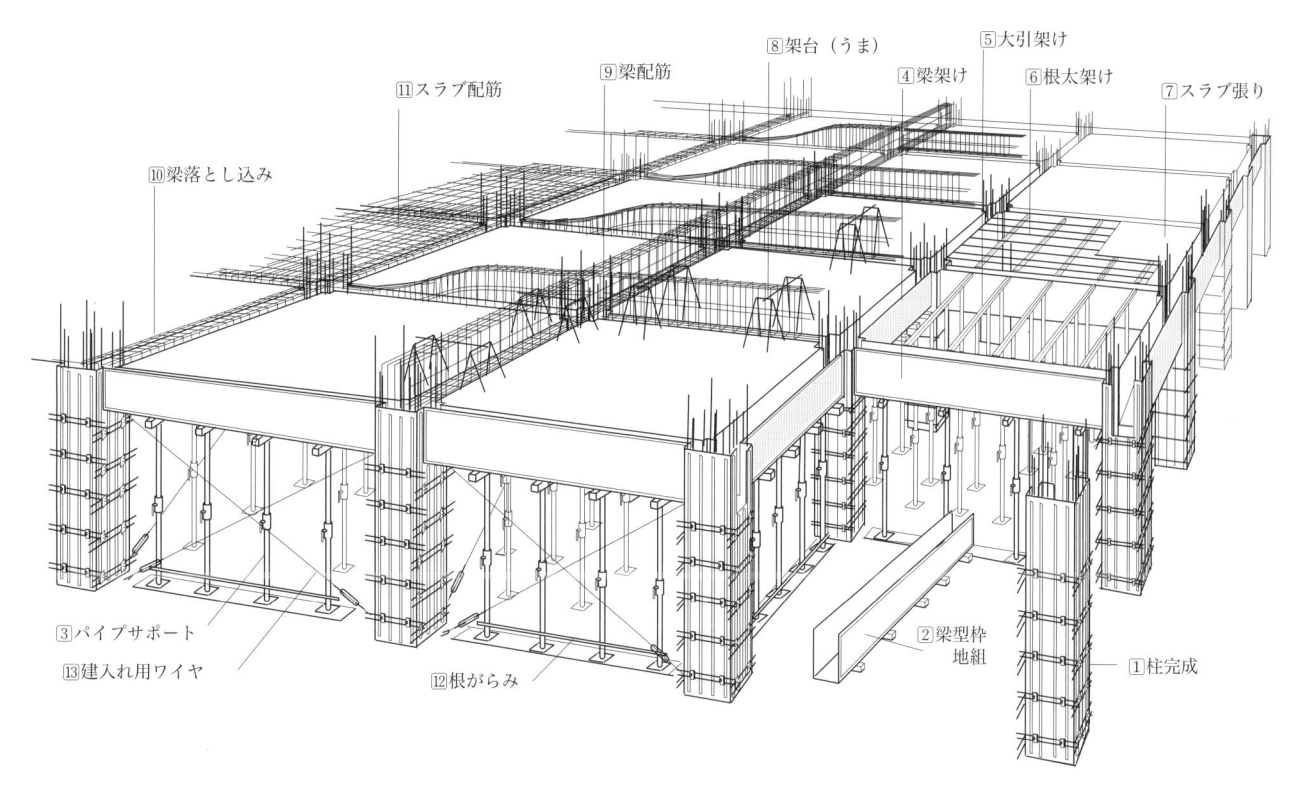

図7・4 鉄筋コンクリート造の型枠鉄筋組立(数字は作業順序を示す)

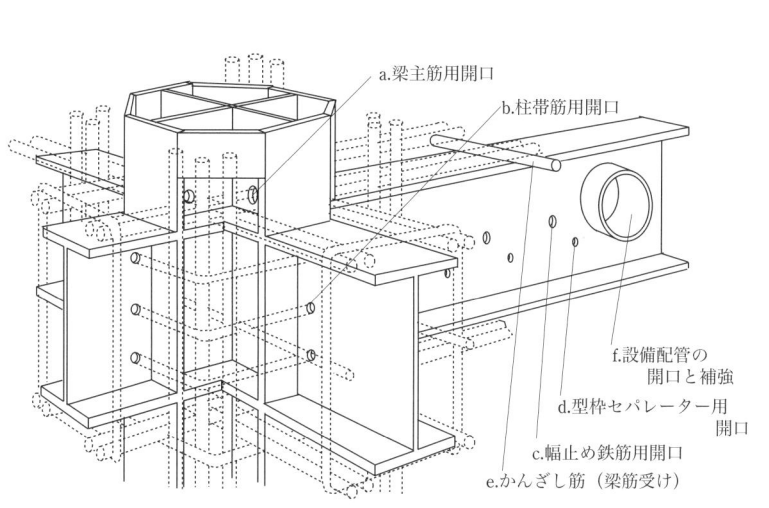

図7・5 鉄骨製作段階での他工事との取り合い加工

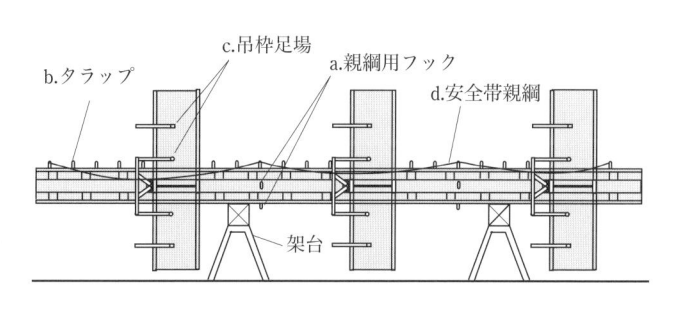

図7・6 柱鉄骨の建方前の装備

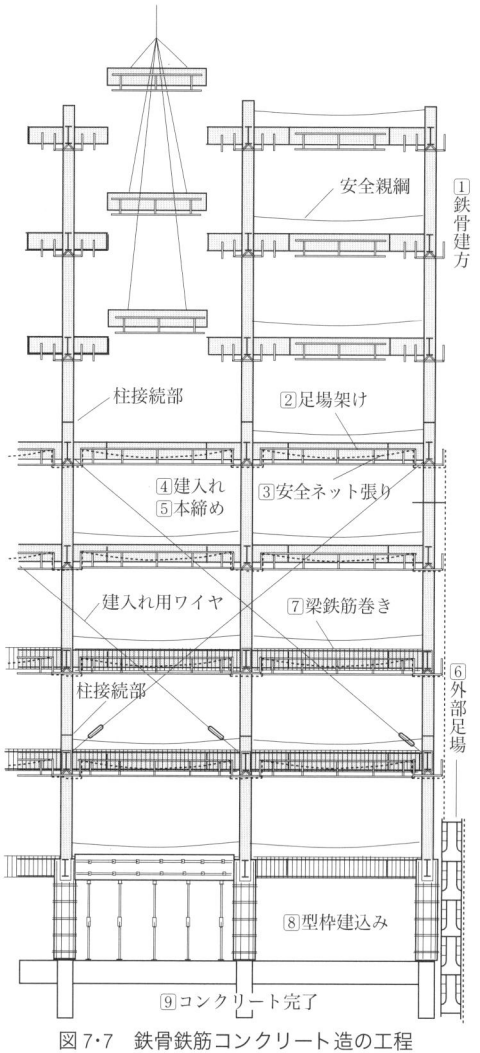

図7・7 鉄骨鉄筋コンクリート造の工程
(数字は作業順序を示す)

第7章 躯体工事 69

⑤ 梁を柱に架け，安全親綱を張って梁と柱をボルトで取り付ける（図7·7①）．

⑥ 各柱頭部からワイヤを張って，下げ振り・トランシット・レーザー垂直儀などで計測しながら，チェーンブロック等でワイヤを引いて柱を鉛直に補正する．これを柱の建入れ作業という（図7·7④）．

⑦ 梁下の足場を完成させ，安全ネットを張る（図7·7②，③）．

⑧ 建入れ作業で，ずれたボルト孔をリーマーで揃え，本締めを行う（図7·7⑤）．

⑨ 柱1本分（1節）毎に①〜⑥の作業を繰り返す．

⑩ 鉄骨建方を完成した階から，梁のかんざしの上に主筋を配置する．

⑪ あばら筋を取付け，梁筋を先行して組立てる（図7·7⑦）

⑫ 鉄骨工事と梁配筋を終了した階から，鉄筋・型枠・コンクリート工事を行う．下の階のコンクリート打設後，その床から脚立などを用いて鉄骨に取り付けた足場を解体する．

それ以降の作業は，鉄筋コンクリート工事の施工工程と同じである．ただし大梁の鉄筋の組立ては終わっているため，大梁の配筋作業は無い．

3. 鋼構造

鋼構造の主な構造には，トラス構造とラーメン構造がある．

次に，これらの躯体の施工法について述べる．

(1) トラス構造

長大スパンに有利なため，鉄筋コンクリート構造や鉄骨鉄筋コンクリート構造の建築でも，長大スパンとなる屋根に用いられる場合も多い．

ここでは，トラス構造の一般的な施工法について述べる（図7·8）．

① 柱と桁梁を搬入して，建てる位置に分配する．

② 柱を建て，桁梁を取付けて柱を固定する．

③ トラス梁は大きくて運搬が困難となる場合が多く，現場で組み立てる．トラス梁の上部にスタッドを取り付け，安全親綱を取付ける（図7·8①）．

④ トラスを柱に架ける．順次トラスの繋ぎ梁を取り付け，トラスを固定する（図7·8②）．

⑤ 梁に吊り足場を架け，安全ネットを張る．

⑥ ワイヤを張り，建入れ作業を行う．

⑦ リーマーでボルト穴を整え，本締めを行う（図7·8③）．

⑧ 屋根に母屋材などを取り付ける．

⑨ 外部足場を組み，外壁に間柱と胴縁材を取り付ける（図7·8④）．

(2) ラーメン構造

鉄骨ラーメン構造の施工は，工程が簡潔であること，コンクリートの硬化時間が不要なことなど，鉄筋コンクリート構造の施工に比べ工期が短くてすむ．また，柔構造に適しているため，柔構造の高層建築は鋼構造とされることが多い．

鉄骨ラーメン構造の躯体は，柱と梁に鉄骨を用い，床を溶接金網コンクリート造・ALC（気泡コンクリート）造・プレキャストコンクリート造などとするのが一般的である．なお，工場における鉄骨製作段階で，足場の取付け金物・建入れ作業のワイヤ取付け金物・柱のタラップなど，施工計画に基づいて必要な物を取り付ける．

ここでは，鉄骨ラーメン構造のうち，標準的な高層建築で，床が溶接金網コンクリート造の場合の施工について，概略を述べる（図7·9）．

① 柱に足場と安全親綱を取り付け，建て込む．

② 柱に大梁を架け，安全親綱を張り，ボルトの仮締めをする．

③ 小梁を大梁に架ける．なお揚重時間の短縮と現場作業を減らすことを目的に，地上で梁にデッキプレートを固定し，下に設備機器や配管を取付けたユニットとして一度に揚重する方法も行われる．

④ 柱・梁の接合部にユニット足場を取付ける．なお，溶接接合をする場合は風防シートを張る．

⑤ 建入れ作業を行う．

⑥ 柱と梁を接合する．

⑦ デッキプレートを取り込む．

⑧ 設備ユニット（縦配管のユニット）を取り付ける．床を張ってしまうと，上からクレーンで資材を取り込むことができないため，この時点で揚重の困難な長尺資材を取り込む．資材は，デッキプレートを敷く作業の妨げにならないよう，梁に吊っておく．

⑨ デッキプレートを敷き，梁にスポット溶接で固定する．

⑩ カーテンウォールを取り付ける（⑮の床コンクリート打設後に施工する場合が多い）．

⑪ 床の周囲に，鉄板やベニヤ板で床スラブのコンクリート打設のための型枠を取り付ける．

⑫ インサートを取り付ける．

⑬ 床埋込み設備配管を行う．

⑭ 大梁に，スタッドジベル（頭付きスタッド）を溶接する（工場製作工程で溶接する場合もあるが，梁歩行の妨げになり危険である）．

⑮ 溶接金網を敷き，コンクリートを打設する．

⑯ 耐火被覆を行う．

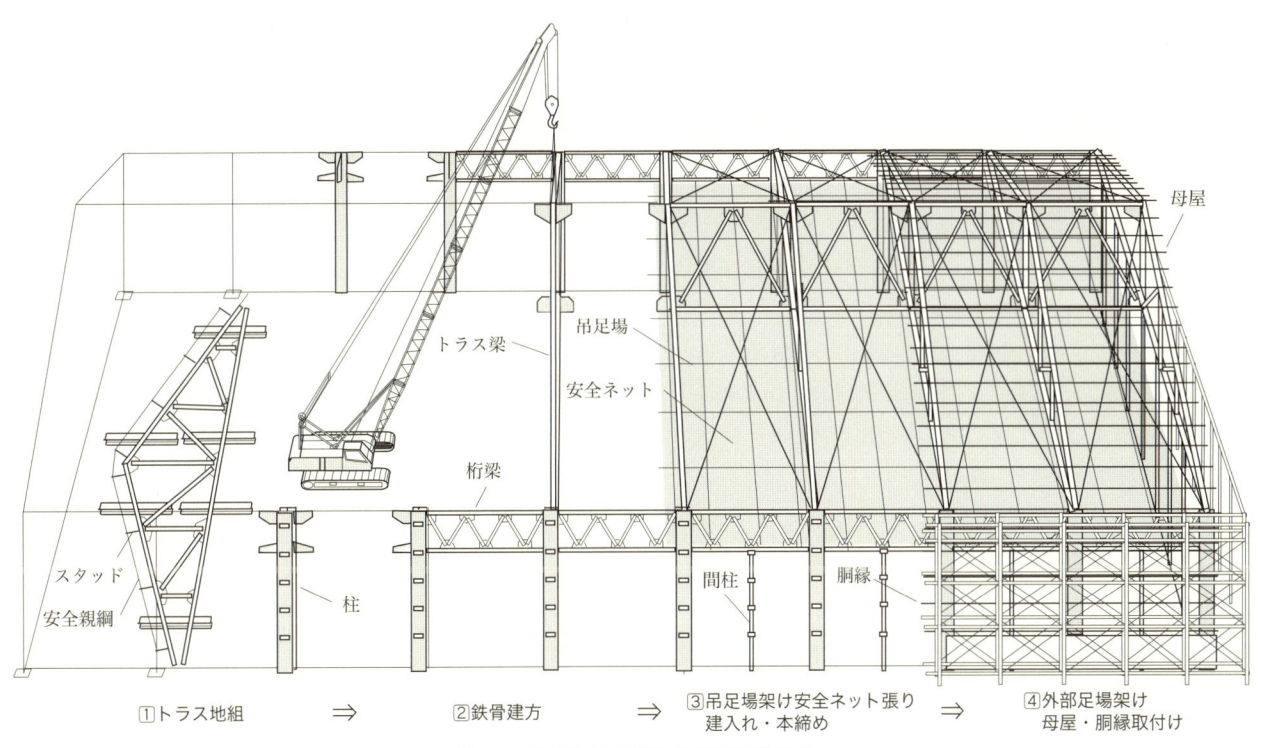

図7・8 鉄骨トラス構造の施工工程の例

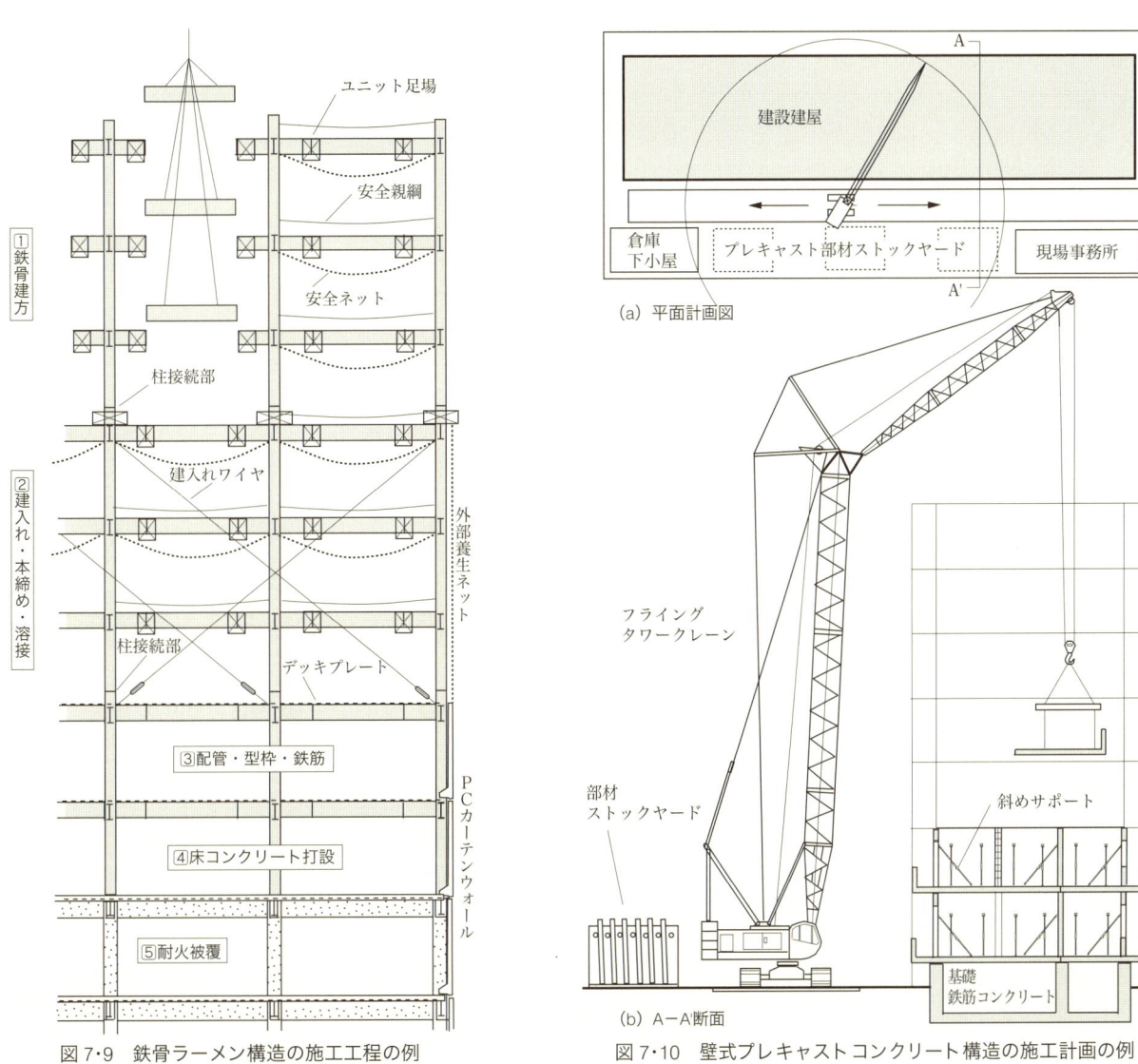

①トラス地組 ⇒ ②鉄骨建方 ⇒ ③吊足場架け安全ネット張り 建入れ・本締め ⇒ ④外部足場架け 母屋・胴縁取付け

主な部材ラベル：母屋、吊足場、安全ネット、トラス梁、桁梁、間柱、胴縁、柱、スタッド、安全親綱

図7・9 鉄骨ラーメン構造の施工工程の例

①鉄骨建方
②建入れ・本締め・溶接
③配管・型枠・鉄筋
④床コンクリート打設
⑤耐火被覆

主な部材ラベル：ユニット足場、安全親綱、安全ネット、柱接続部、建入れワイヤ、外部養生ネット、デッキプレート、PCカーテンウォール

図7・10 壁式プレキャストコンクリート構造の施工計画の例

(a) 平面計画図

建設建屋、倉庫下小屋、プレキャスト部材ストックヤード、現場事務所

(b) A-A'断面

フライングタワークレーン、部材ストックヤード、斜めサポート、基礎鉄筋コンクリート

第7章 躯体工事

4. プレキャストコンクリート構造

プレキャストコンクリート構造は，柱・梁・床・壁・屋根などを鉄筋コンクリートで工場製作し，現場で組み立てる（図7・10）．

プレキャストコンクリート構造は，工場で製作されるため高い精度と品質が得られる．またオートクレーブ養生（高温の水蒸気による養生）を行うことで，硬化時間が短縮される．一方，型枠の製作にコストがかかるため，一品生産には不利である．製品の重量が大きいため，運搬組立に制約がある．これらの条件から，同種の部材の多い集合住宅やプレストレストコンクリート構造の建築物など，コストは高くても高品質の部材を要する建築に適している．

この他，外壁カーテンウォール・集合住宅のベランダ・階段・床・壁・ハーフPCなど，プレキャストコンクリート部材が建築の一部に使用される例も多い．

プレキャストコンクリート造の構造形式は壁式構造が最も多く，その他に壁式ラーメン鉄筋コンクリート構造，ラーメン鉄筋コンクリート構造，ラーメン鉄骨鉄筋コンクリート構造などがある．

ここでは，壁式構造の集合住宅を想定して，その施工法を述べる．

なお，吊り金物，サポート取付け金具など，施工に必要な治具は，工場で部材に取り付けておく．

① 基礎を鉄筋コンクリート構造で構築する．
② 移動式クレーンまたは移動式タワークレーンの通路と部材置場を整備する．
③ 床・壁・階段などの部材を取り込み，仮置きする．重量が大きいため，部材の隅を破損させないよう注意する．
④ 墨出しを行う．
⑤ コンクリート面に，部材設置のためのベースモルタルを施工する．ベースモルタルは組立精度の基本になるため，±2mm以内の精度とする．
⑥ 床板を，墨に合せて敷く．
⑦ 壁・階段材を墨に合せて建て込み，斜めサポートで固定し，下げ振りで垂直度を調整する．
⑧ 壁接合用鉄筋の溶接を行う．
⑨ 上階の床材を墨に合せて敷き，床接合用鉄筋の溶接を行う．
⑩ 版の接合部に型枠を組み，コンクリートを充填する．
⑪ 上記の工程を繰り返す．

7・2 鉄筋工事

1. 材料

建築で使用される鉄筋材料には，熱間圧延によって作られた丸鋼と異形棒鋼があり，JIS G 3112「鉄筋コンクリート用棒鋼」で規定されている（図7・11）．その物理的性質は表7・1に示すとおりである．現在，丸鋼はほとんど使用されず，一般に異形棒鋼が使用されている．

長さの定尺は，1mと3.5m以上12mまで0.5mピッチの寸法となっている．

2. 材料管理

鉄筋材は入荷時にミルシート・ロールマーク・メタルタッグによって材質を確認し，小口を着色して色別マーキングする．

材料を保管する場合は，コンクリートとの付着強度の妨げになる，土や油類などの汚れの付着や錆を避けることが重要である．そのため，上屋(うわや)を設け木製の台（敷き端太(ばた)）で地面から浮かせ，シートをかける．

3. 配筋の基準

鉄筋は，径の異なるものを構造的な機能に応じて配置して組立てる．図7・12に示すように，柱の鉄筋は主筋・帯筋・副帯筋（幅止め筋）で構成され，梁の鉄筋は主筋・あばら筋・腹筋・副あばら筋（幅止め筋）で構成される．鉄筋径と配筋間隔は，構造図の配筋リストとして示される．柱・梁筋・スラブ筋について，配筋リストと配筋の例を図7・13に示す．

加工組立てに関する基準は，日本建築学会の建築工事標準仕様書「鉄筋コンクリート工事（JASS 5）」に定められており，一般にこの仕様書に基づいて施工を行う．これらの基準について，最小かぶり厚さを表7・2に，最小かぶり厚さを確保するための設計かぶり厚さを表7・3に，鉄筋の加工基準を図7・14に，加工寸法の精度を表7・4に，鉄筋の折曲げ形状と寸法を表7・5に，鉄筋の定着長さを表7・6に，鉄筋の継手の位置と定着を図7・15～7・21に，鉄筋の重ね継手の長さなどを表7・7，図7・22～7・24）に示す．

4. 鉄筋の加工

鉄筋の加工には，広いスペースを必要とし，現場以外の場所に加工場を設ける場合と，専門業者の加工場を用いる場合が多い．

加工に先だち，鉄筋施工図（縮尺1/1～1/5）を作成する．主に大梁と柱，大梁と小梁など交差部の納まりを検討して，あばら筋の寸法を決定する．交差部で，かぶり厚さに主筋の直径寸法分の片寄りができるため，注意が必要である．

表7・1 鉄筋コンクリート用棒鋼

(a) 呼び名と寸法

呼び名	公称直径 d (mm)
D 6	6.35
D10	9.53
D13	12.7
D16	15.9
D19	19.1
D22	22.2
D25	25.4
D29	28.6
D32	31.8
D35	34.9
D38	38.1
D41	41.3
D51	50.8

(b) 記号と機械的性質（JIS G 3112）

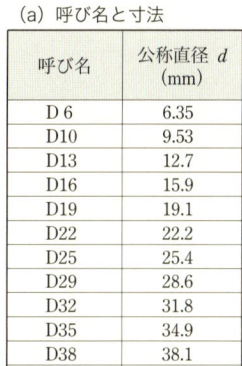

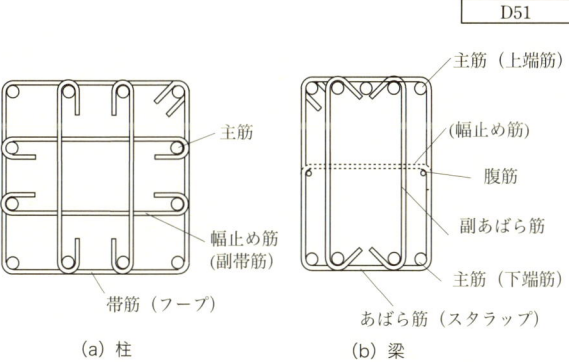

区分	種類の記号	降伏点または0.2%耐力 (N/mm²)	引張り強さ (N/mm²)
丸鋼	SR235	235以上	380〜520
丸鋼	SR295	295以上	440〜600
異形棒鋼	SD295A	295以上	440〜600
異形棒鋼	SD295B	295〜390	440以上
異形棒鋼	SD345	345〜440	490以上
異形棒鋼	SD390	390〜510	560以上
異形棒鋼	SD490	490〜625	620以上

(a) 丸鋼　(b) 異形棒鋼

図7・11　鉄筋の形状

(a) 柱　(b) 梁

図7・12　柱・梁の部材名称

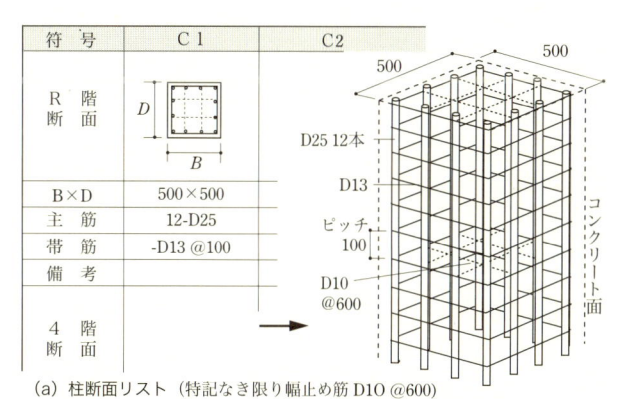

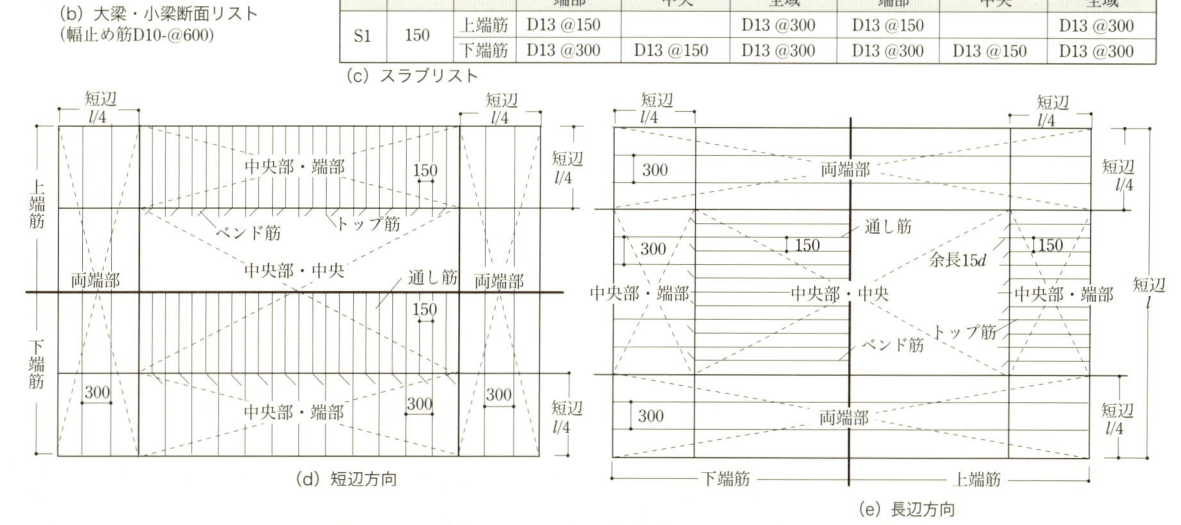

(a) 柱断面リスト（特記なき限り幅止め筋 D10 @600）

符号	C1	C2
R階断面	B×D: 500×500	
主筋	12-D25	
帯筋	-D13 @100	
備考		
4階断面		

(b) 大梁・小梁断面リスト（幅止め筋 D10-@600）

符号	G1	
位置	端部	中央
断面		
W×H	500 × 900	
上端筋	5-D25	3-D25
下端筋	3-D25	5-D25
あばら筋	□ D13-@150	
腹筋	2-D10	
備考		
符号	G15	
位置	端部	中央

(c) スラブリスト

符号	スラブ厚	位置	短辺方向（主筋）			長辺方向（配力筋）		
			中央部		両端部	中央部		両端部
			端部	中央	全域	端部	中央	全域
S1	150	上端筋	D13 @150		D13 @300	D13 @150		D13 @300
		下端筋	D13 @300	D13 @150	D13 @300	D13 @300	D13 @150	D13 @300

(d) 短辺方向

(e) 長辺方向

図7・13　配筋リストと配筋の実際（d は鉄筋の径）

第7章　躯体工事

表 7・2　最小かぶり厚さ （単位：mm　JASS 5）

部材の種類		短期	標準・長期		超長期	
		屋内・屋外	屋内	屋外[*2]	屋内	屋外[*2]
構造部材	柱・梁・耐力壁	30	30	40	30	40
	床スラブ・屋根スラブ	20	20	30	30	40
非構造部材	構造部材と同等の耐久性を要求する部材	20	20	30	30	40
	計画供用期間中に維持保全を行う部材[*1]	20	20	30	(20)	(20)
直接土に接する柱・梁・壁・床および布基礎の立上り部		40				
基　礎		60				

*1　計画供用期間の級が超長期で計画供用期間中に維持保全を行う部材では、維持保全の周期に応じて定める。
*2　計画供用期間の級が標準、長期および超長期で、耐久性上有効な仕上げを施す場合は、屋外側では最小かぶり厚さを10mm減じることができる。

・加工寸法の精度は表7・4による．
・折曲げは，冷間加工とし，その形状・寸法は特記による．特記のない場合は表7・5による．ただし表7・5における折曲げ角度90°はスラブ筋，壁筋，またはスラブと同時に打込むT形およびL形梁に用いるキャップタイや副あばら筋，柱コア内に折曲げる副帯筋，スパイラル筋の重ね継手部に用いる．
・下記1.～4.に示す鉄筋末端部には，フックを付ける．
1. 丸鋼
2. あばら筋及び帯筋．
3. 柱および梁（基礎梁を除く）の出隅部
4. 煙突の鉄筋

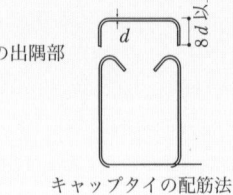

図 7・14　鉄筋の加工基準

表 7・3　設計かぶり厚さ （単位：mm　JASS 5）

部材の種類		短期	標準・長期		超長期	
		屋内・屋外	屋内	屋外[*2]	屋内	屋外[*2]
構造部材	柱・梁・耐力壁	40	40	50	40	50
	床スラブ・屋根スラブ	30	30	40	40	50
非構造部材	構造部材と同等の耐久性を要求する部材	30	30	40	40	50
	計画供用期間中に維持保全を行う部材[*1]	30	30	40	(30)	(40)
直接土に接する柱・梁・壁・床および布基礎の立上り部		50				
基　礎		70				

*1　計画供用期間の級が超長期で計画供用期間中に維持保全を行う部材では、維持保全の周期に応じて定める。
*2　計画供用期間の級が標準および長期で、耐久性上有効な仕上げを施す場合は、屋外側では最小かぶり厚さを10mm減じることができる。

表 7・4　加工寸法の許容差 （単位：mm　JASS 5）

項目			符号	許容差
各加工寸法	主筋	D25以下	a、b	±15
		D29以上D41以下	a、b	±20
	あばら筋・帯筋・スパイラル筋		a、b	±5
	加工後の全長		l	±20

表 7・5　鉄筋の折曲げ形状・寸法 （JASS 5）

図	折曲げ角度	鉄筋の種類	鉄筋の径による区分	鉄筋の折曲げ内法直径（D）
	180°　135°　90°	SR235　SR295　SD295A　SD295B　SD345　SD390	16φ以下　D16以下	3d以上
			19φ　D19～D41	4d以上
	90°	SD490	D25以下	5d以上
			D29～D41	6d以上

1. dは丸鋼では径、異形鉄筋では呼び名に用いた数値とする。
2. スパイラル筋の重ね継手部に90°フックを用いる場合は、余長は12d以上とする。
3. 片持スラブ先端、帯筋の自由端側の先端で90°フックまたは180°フックを用いる場合は、余長は4d以上とする。
4. スラブ筋、壁筋には、溶接金物を除いて丸鋼を使用しない。
5. 折曲げ内法直径を上表の数値よりも小さくする場合は、事前に鉄筋の曲げ試験を行い支障のないことを確認した上で、工事監理者の承認を得ること
6. SD490の鉄筋を90°を超える曲げ角度で折曲げ加工する場合は、事前に鉄筋の曲げ試験を行い支障のないことを確認した上で、工事監理者の承認を得ること。

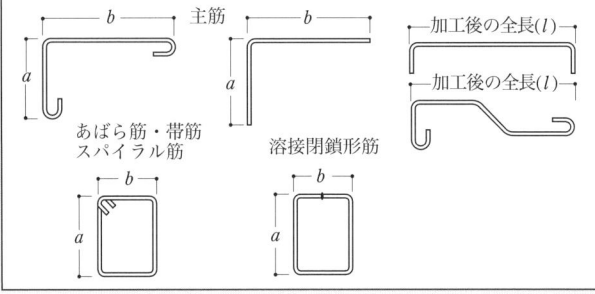

表 7・6　異形鉄筋の定着の長さ （JASS 5）

コンクリートの設計基準強度 F_c（N/mm²）		SD295A SD295B	SD345	SD390	SD490
18	直線定着	40d	40d	—	—
	フック付き定着	30d	30d	—	—
21	直線定着	35d	35d	40d	—
	フック付き定着	25d	25d	30d	—
24～27	直線定着	30d	35d	40d	45d
	フック付き定着	20d	25d	30d	35d
30～36	直線定着	30d	30d	35d	40d
	フック付き定着	20d	20d	25d	30d
39～45	直線定着	25d	30d	35d	40d
	フック付き定着	15d	20d	25d	30d
48～60	直線定着	25d	25d	30d	35d
	フック付き定着	15d	15d	20d	25d

1. 表中のdは、異形鉄筋の呼び名の数値を表し、丸鋼には適用しない。
2. フック付き鉄筋の定着長さは、定着起点から鉄筋の折曲げ開始点までの距離とし、折曲げ開始点以降のフック部は定着長さに含まない。
3. フックの折曲げ内法直径Dおよび余長は、特記のない場合は表7・5による。
4. 軽量コンクリートを使用する場合の定着長さは、特記による。特記がない場合は、$F_c \leq 36$N/mm²の軽量コンクリートとSD490以外の異形鉄筋を対象として、表7・6の数値に5d以上加算した定着長さとし、工事監理者の承認を得ること。

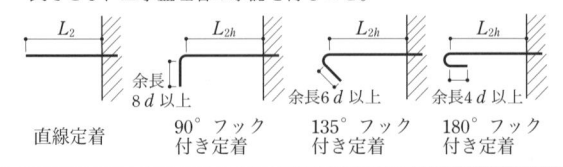

図 7・15　スパイラル筋の末端の定着

図 7・16　柱筋の継手の位置および定着

図 7・17　梁筋の継手の位置および定着

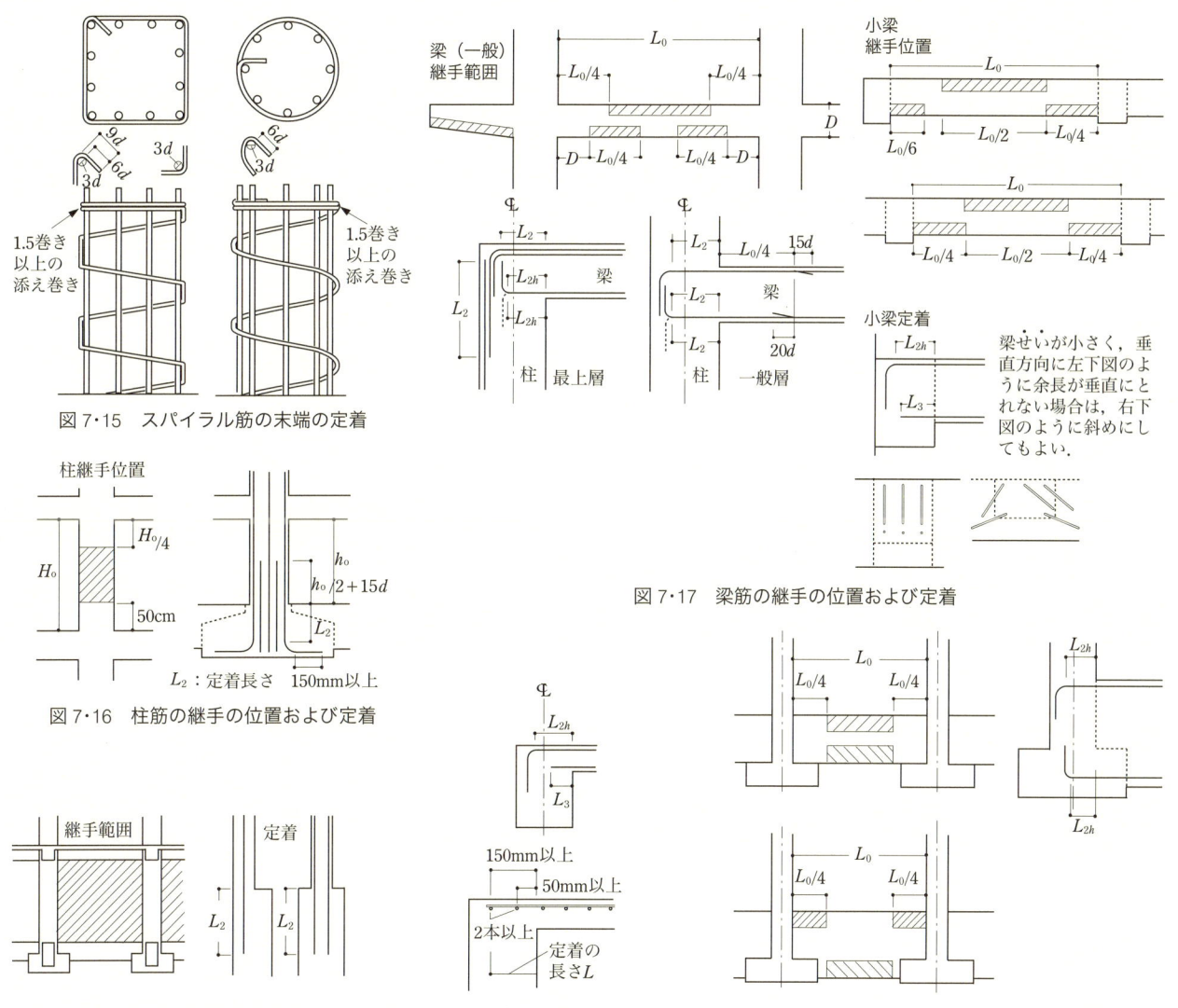

図 7・18　壁筋の継手の位置および定着　図 7・19　スラブ筋の定着・溶接金網の定着　図 7・20　基礎梁筋の継手の位置および定着

表 7・7　異形鉄筋の重ね継手の長さ　(JASS 5)

コンクリートの設計基準強度 F_c (N/mm²)		SD295A SD295B	SD345	SD390	SD490
18	直線重ね継手	$45d$	$50d$	—	—
	フック付き重ね継手	$35d$	$35d$	—	—
21	直線重ね継手	$40d$	$45d$	$50d$	—
	フック付き重ね継手	$30d$	$30d$	$35d$	—
24〜27	直線重ね継手	$35d$	$40d$	$45d$	$55d$
	フック付き重ね継手	$25d$	$30d$	$35d$	$40d$
30〜36	直線重ね継手	$35d$	$35d$	$40d$	$50d$
	フック付き重ね継手	$25d$	$25d$	$30d$	$35d$
39〜45	直線重ね継手	$30d$	$35d$	$40d$	$45d$
	フック付き重ね継手	$20d$	$25d$	$30d$	$35d$
48〜60	直線重ね継手	$30d$	$30d$	$35d$	$40d$
	フック付き重ね継手	$20d$	$20d$	$25d$	$30d$

1. 表中の d は、異形鉄筋の呼び名の数値を表し、丸鋼には適用しない。
2. 直径の異なる鉄筋相互の重ね継手の長さは、細い方の d による。
3. フック付き重ね継手の長さは、鉄筋の折曲げ開始点間の距離とし、折曲げ開始点以降のフック部は継手長さに含まない。
4. フックの折曲げ内法直径 D および余長は、特記のない場合は、表 7・5 による。
5. 軽量コンクリートを使用する場合の重ね継手の長さは、特記による。特記がない場合は $F_c ≦ 36N/mm^2$ の軽量コンクリートと SD490 以外の異形鉄筋を対象として、表 7・7 の数値に $5d$ 以上加算した継手の長さとし、工事監理者の承認を得ること。
なお、鉄筋の下に 300mm 以上の軽量コンクリートを打ち込む部材の上端部の重ね継手は、フック付きとする。

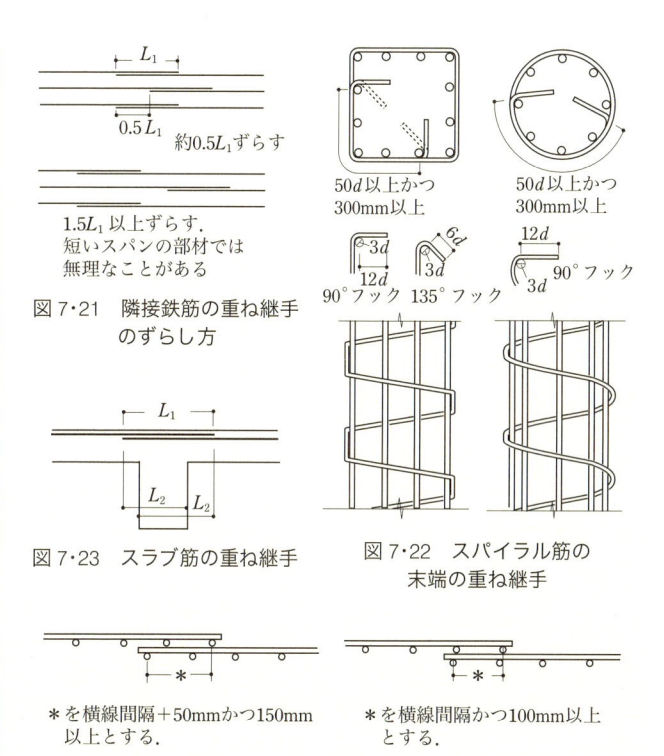

図 7・21　隣接鉄筋の重ね継手のずらし方

図 7・23　スラブ筋の重ね継手　　図 7・22　スパイラル筋の末端の重ね継手

図 7・24　溶接金網の重ね継手

第 7 章　躯体工事

次に，構造図とコンクリート寸法図から定着長さ・継手長さ・余長・定尺を考慮して鉄筋加工図を作成する．鉄筋加工図の作成は，専門工事業者が行う場合が多い．

鉄筋加工には切断作業と曲げ作業があり，切断作業にはシヤーカッターを，曲げ作業にはバーベンダーを主に使用する．

鉄筋加工は材質を変化させないように，冷間加工で行う．

5. 鉄筋の組立

鉄筋の組立ては，鉄筋を現場に搬入して柱・壁・大梁・小梁・スラブの順に型枠の組立作業と交互に行う．

組立作業は，配筋図と鉄筋加工図に基づき，鉄筋を分配し交差部を0.8～0.85mmのなまし鉄線（結束線）でハッカーを用いて結束して行う．径の大きな鉄筋の結束には，結束線の本数を増やすか，径2～3mmのなまし鉄線によって結束する．結束用のクリップも市販されている．

(1) 継 手

継手には，重ね継手・圧接継手・機械式継手・溶接継手・圧着継手・ねじ式継手などの特殊継手がある．重ね継手の重ね長さおよび継手の位置は表7・7，図7・16～7・24に従う．また，圧接継手の場合は隣接する圧接部と400mm以上ずらす．特殊継手の場合も，隣接する継手部から400mm以上，かつカプラーの長さ＋40mm以上ずらす（図7・25）．

一般的に，D16以下は重ね継手とし，D19以上は圧接継手とする．

ガス圧接継手の施工は，次の手順で行う（図7・26）．
① 圧接面の錆を落とし，圧接面の形状を整えるためグラインダーをかける．
② 圧力をかけるための治具を取付ける．
③ 足踏みオイルジャッキと接続し，ガスバーナーで加熱しながら圧力をかけて接続する．

なお，径の差が7mm以上あるものは圧接してはならない．

(2) かぶり厚さの確保

コンクリートのかぶり厚さと，鉄筋の位置を保持するために，スペーサーブロックやバーサポートなどを必要な箇所に設置する（表7・9，図7・28）

さらに，スラブ筋などの上に作業員が載ると，上筋が曲って配筋が乱れることから，荷重を分散させるため足場板などを敷く．

(3) 先組工法

鉄筋組立作業の作業効率を高めるため，地上で柱や梁の組立作業を行い，組立の完了した物を施工階へ揚重して設置する工法が行われる．この場合，組立てた鉄筋の剛性を高めるために帯筋やあばら筋を主筋にスポット溶接するが，鉄筋を傷つけないようにする．圧接の場合は鉄筋の長さが縮むため，スリーブ圧着工法などの長さが縮まない接続工法を用いる場合が多い．

(4) 組立て管理

鉄筋の組立てにあたっては，次の項目の管理を行う．
① 下階のコンクリート打設作業で鉄筋に付着したセメントペーストの除去
② 鉄筋径・ピッチ・本数・主筋の間隔（表7・8）
③ 配筋の乱れ
④ 継手長さおよび継手位置（表7・7，図7・16～7・24）
⑤ スペーサーの配置（表7・9）
⑥ 圧接部の形状および強度（図7・27）
⑦ 次の階への立上げ筋の位置や長さ

7・3 型枠工事

1. 型枠の材料

型枠は，直接コンクリートの型となるせき板と，それを保持する型枠支保工で構成される．

せき板には12mm厚の型枠用合板（コンクリートパネル）が最も多く用いられる．

コンクリートの付着を減らして解体を容易にするとともに，材料を保護するため，コンクリートパネルには組立て前に剥離材を塗布する．また打放しコンクリートの場合，コンクリートの肌を平滑にするため，表面に樹脂の層をコーティングしたオーバーレイ合板型枠もよく用いられる．

この他に，せき板として鋼製のメタルフォームやアルミ製のアルミ型枠・フラットデッキ・デッキプレート・ハーフプレキャストコンクリート・プラスチック型枠などが用いられる．

型枠支保工には，鉛直荷重を支えるパイプサポート・単管支柱・枠組支保工・仮設梁などがある．床のせき板は，根太と大引が受ける．側圧は，縦端太・横端太材となる単管パイプ・角パイプ・軽量型鋼などと，各種締付け金具が受ける．

なお，型枠材料は台（敷き端太）を用いて地面から離し，雨水を避けるようシートをかけて保管する．

また，コンクリートパネルに用いられるラワン材は，直射日光に曝されると表面に有害物質が生成され，コンクリート表面の硬化を妨げる場合があり，直射日光に曝さないよう注意する．

2. 下拵え

型枠工事では，せき板を事前に加工（下拵え）して組み立てるものと，定尺（1820mm×910mm）のコンクリートパネルを現場で組み立てるものとがある．

柱・梁・階段など複雑な形状のものは下拵えを行い，面積

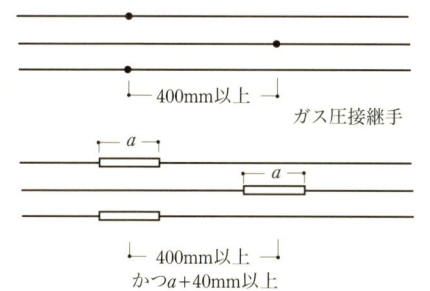

図 7・25　圧接と特殊継手のずらし方

表 7・8　鉄筋の間隔・空きの最小寸法

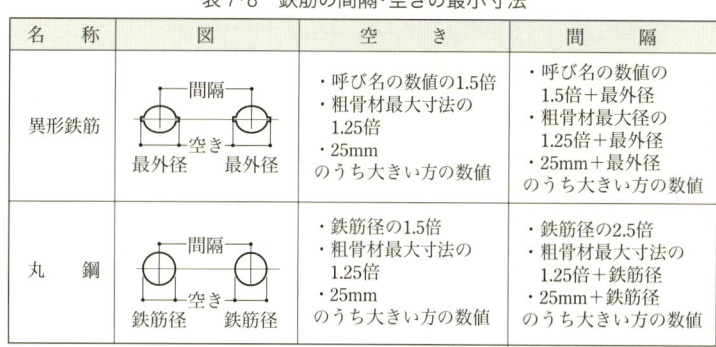

名　称	図	空　き	間　隔
異形鉄筋	間隔／空き／最外径・最外径	・呼び名の数値の1.5倍 ・粗骨材最大寸法の1.25倍 ・25mm のうち大きい方の数値	・呼び名の数値の1.5倍＋最外径 ・粗骨材最大径の1.25倍＋最外径 ・25mm＋最外径 のうち大きい方の数値
丸　鋼	間隔／空き／鉄筋径・鉄筋径	・鉄筋径の1.5倍 ・粗骨材最大寸法の1.25倍 ・25mm のうち大きい方の数値	・鉄筋径の2.5倍 ・粗骨材最大径の1.25倍＋鉄筋径 ・25mm＋鉄筋径 のうち大きい方の数値

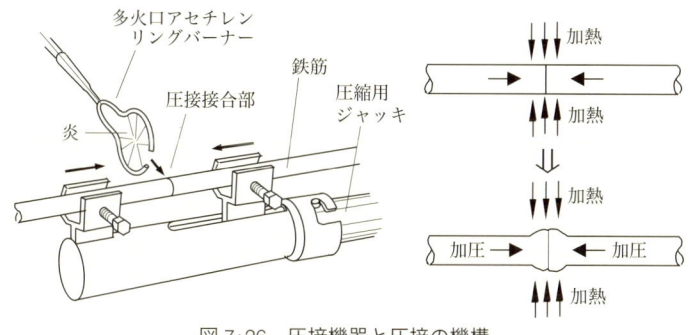

図 7・26　圧接機器と圧接の機構

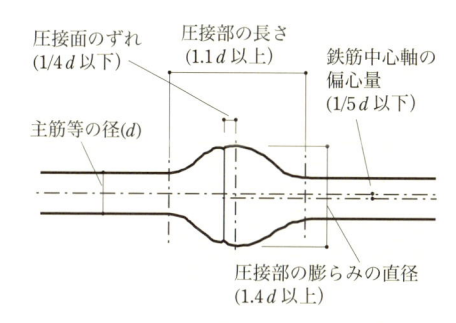

図 7・27　圧接部の形状に関する規定

表 7・9　スペーサーの配置基準

部　位	スラブ	梁	柱	基　礎	基 礎 梁	壁・地下外壁
種　類	鋼製・コンクリート製	鋼製・コンクリート製	鋼製・コンクリート製	鋼製・コンクリート製	鋼製・コンクリート製	鋼製・コンクリート製
数量または配置	上端筋，下端筋それぞれ1.3個/m²程度	間隔は1.5m程度端部は1.5m以内	上段は梁下より0.5m程度中段は柱脚と中段の中間柱幅方向は1.5mまで2個1.0mまで3個	面積4m²程度　8個16m²程度　20個	間隔は1.5m程度端部は1.5m以内	上段梁下より0.5m程度中段上段より1.5mの間隔程度横間隔は1.5m程度端部は1.5m以内
備　考	端部上端筋および中央下端筋には必ず設置	梁側以外の梁は上または下に設置，梁側は側面にも設置			上または下と側面に設置	

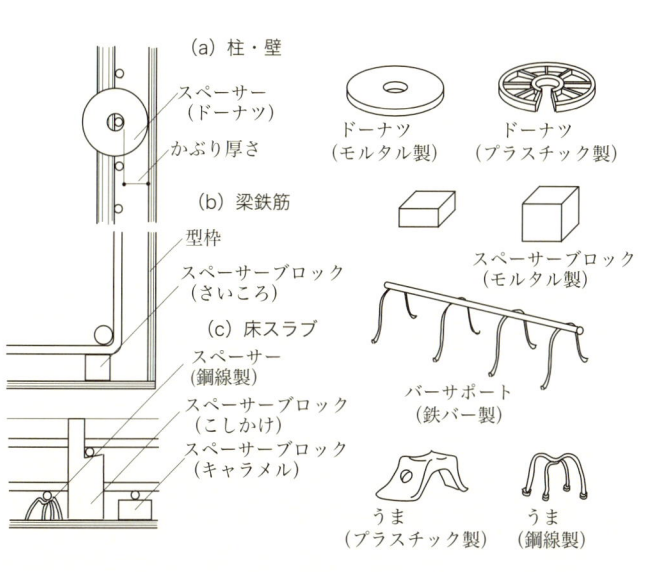

図 7・28　各種スペーサー

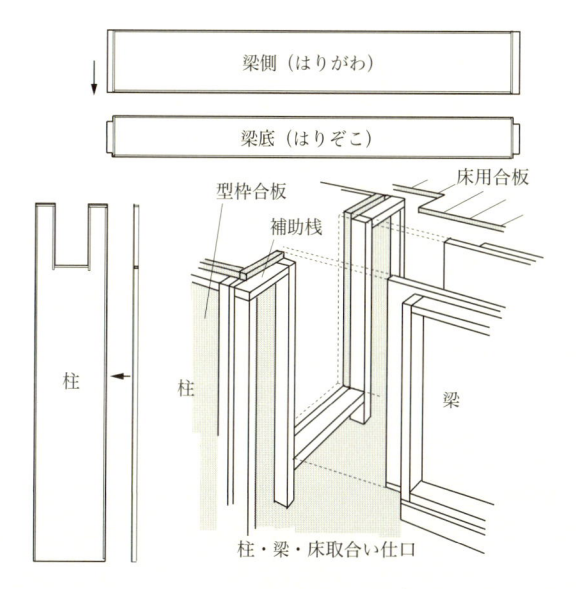

図 7・29　下拵え型枠の例

の広い壁や床は定尺の材料で組み立て，半端な材料（役物）だけを現場で加工する（図7·29）．

下拵えは加工場で行うが，原寸図を作成して原寸から寸法をばか棒（12mm×30mm×4mの木材で「定規」ともいう）に写しとって加工する．スケールを使って寸法を移すときは，寸法の間違いがないように注意する．

コンクリートの形状の精度に最も影響するのは，下拵えの精度である．

下拵えにあたっては，次の項目について管理を行う．
① 原寸検査
② 加工図のチェック
③ 下拵え材の寸法検査（特に重要）

3. 組立て

コンクリートパネルは補助桟で接続するが，補助桟のせいは，角パイプまたは軽量型鋼と合わせて50mmまたは60mmとする（図7·30）．

壁や柱などコンクリートの側圧を受ける型枠は，セパレーター・フォームタイ・縦端太・横端太で締め付けて組み立てる（図7·31）．コンクリート打放し仕上げの場合は，木コンを用いてセパレーターの端部をコンクリート面の内側に納める（図7·32）．

この他に，縦端太にビームを用いることで，セパレーターとそれに付随する金物の数をできるだけ減らして作業性を高める工法も行われる．

床や梁など，コンクリートの鉛直荷重を支える場合は，せき板（型枠合板）を根太と大引で受けサポートで支える（図7·33）．

その他に，サポートを減らして床下の作業性を高めるため，鋼製仮設梁で床を支える工法や梁にフラットデッキを掛ける工法がよく行われる（図7·34）．

組立て作業にあたっては，次の項目について管理を行う．
① 型枠の根元の位置と地墨との間の誤差
② 柱の鉛直度およびスラブ・梁底高さ
③ 型枠の継ぎ目の段差（目違い）
④ 外壁の打継ぎ部の段差（目違い）
⑤ インサートなどの埋込み物の位置
⑥ 支保工の間隔
⑦ 水平つなぎ・ブレースの設置状態

4. 型枠の構造計算

型枠の構造計算は，型枠にかかる鉛直荷重・水平荷重・コンクリートの側圧などの応力が材料の許容応力以内であること，変形量が仕上げ寸法の許容値内であることを条件に行う．

(1) 荷 重

(i) 鉛直荷重

型枠に作用する鉛直荷重には，固定荷重と積載荷重がある．固定荷重は鉄筋・コンクリート・型枠の重量であり，積載荷重は作業時の作業員・施工機材・衝撃などの作業荷重である．

それぞれ，次の荷重を目安に実情に応じて定める．
  固定荷重：普通コンクリート 24kN/m³
       型枠 400〜500N/m²
  積載荷重：1500N/m² 以上（労働安全衛生規則）

(ii) 水平荷重

型枠に作用する水平荷重には，風圧力や作業荷重の水平成分がある．

水平荷重については，鋼管枠支柱の場合は鉛直荷重の2.5%，それ以外の支柱の場合は鉛直荷重の5%を見込むよう，労働安全衛生規則で規定されている．

一般には，風荷重に相当する500N/m²を目安に定める．

(iii) コンクリートの側圧

型枠に作用する側圧は，コンクリートの打込み速度・打込み高さ・断面積などによって異なる．側圧の目安を表7·10に示す．

(2) 変形量

型枠に作用する力による変形量の許容値は構造安全性からの規制値があるが，仕上げ面の許容値としては3mm以下に抑えるのが一般的である．

(3) 構造計算

型枠の構造計算においては，荷重と変形量の許容値から，せき板と各支保工の断面と配置を算出する．型枠には限られた規格の材料を使用するので，材料の配置を計算することになる．一般に，配置は強度よりもたわみで決まる場合が多い．

(i) 鉛直荷重に対する計算（スラブ・梁下の型枠）

鉛直荷重に対する構造計算は次のような手順で行う．
① 打設計画から荷重を仮定する．
② せき板の許容応力度とたわみをもとにして，根太の間隔を定める．
③ 根太の許容応力度とたわみをもとにして，大引の間隔を定める．
④ 大引の許容応力度・たわみ・支柱1本が負担する荷重をもとにして，支柱の間隔を決定する．

(ii) 水平荷重に対する計算

水平荷重は型枠頂部に集中して作用するものとして，型枠の控えワイヤ配置を決める．

(iii) コンクリート側圧に対する計算（壁・柱・梁側の型枠）

コンクリートの側圧に対する構造計算は，次のような手

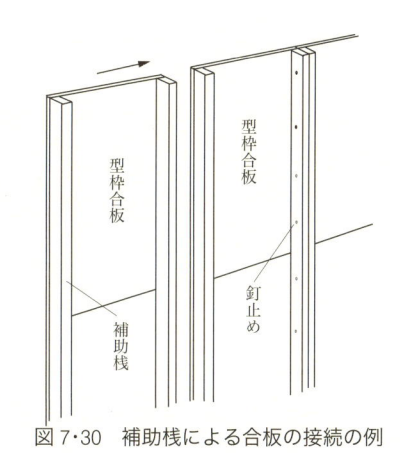

図7・30 補助桟による合板の接続の例

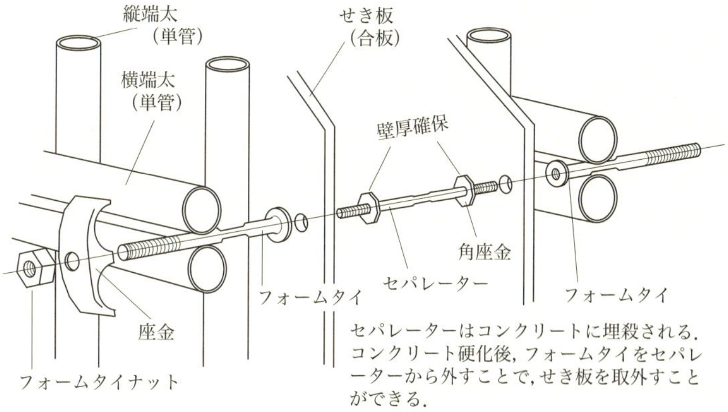

図7・31 壁型枠（単管）の組立例

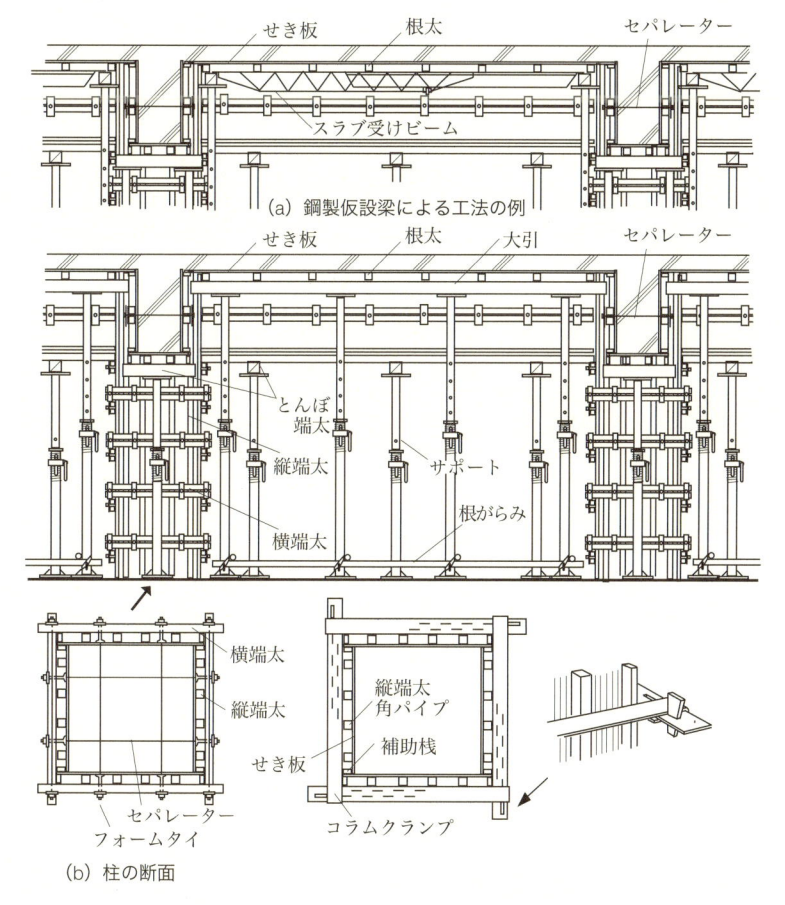

セパレーターはコンクリートに埋殺される。コンクリート硬化後、フォームタイをセパレーターから外すことで、せき板を取外すことができる。

(a) 鋼製仮設梁による工法の例

(b) 柱の断面

図7・33 型枠支保工（角パイプ）の組立工法の例

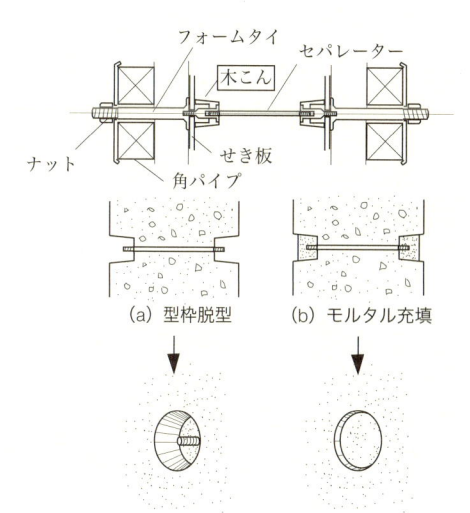

(a) 型枠脱型　(b) モルタル充填

図7・32 打放し仕上げのセパレーター処理

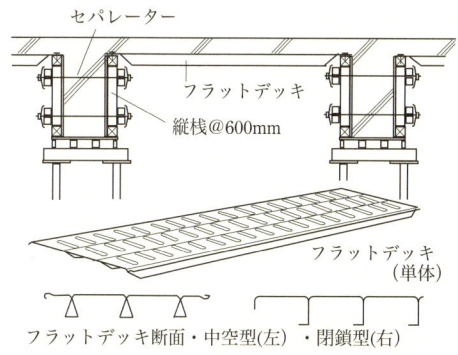

図7・34 フラットデッキによる工法

表7・10 型枠設計用コンクリート側圧（kN/m²）(JASS5 表12.1 より)

打込み速さ(m/h)		10以下の場合		10を超え20以下の場合		20を超える場合
部位	H(m)	1.5以下	1.5を超え4.0以下	2.0以下	2.0を超え4.0以下	4.0以下
柱		W_0H	$1.5W_0 + 0.6W_0 \times (H-1.5)$	W_0H	$2.0W_0 + 0.8W_0 \times (H-2.0)$	W_0H
壁	長さ3m以下の場合	W_0H	$1.5W_0 + 0.2W_0 \times (H-1.5)$	W_0H	$2.0W_0 + 0.4W_0 \times (H-2.0)$	W_0H
	長さ3mを超える場合		$1.5W_0$		$2.0W_0$	

H：フレッシュコンクリートのヘッド(m)（側圧を求める位置から上のコンクリートの打込み高さ）
W_0：フレッシュコンクリートの単位容積質量 (t/m³)に重力加速度を乗じたもの (kN/m³)

表7・11 基礎・梁側・柱および壁のせき板の存置期間を決めるためのコンクリートの材齢
(JASS 5 表12.2 より)

セメントの種類	平均気温 20℃以上	20℃未満 10℃以上
早強ポルトランドセメント	2日	3日
普通ポルトランドセメント 高炉セメントA種 シリカセメントA種 フライアッシュセメントA種	4日	5日
高炉セメントB種 シリカセメントB種 フライアッシュセメントB種	6日	8日

第7章 躯体工事

順で行う．

① 打設条件をもとにして，コンクリートの側圧を仮定する．
② せき板の許容応力度とたわみをもとにして，内端太（せき板を押える端太）の間隔を定める．
③ 内端太の許容応力度とたわみをもとにして，外端太（内端太を押える端太）の間隔を定める．
④ 外端太の許容応力度・たわみ・セパレーター1本が負担する荷重をもとにして，セパレーターの間隔を定める．

5. 型枠の存置期間

型枠材はコンクリートが硬化した時点で取り外し，繰り返し使用する．経済性を高めるために型枠の存置期間を短くして，転用回数を増やすようにする．型枠の存置期間はコンクリートの強度で規定されている．

型枠の存置期間は，せき板と荷重を受ける支保工では異なる．

せき板の存置期間は，コンクリートの圧縮強度が $5N/mm^2$ 以上に達するまでとする．ただし，この間の平均気温が $10℃$ 以上の場合は表7・11に示した日数とする．

支保工の存置期間は，コンクリートの圧縮強度が設計基準強度の100％以上になるまでとする．

型枠の転用回数を増やすため，せき板だけを先に解体して転用できるような型枠の設計を行う場合もある．

7・4 コンクリート工事

1. コンクリート

コンクリートは，セメントと砂と砂利と水を練り混ぜ，セメントの水和反応によって硬化させたものである．

主に構造材料として用いられ，その要求性能を次に示す．

① 生コンクリートの状態では，セメント・細骨材（砂）・粗骨材（砂利）・水が均一に混合し，施工に適した流動性（ワーカビリティー）があること．
② 硬化したときに所定の強度が得られること．
③ 劣化やひび割れなど，経年による不具合を起さないこと．

コンクリートは，所定の品質を得るまでのプロセスが多く，バラツキも出るため，発注・製造・受入れ・打設・養生など各工程での品質管理はとくに重要である．

コンクリートには表7・12に示すように，使用材料・施工条件・性能などからいくつかの種類がある．

(1) セメント

セメントには用途に応じて表7・13に示すような種類があるが，普通ポルトランドセメントが最も多く使用されている．

(2) 骨材

骨材には，川・海・山から採取したものと人工的に造られたものがある．

粗骨材については，現在では川砂利を得にくいため，砕石が主に使用されている．

骨材は，表7・14および表7・15に示す品質をもつものを用いる．

粗骨材の最大寸法は，鉄筋のあき寸法の4/5以下，かぶり厚さ以下で表7・16の範囲内に収まるものを用いる．

(3) 水

水は原則として上水を使用する．上水以外を使用する場合または回収水を使用する場合は，表7・17または表7・18に示す品質規定に適合するものとする．

(4) 混和剤

コンクリートの流動性を高め，水量を抑えるために混和剤を用いる．混和剤には，空気を導入して細かい気泡のベアリング効果によって流動性を高めるAE剤と界面活性剤および両者を兼ねたものがある．

2. 調合

コンクリートのセメント・細骨材・粗骨材・水の割合を決めることを調合設計と呼ぶが，これらの割合とコンクリートの性状には次のような関係がある．

また，コンクリートの調合は目的とする強度とワーカビリティーが得られるよう，これらの関係のバランスをとって行う．

① セメント量が多いほど，強度は増す．
② セメント量が多いほど，生コンクリートの流動性は低下する．
③ 水量が多いほど，生コンクリートの流動性が増加する．
④ 細骨材が少ないほど，生コンクリートの流動性が増加するが，分離しやすくなる．
⑤ 細骨材が多いほど，生コンクリートはモッタリしたコンクリートになって分離しにくくなるが，流動性が低下する．
⑥ 川砂利を使用したときの方が，砕石を使用したときより生コンクリートの流動性が高くなる．
⑦ 水量が多いほど，コンクリートの乾燥収縮量が増す．
⑧ 水量が多いほど，コンクリートは劣化しやすくなる．

(1) 調合強度

コンクリートの材料には，天然物が多いことや骨材の湿潤状態の違いにより，その強度にバラツキがある．したがって現場で打設するコンクリートの強度が，構造計算において基準とした強度（設計基準強度）を下回らないよう，

表7・12 コンクリートの種別(JASS 5)

種別	解説
寒中コンクリート	コンクリート打込み後の養生期間に，コンクリートが凍結するおそれのある時期に施工されるコンクリート
暑中コンクリート	気温が高く，コンクリートのスランプの低下や水分の急激な蒸発などのおそれがある時期に施工されるコンクリート
軽量コンクリート	骨材として人工軽量骨材を一部または全部に用いるコンクリートで単位容積質量を小さくしたコンクリート
流動化コンクリート	あらかじめ練り混ぜられたコンクリートに流動化剤を添加し，これを攪拌して流動性を増大させたコンクリート
高耐久性コンクリート	特に高度の耐久性を必要とする鉄筋コンクリート造建築物のコンクリート
高強度コンクリート	設計基準強度が36N/mm²を超える場合のコンクリート
プレストレストコンクリート	あらかじめ部材の引張側に緊張材によって圧縮応力を生じさせ，曲げ耐力を著しく向上させる構造に用いるコンクリート
マスコンクリート	部材断面の最小寸法が大きく，かつセメントの水和熱による温度上昇で有害なひび割れが入るおそれがある部分のコンクリート
水密コンクリート	特に水密性の高いコンクリート
海水の作用を受けるコンクリート	海水または海水滴の劣化作用を受けるおそれのある部分のコンクリート
水中コンクリート	場所打ち杭および連続地中壁など，トレミー管などを用いて安定液または清水中に打込むコンクリート
凍結融解作用を受けるコンクリート	凍結融解作用により凍害を生じるおそれがある部分のコンクリート
遮蔽用コンクリート	主として生体防護のためにγ線・x線および中性子線を遮蔽する目的で用いられるコンクリート
無筋コンクリート	土間・捨てコンクリートなどで，鉄筋で補強されていないコンクリート
簡易コンクリート	木造建築物の基礎および軽微な構造物に使用するコンクリート

表7・13 セメントの種類

種類		規格	種類		規格
ポルトランドセメント	普通ポルトランドセメント	JIS R 5210	高炉セメント	A種・B種・C種	JIS R 5211
	早強ポルトランドセメント		シリカセメント		JIS R 5212
	超早強ポルトランドセメント		フライアッシュセメント		JIS R 5213
	中庸熱ポルトランドセメント				
	耐硫酸塩ポルトランドセメント				

表7・14 砂利・砂の品質

種類	乾燥密度(g/cm³)	吸水率(%)	粘土塊量(%)	微粒分量試験によって失われる量(%)	有機不純物	塩化物(NaClとして)(%)
砂利	2.5以上	3.0以下	0.2以下	1.0以下	—	—
砂	2.5以上	3.5以下	1.0以下	3.0以下	標準色液又は色見本の色より淡い	0.04以下

表7・16 使用箇所による粗骨材の最大寸法(mm, JASS 5)

使用箇所	砂利	砕石・高炉スラグ採石	再生骨材
柱・梁・スラブ・壁	20, 25	20	20, 25
基礎	20, 25, 40	20, 25, 40	20, 25

表7・15 砂利および砂の標準粒度

種類	最大寸法(mm)	ふるいを通るものの質量分率(%) ふるい呼び寸法(mm)											
		50	40	30	25	20	15	10	5	2.5	1.2	0.6	0.3	0.15
砂利	40	100	95〜100	—	—	35〜70	—	10〜30	0〜5	—	—	—	—	—
砂利	25	—	—	100	95〜100	—	30〜70	—	0〜10	0〜5	—	—	—	—
砂利	20	—	—	—	100	90〜100	—	20〜55	0〜10	0〜5	—	—	—	—
砂		—	—	—	—	—	—	100	90〜100	80〜100	50〜90	25〜65	10〜35	2〜10

表7・17 水道水以外の水の品質(JIS A 5308 付属書9表1より)

項目	品質
懸濁物質の量	2g/ℓ以下
溶解性蒸発残留物の量	1g/ℓ以下
塩化物イオン(Cl⁻)量	200ppm以下
セメントの凝結時間の差	始発は30分以内，終結は60分以内
モルタルの圧縮強さの比	材齢7日目および材齢28日で90%以上

表7・18 回収水の品質(JIS A 5308 付属書9表2より)

項目	品質
塩化物イオン(Cl⁻)量	200ppm以下
セメントの凝結時間の差	始発は30分以内，終結は60分以内
モルタルの圧縮強さの比	材齢7日および材齢28日で90%以上

余裕をもって調合の目標とする強度（調合強度）を決める．

JASS 5 では設計基準強度をもとにして，下記の方法で調合強度を決定するよう規定している．

調合強度が，下記のいずれの式も満足すること．

構造体コンクリートの強度管理の材齢が 28 日の場合，次の値のうち大きい方をとる．

$$F = F_q + T + 1.73\sigma \quad F = 0.85(F_q + T) + 3\sigma$$

構造体コンクリートの強度管理の材齢が 28 日を超え，91 日以内の場合，次の値のうち大きい方をとる．

$$F = F_q + T_n + 1.73\sigma \quad F = 0.85(F_q + T_n) + 3\sigma$$

ここに，F：コンクリートの調合強度 [N/mm²]
（標準養生：20 ± 3℃ の水中養生，材齢 28 日）

F_q：コンクリートの品質基準強度 [N/mm²]

下記の 2 式によって算出される値のうち，大きい方の値（JIS A 5308，呼び強度）

$$F_q = F_c + \Delta F \text{ [N/mm}^2\text{]} \quad F_q = F_d + \Delta F \text{ [N/mm}^2\text{]}$$

F_c：コンクリートの設計基準強度 [N/mm²]

F_d：コンクリートの耐久設計基準強度 [N/mm²]
（表 7・19 による）

ΔF：構造体強度を考慮した割増で 3N/mm² とする

T：コンクリート打込みから 28 日までの予想平均気温によるコンクリート強度の補正 [N/mm²]

T_n：コンクリート打込みから n 日までの予想平均気温による強度の補正値 [N/mm²]

σ：使用するコンクリートの強度の標準偏差 [N/mm²]

このうち，強度の温度補正値 T および T_n は表 7・20 および表 7・21 による．

また，強度の標準偏差 σ は工場の実績をもとに定める．実績が無い場合は，2.5N/mm² または $0.1F_q$ のうち大きい方の値とする．

コンクリートの配合は，所定の強度とワーカビリティーが得られるよう，試し練りによって決定する．

(2) スランプ値

スランプ値はワーカビリティーを評価する値であり，スランプ試験（JIS A 1101）によって得られる（図 7・35）．

また，スランプコーンを引き抜いた後の生コンクリートの形状もワーカビリティーの性状を示すので，注意深く観察する．

JASS 5 では，普通コンクリートの場合スランプ値は，品質基準強度が 33N/mm² 以上の場合 21cm 以下，品質基準強度が 33N/mm² 未満の場合は 18cm 以下とするよう規定している．

(3) 水セメント比

水セメント比（セメントに対する水の質量百分率）の最大値を表 7・22 に示す．

(4) 単位水量

単位水量（生コンクリート 1m³ 中に含まれる水の質量）は 185kg/m³ 以下とする．

(5) 単位セメント量

単位セメント量（生コンクリート 1m³ 中に含まれるセメントの質量）の最小値は 270kg/m³ とする．

(6) 細骨材率

細骨材率（骨材に占める細骨材の容積百分率）はできるだけ小さくする．

(7) 空気量

空気量の基準値は 4.5% とする．

3. レディーミクストコンクリートの発注

一般にコンクリートは，レディーミクストコンクリート（生コン）を発注し，これを現場で受け入れて打設する．

コンクリートが凝固を始める前に打設を完了するため，現場までの運搬時間が 1.5 時間以内の距離にある生コンプラントを選定する．

原則として JIS 表示許可を受けたプラントを選定するが，それ以外のプラントに発注する場合は，JIS A 5308「レディーミクストコンクリート」に従って品質管理状況などを調査する．

コンクリートの種類は，JIS 指定の種類（表 7・23）の中から選定する．JIS 指定以外の種類とする場合は，必要とする事項を生産者と協議して定め，工事監理者の承認を受けて発注する．

4. コンクリートの打設

(1) コンクリート打設準備

(ⅰ) 打継ぎの仕切り

コンクリートは 1 フロア分を 1 単位として打設するのが一般的である．コンクリート量が 1 日の打設能力を超える場合は，型枠を仕切って分割して打設する．仕切りはせん断力が作用しないスパンの中央部に設ける（図 7・36）．

次にコンクリートを打ち足す時，仕切りの隙間から流れ出たセメントペーストを除去する．

(ⅱ) コンクリートポンプ車の設置と配管

現場にコンクリートポンプ車を設置して，アジテータートラック（生コン車）からコンクリートを受け入れ，打設

表 7・19 コンクリートの耐久設計基準強度

計画供用期間の級	耐久設計基準強度 (N/mm²)
一　般	18
標　準	24
長　期	30

表7・20 コンクリート強度の補正値 T の標準値

セメントの種類	コンクリートの打込みから28日までの期間の予想平均気温の範囲（℃）		
早強ポルトランドセメント	15以上	5以上15未満	2以上5未満
普通ポルトランドセメント	16以上	8以上16未満	3以上8未満
中庸熱ポルトランドセメント	17以上	13以上17未満	9以上13未満
フライアッシュセメントB種	16以上	10以上16未満	5以上10未満
高炉セメントB種	17以上	13以上17未満	10以上13未満
コンクリート強度の気温による補正値 T (N/mm²)	0	3	6

表7・21 コンクリートの強度の補正値 T_n の標準値 (JASS5)

セメントの種類	材齢 n(日)	コンクリートの打込みから n 日までの期間の予想平均気温の範囲（℃）		
普通ポルトランドセメント	42	8以上	4以上8未満	2以上4未満
	56	4以上	2以上4未満	—
	91	2以上	—	—
中庸熱ポルトランドセメント	42	9以上	5以上9未満	3以上5未満
	56	5以上	2以上5未満	—
	91	2以上	—	—
フライアッシュセメントB種	42	8以上	5以上8未満	3以上5未満
	56	4以上	2以上4未満	—
	91	2以上	—	—
高炉セメントB種	42	14以上	10以上14未満	6以上10未満
	56	10以上	5以上10未満	2以上5未満
	91	2以上	—	—
コンクリート強度の補正値 T_n (N/mm²)		0	3	6

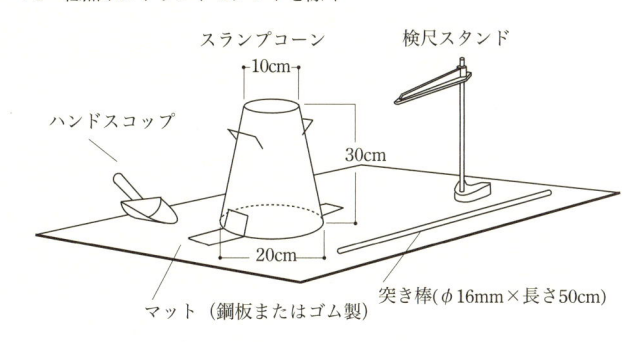

表7・22 水セメント比の最大値

セメントの種類	水セメント比の最大値（％）
ポルトランドセメント[*1] 高炉セメントA種 フライアッシュセメントA種 シリカセメントA種	65
高炉セメントB種 フライアッシュセメントB種 シリカセメントB種	60

*1 低熱ポルトランドセメントを除く

図7・35 スランプ試験

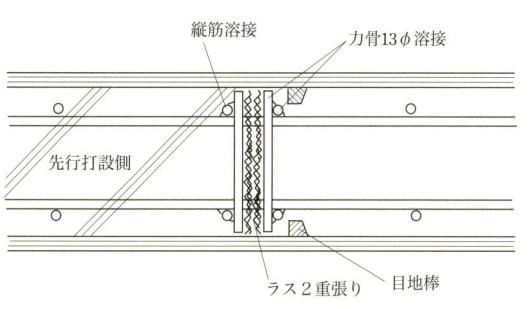

図7・36 コンクリート打継ぎ部（壁）の例

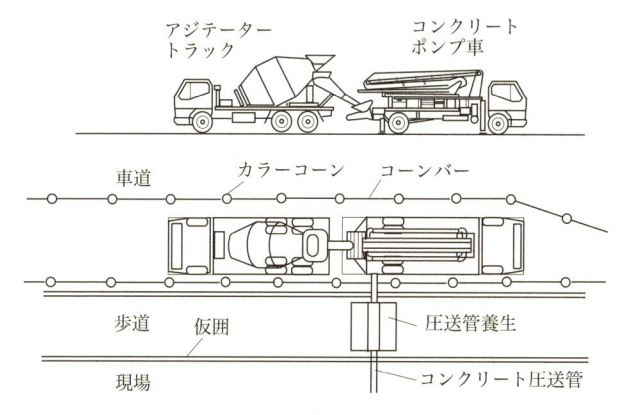

図7・37 公道におけるポンプ車設置例

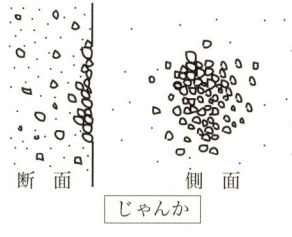

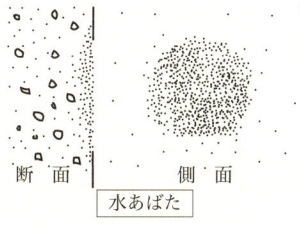

図7・38 じゃんかと水あばた

表7・23 レディーミクストコンクリートの種類 (JIS A 5308)

コンクリートの種類	粗骨材の最大寸法 (mm)	スランプ (cm)	呼び強度								
			18	21	24	27	30	33	36	40	曲げ4.5
普通コンクリート	20,25	8,12	○	○	○	○	○	○	○	○	—
		15,18	○	○	○	○	○	○	○	○	—
		21	—	○	○	○	○	○	○	○	—
	40	5,8,12,15	○	○	○	○	○	○	—	—	—
軽量コンクリート	15,20	8,12,15,18,21	○	○	○	○	○	○	○	—	—
舗装コンクリート	20,25,40	2.5,6.5	—	—	—	—	—	—	—	—	○

場所へ圧送する．スペースがない場合は事前に道路使用許可を取り，公道を使用する（図7・37）．

コンクリートポンプ車から打設場所まで輸送管を配管する．圧送管はポンプの動きによって振動するため，振動が型枠や鉄筋に伝わらないようにする（とくに屈曲部には大きな力が作用する）．また，下り勾配配管はペーストだけが流れ落ちて骨材が残り，圧送管の詰まりの原因になる場合がある．

(iii) 清掃，散水など

コンクリート打設前に型枠内に落ちたごみを清掃し，型枠の内面に散水する．

その他，コンクリートの充填を補助するバイブレーター・突つき棒・木槌などを配置する．

(2) コンクリートの打設

アジテータートラックで運搬されてきたコンクリートを，ポンプで打込み場所へ圧送して型枠内に打ち込む．

打設方法の悪さから発生する不具合の原因と対策には，次のようなものがある．

(a) じゃんか　型枠を外した後，コンクリートの表面に砂利だけが現れる現象（図7・38）．打設時にコンクリートが分離するか，打設中にペーストだけが流れて砂利が残ることが原因である．コンクリートを落下させると，骨材が鉄筋にあたり分離の原因になる．また型枠に段差がある場合，高い側から流すとペーストだけが流れ落ちることがある．じゃんかが出ないようにするためには，適正な打設順序を守ることと，バイブレーターまたは突つき棒で流動性を高め，分離したコンクリートを復元することが重要である．

(b) 水あばた　型枠を外した後，コンクリートの表面に砂が現れる現象（図7・38）．バイブレーターによる加振や木槌による叩きを過度に行ったために，セメントペーストが分離して起こる．バイブレーターをかけるピッチは60cm間隔で1回10秒程度が標準である．

(c) コールドジョイント　壁または壁付き柱に，斜めに砂や不純物の層ができる現象．コンクリートの打設を中断した場合，比重の軽い水と不純物が表面に浮き出すブリージングを起こし，コンクリートの表面を流れてセメントペーストを洗い流すことが原因となる．コンクリートが不連続になり，耐久性や強度の面からも重大な欠陥となる．

コンクリートの打設箇所（筒先）の数は限られるため，中断は避けられないが，中断時間を規定内に収めるよう打設順序を計画し，後から打設するコンクリートと先に打設したコンクリートの境面をバイブレーターや突つき棒などを用いて復元させることが重要である（図7・39）．

(d) 沈降亀裂　コンクリートが凝結し始める段階で，ブリージングや型枠の隙間から水が抜けるため，コンクリートの体積が減少して，厚さの違いで沈下量に差が生じ，その境界面に亀裂が発生する現象．スラブと梁の境界・梁と柱の境界・梁筋の上部によく現れる．沈降亀裂を防ぐためには，コンクリートをセットした段階で，タンピングによって亀裂をなくすことが重要である（図7・40）．

(3) コンクリートの養生

コンクリート打設後，セメントの水和反応による硬化が十分に進行するまで，乾燥，過度の温度変化，外力の影響などを受けないように養生をしなければならない．

乾燥のおそれのあるときは，シートなどで覆い，7日以上散水して湿潤状態を維持する．

5. 品質管理

レディーミクストコンクリートの受入れ時の検査・確認は表7・24に従う．

受け入れたコンクリート150m³ごとに，スランプと空気量の検査を行う．これらの検査は，打設前に行う唯一の検査である．スランプの変化は調合の変化の結果である．数値だけでなく，コンクリートの状態を目視で観察することも重要である．

圧縮強度の確認は，調合で狙ったとおりの強度（調合強度）が出たか，現場で打設したコンクリートの強度（構造体強度）はどうか，について行う．

供試体（円柱形で直径10cm，12.5cm，15cmの3種類，高さはそれぞれ直径の2倍）は，受け入れたコンクリート150m³ごとに3本ずつ採取し（異なる生コン車から各1本ずつ），その圧縮強度の平均値とバラツキで判定する（表7・25）．

供試体の養生については，調合強度用は標準養生，構造体強度用は現場水中養生または現場封かん養生（ともに現場と同温度条件）とする．

6. 乾燥収縮亀裂

コンクリートは乾燥すると徐々に収縮する．周囲を拘束されたコンクリートは収縮によって破断し，亀裂が発生する．

普通コンクリートの収縮率は$6 \sim 8 \times 10^{-4}$，コンクリートの引張り伸び率は$1 \sim 1.5 \times 10^{-4}$，クリープ伸び率は$2 \sim 3 \times 10^{-4}$である．周囲が完全に拘束されていれば，少なくとも$4.5 \times 10^{-4}$以上の収縮で亀裂が発生する．

亀裂は拘束の程度・収縮歪の集中・構造的弱点などに関係して発生する．一般的に，開口部の四隅・立面の四隅（逆八の字，八の字亀裂）・平面の四隅に発生する（図7・41）．

亀裂は美観を損ねるだけでなく，雨水の浸入・鉄筋の腐食・構造劣化などの悪影響をもたらす．

その対策として補強鉄筋により亀裂を分散させる方法と，

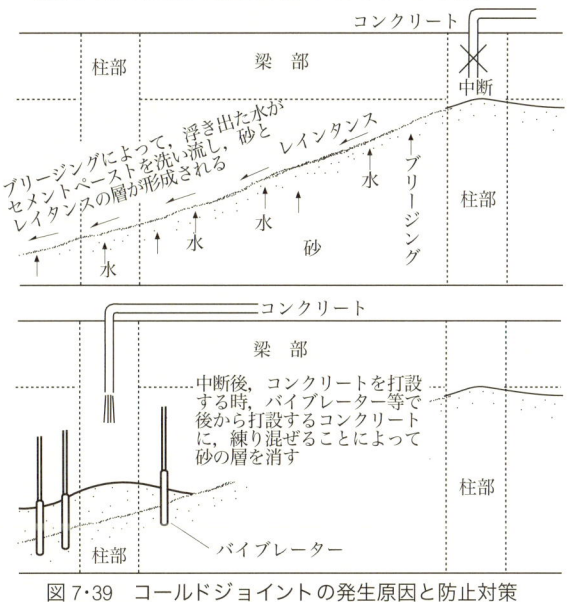

図7・39 コールドジョイントの発生原因と防止対策

図7・40 沈降亀裂の発生原因とタンピング

表7・24 レディーミクストコンクリートの受入れ時の検査・確認

項　目	判　定　基　準	試験・検査方法	時期・回数
コンクリートの種類 呼び強度 指定スランプ 粗骨材の最大寸法 セメントの種類 輸送時間 納入容積	発注時の指定事項に適合すること	納入書による確認	受入れ時 運搬車ごと
単位水量	規定した値以下であること	調合表およびコンクリートの製造記録による確認	打込み当初、および打込み中、品質変化が認められた場合
アルカリ量	$R_t=0.01 \times R_2O \times C + 0.9 \times Cl^- + R_m$ で計算した場合 3.0kg/m³以下 $R_t=0.01 \times R_2O \times C$ で計算した場合 2.5kg/m³以下	材料の試験成績書、配合報告書、およびコンクリート製造管理記録による確認	打込み日ごと
ワーカビリティーおよびフレッシュコンクリートの状態	ワーカビリティーが良いこと 品質が安定していること	目　視	受入れ時、および打込み中、随時
スランプ	a. JIS A 5308の品質規定による b. JIS A 5308によらないレディーミクストコンクリートの場合、時期による。特記のない場合はJIS A 5308に準じる	JIS A 1101	圧縮強度試験用供試体採取時、構造体コンクリートの強度検査用供試体採取時および打込み中、品質変化が認められた場合
空気量		JIS A 1116、JIS A 1118 JIS A 1128	
圧縮強度		JIS A 1108 ただし養生は標準養生とし、材齢は28日とする	a. JIS A 5308による場合、原則として試験回数は、打込み工区ごと・打込み日ごと、かつ150m³またはその端数ごとに1回とする（圧縮強度の1回の試験には3個の供試体を用いる） b. JIS A 5308によらない場合、特記による。特記のない場合は上記a項による
塩化物量		JIS A 1144 JASS 5T-502	海砂など塩化物を含むおそれのある骨材を用いる場合、打込み当初および150m³に1回以上、その他の骨材を用いる場合は1日1回以上とする

表7・25 構造体コンクリートの圧縮強度の判定基準

強度管理材齢	供試体の養生方法	判定基準
28日	標準水中養生	$X \geq F_q + T$
	現場水中養生	$X \geq F_q$
28日を超え91日以内のn日	現場封かん養生	$X_n \geq F_q$

ただし、F_q：コンクリートの品質基準強度(N/mm²)
　　　　X：材齢28日の1回の試験における3個の供試体の平均値(N/mm²)
　　　　X_n：材齢n日の1回試験における3個の供試体の圧縮強側の平均値(N/mm²)
　　　　T：構造体コンクリートの強度管理材齢を28日とした場合の、コンクリートの打込みから28日までの予想平均気温によるコンクリート強度の補正値(N/mm²)

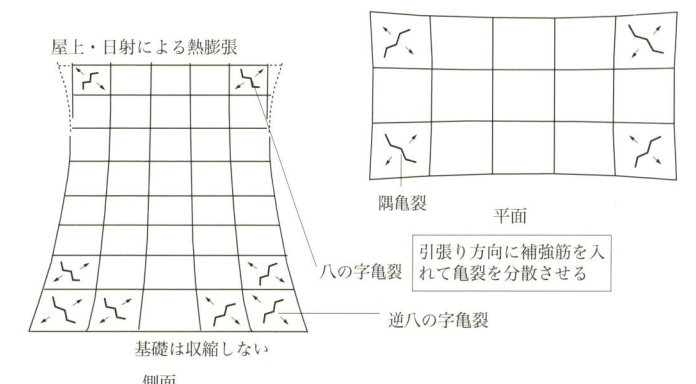

図7・41 コンクリートの乾燥収縮による建屋全体の変形と亀裂

誘発目地を設けて構造的弱点をつくり，強制的に亀裂を集中させる方法がある．

7・5 鉄骨工事

鉄骨は大きな強度をもち，部材断面を小さくできること，ヤング係数が大きく粘りがあること，材料の信頼性が高いこと，工場で製作するため現場作業が少ないことなど，多くの利点がある．

鉄骨工事では製鉄された材料を工場で加工し，現場で組み立てる．この工事においては，材料の接合作業が最も重要である．工場では主に溶接接合が行われ，現場ではボルト接合または溶接接合が行われる．接合部分において，材料の強度以上の強度を保証することが管理のポイントである．

1. 発 注

(1) 材料の発注

一般に，材料は商社を通じたりして鉄鋼メーカーに発注する．鉄鋼メーカーは1ヶ月単位で受注した製品を製造しているため，時期を逃すと受け入れが1ヶ月遅れる．一般に小屋式の鉄骨造は基礎の施工期間が短いため，材料の製造期間が工程のクリティカルパスになる場合が多い．この場合，手配を速やかに行い，早く鉄鋼メーカーの製造工程（ロール）に入れることがポイントである．

(2) 鉄骨製作業者の選定

鉄骨製作業者（ファブリケーター）には，一般に材料を含めて鉄骨の製作と現場での接合作業を発注する．

鉄骨製作業者の選定は，現場の規模や製作の難易度などから，次の事項を調査して行う．

① 月産加工能力
② 管理体制
③ 管理技術者および溶接技能者の資格と数
④ 施工実績

選定の目安として，鉄骨製造業者の団体である㈳鉄骨建設業協会（鉄建協）および㈳全国鉄構工業協会（全構協）はそれぞれ独自に工場を審査し，グレード別認定工場（この認定は国土交通大臣認定とリンクしている）を発表している（表7・26）．

また，発注した鉄骨製作業者が部分的に下請工場に発注する場合も多い．その場合，加工の内容が下請工場の品質保証能力の範囲内であるかを調査する．

(3) 鉄骨建方業者の選定

鉄骨の建方作業は鳶工が行う．工事の範囲は，柱と柱・柱と梁を仮ボルトで接続し，建入れを行い，足場・ネットなどの安全設備を取り付けるものである．これらは鳶工の行う工事の中で最も高い技能を必要とするので，工事の規模や難易度に見合った業者を選定する．

2. 部材の加工

鉄骨は，鉄鋼メーカーで製造された鋼材を工場で加工して組立て製作される．

(1) 材 質

構造用鋼材の種類を表7・27に示す．

ここで，鋼材の名称のうち先頭の記号は鋼材の材質を示す．例えば，SNは建築構造用圧延鋼材を，SMAは溶接構造用耐候性熱間圧延鋼材を示す．また，400，490などの数字は引張強さがそれぞれ400N/mm^2，490N/mm^{2}以上であることを示している．

工場では入荷した鋼材の材質を確認するために，鋼材規格証明書（ミルシート）と鋼板番号の照合・鋼板のプリントマークの確認・サムスチールチェッカーによる測定などを行う．施工管理の面からは，工場の鋼材の管理システムを点検することは重要である．

(2) 鋼材の形状

一般の建築に用いる鋼材の形状と用途を，表7・28に示す．部材は，これらの鋼材を組み合わせて製作される．

(3) 部材の構成

部材を組合わせて，柱や梁を製作する．主な断面形状には，I型断面・箱型断面・X型断面がある（図7・42）．

(4) 部材の名称

組立てられた柱や梁の各部材の名称を，図7・43に示す．

3. 部材の接合

部材の接合方法の主なものに溶接接合とボルト接合がある．工場では溶接接合が，現場ではボルト接合が主である．

(1) 溶接接合

溶接の際の加熱方法として，アーク・ガス炎・テルミットを使用するものなどがあるが鉄骨の溶接にはアーク溶接が一般に用いられる．

アーク溶接は，溶接機により高電圧を発生させ，1つの電極を接合部材に，もう一方の電極を溶接棒に接続し，溶接棒を接合部に近づけてアーク（火花）を発生させ，部材と溶接棒を溶かして接合する．

(i) 完全溶込み溶接と隅肉溶接

溶接接合には完全溶込み溶接と隅肉溶接がある（図7・44）．完全溶込み溶接は，主として柱と梁のフランジなど強い引張応力や圧縮応力が作用する部分に用いる．隅肉溶接は，主として柱と梁のウエブなど，主にせん断応力が生じる部分に用いる．

溶接は，溶接棒を溶かして層状に盛り上げていくが，一

表7・26 全構協の鋼構造物製作工場認定制度によるグレードの例

グレード	対応建築物	取扱い可能な材料	年間加工トン数
H	すべての建築物	板厚50mm以下	6000トン程度
M	すべての建築物	SN 400程度で板厚32mm以下 SM 490程度で板厚25mm以下	2400トン程度
R	軒高9m以下, 張間13m以下 延べ面積 3000m²以下	SN 400程度とSM 490程度で 板厚16mm以下	600トン程度
J	準ずる工場で,小規模の鋼構造物を適正に製作することができると認められるもの（Jグレードは大臣認定として取扱われない）		

表7・27 構造用鋼材の種類

規格番号と名称	鋼材の種類
JIS G 3136 建築構造用圧延鋼材	SN 400A,B,C SN 490B,C
JIS G 3114 溶接構造用耐候性熱間 圧延鋼材	SMA 400AW, BW, CW, AP, BP, CP SMA 490AW, BW, CW, AP, BP, CP
JIS G 3444 一般構造用炭素鋼鋼管	STK 400 STK 490
JIS G 3466 一般構造用角形鋼管	STKR 400 STKR 490
JIS G 3350 一般構造用軽量形鋼	SSC 400
JIS G 3353 一般構造用溶接軽量 H形鋼	SWH 400 SWH 400L
JIS G 3352 デッキプレート	SDP 1T, SDD2 SDP 2G, SDP3

表7・28 鋼材の形状と用途

名称	形状	用途
山形鋼 （アングル）	L	等辺・不等辺があり,そのままで母屋,胴縁 ブレースに,柱梁の部材に多く使用される
平鋼・帯鋼 （フラットバー）	▬	そのままでブレース,ラチスに使用される
T形鋼 （Tバー）	T	柱梁のフランジの部材として使用される
みぞ形鋼 （チャンネル）	⊐	主に,そのまま小梁,つなぎ梁,間柱,母屋, 胴縁,出入り口枠に使用される
I形鋼 （Iビーム）	I	そのまま柱,梁に使用される
H形鋼 （Hビーム）	H	そのまま,あるいは部材として柱,梁に最も 多く使用される
CT形鋼 （カットT）	T	部材として柱と梁に使用される
BH形鋼 （ビルトH）	I	（メーカーで溶接で組立てたH形鋼） そのまま柱,梁に使用される
鋼板 （プレート）	▱	ガセットプレート,ベースプレート,スチフナー, スプライスプレート,ウエブ等に加工される
丸鋼 （バー）	○	そのままブレース等に使用される
鋼管 （パイプ）	○	そのまま柱,トラス梁に使用される

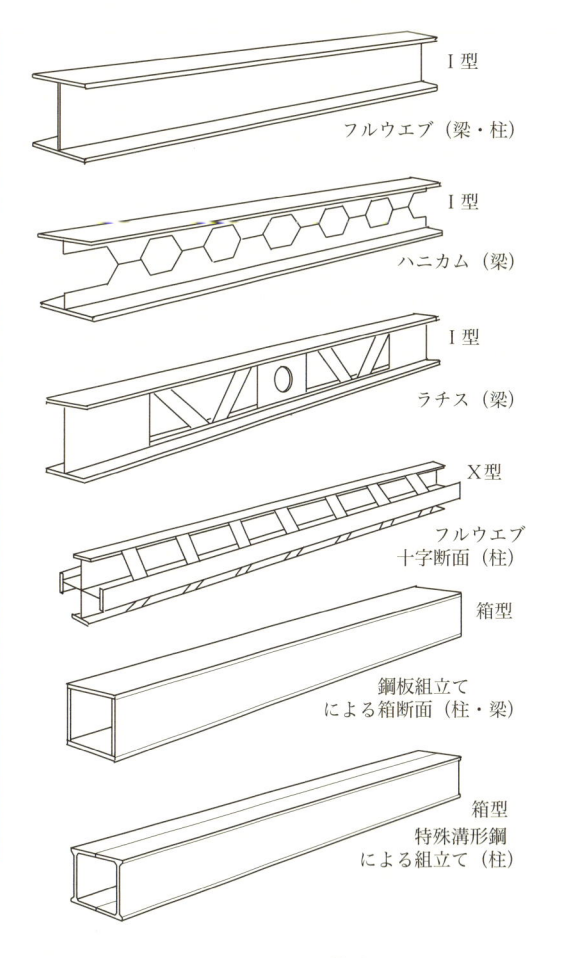

図7・42 部材の構成例

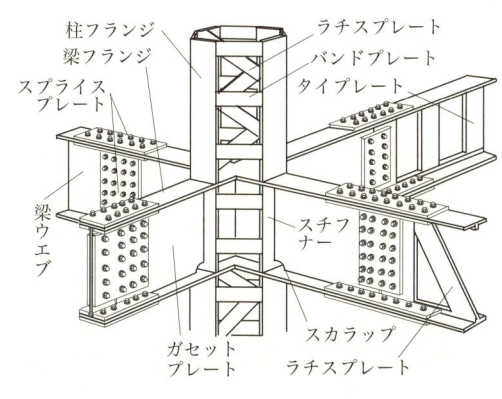

（I型 フルウエブ（梁・柱），I型 ハニカム（梁），I型 ラチス（梁），X型 フルウエブ十字断面（柱），箱型，鋼板組立てによる箱断面（柱・梁），箱型 特殊溝形鋼による組立て（柱））

図7・43 部材の名称

（柱フランジ，梁フランジ，スプライスプレート，梁ウエブ，ラチスプレート，バンドプレート，タイプレート，スチフナー，ガセットプレート，スカラップ，ラチスプレート）

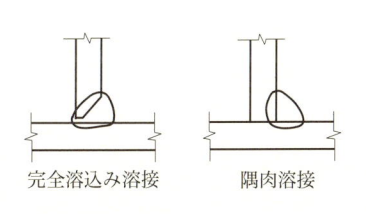

図7・44 溶込み溶接と隅肉溶接

（完全溶込み溶接，隅肉溶接）

度に盛ることのできる量は限られている．また，アークを発生させるためには常に溶接棒を部材からわずかに離した位置を保ちながら，移動（運棒）する．

完全溶込み溶接の場合，的確な位置にアークを発生させるためには仕口の形状（開先）が重要である．開先の種類と各部の名称を表7・29および図7・45に示す．板厚が16～19mm以上の場合は，板の両面から溶接する（X形，K形）．この場合は，一方を溶接して反対側をアークと圧搾空気で削りとって（ガウジング）溶接する．その他，片面溶接の場合は，溶融した鋼が垂れないように裏当て金を部材の端部まで取付け，のど厚を確保するためエンドタブを取り付ける．また，通し溶接とするため，スカラップ加工を施す（図7・46）．

(ⅱ) 溶接棒

手溶接に用いる溶接棒は，丸鋼（φ3.2～8mm，長さ350～500mm）を被覆剤（フラックス）で包んだものである．フラックスは燃焼して還元性のガスを発生し，溶接金属の酸化を防ぎ，溶接面を保護する役割を果たす．なお，フラックスは湿気を含むと溶融金属の水素が増加して欠陥の原因になるため，乾燥機で乾燥させてから使用することが重要である．

工場では，手溶接の他に半自動溶接や自動溶接など，効率のよい溶接法が行われる．

(ⅲ) 溶接の技術

溶接に伴う高熱は部材を収縮変形させ，内部応力を発生させる．これを避けるためには，予熱を加えておいたり，収縮量を予め見込んで部材を加工するなどの，高度な技術を要する．また，溶接作業にも高度な技能が必要とされる．

溶接の品質を確保するために，溶接工の技能の評価制度がある．これは溶接技能試験を行って，溶接工に技能者資格を与え，㈳日本溶接協会から認定証明書を発行する制度である．資格は，姿勢・材料の種類と厚さ・継手・開先などの組合せにより区分されている．溶接は姿勢により難易度が異なる．下向き（F）・横向き（H）・立て向き（V）・上向き（O）の順に難易度が高くなる．

溶接管理には，必要な技能資格を持った溶接工に作業させることが重要である．

(ⅳ) 溶接部の検査

溶接部の検査は，主に次の方法で行う．

① 溶接部の形状寸法検査は，のど厚・脚長・食違い・ずれなどを検査する（図7・47）．
② 溶接部の外観欠陥検査は，アンダーカット・オーバーラップ・ピットなどがないかを検査する（図7・48）．
③ 浸透探傷試験は，浸透力の強い浸透液を溶接表面に塗り，亀裂部を浮き立たせて傷の有無を検査する．
④ 超音波探傷試験は，溶接部に超音波を入射し，そのエコーで溶接内部の欠陥を感知して検査する（図7・49，7・50）．
⑤ X線探傷試験は，溶接部にX線を照射して検査する．

一般に，形状寸法検査および外観検査は全数行い，超音波探傷試験は仕様書に示された抜取り率に従って行う．カラーチェック（浸透探傷試験）およびX線試験は必要に応じて行う．

(2) ボルト接合

ボルト接合には，普通ボルト接合と高力ボルト接合がある．

(ⅰ) 普通ボルト接合（ボルト接合）

普通ボルト接合は，ボルトのせん断抵抗によって接合する方法である（図7・51a）．普通ボルトを使用できる建築物の規模は，建築基準法によって軒高9m以下かつ，延べ面積が3000m²以下と規定されている．普通ボルトを何本か用いる群ボルトの場合は，全ボルトに均等に荷重が作用せず，一部のボルトに荷重が作用し，そのボルトから順に切断するおそれがあるため，ボルト孔の精度を確保することがとくに重要である．

(ⅱ) 高力ボルト接合

高力ボルト接合は，部材を強く締め付けることで部材間に発生する摩擦抵抗を利用して接合する方法である（図7・51b）．

高力ボルトは，普通ボルトの2倍以上の引張強さを有するボルトで，ハイテンションボルトともいう．高力ボルトはボルト・座金2枚・ナットで構成されている．

高力ボルト接合では，安定した締付け力を導入しなければならない．一般に，締付け力はナットの締付けトルクまたは回転角度で管理する．軸力とトルクまたは回転角度の関係は，軸力計で確認する（図7・52）．高力ボルト接合作業は次のように行い，管理をする．

① 締付け作業

締付け作業は2回に分けて行う．1回目は，スプライスプレートと母材が密着する程度まで締め付ける．締付けの順序は，中央から端部へ順に締め付けるのが基本である．

1回目の締付け後，最終締付けを目視で確認するため，ボルト・ナット・座金にかけてマーキングを行う（図7・53）．

次に，専用電動レンチ（セットしたトルクまで締付ける）で所定のトルクまで締め付ける．

トルシア形高力ボルトは，トルク管理が容易なため，よく使用されている．これは，専用レンチでボルト端部のピンテールを固定してナットを回転させ，所定のトルクになった時点で，ピンテールの破断溝部分が破断するように設計されたボルトである（図7・54）．なお，このボルトは座金が1枚でナット側に使用する．

表 7・29　鉄骨に使用される主な開先

		I形	V形	レ形	レ形	フレアV形	フレアレ形
片面	形状						
	適用	薄板・厚板の狭開先	板継ぎ 梁—梁	板継ぎ 柱—柱	柱—梁 柱—柱	軽量形鋼	
両面	形状	I形	X形	K形	フレアK形	フレアX形	
	適用	厚板	板継ぎ 梁—梁	板継ぎ 梁—梁 柱—柱	鉄筋—鋼板	鉄筋—鉄筋	

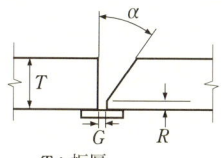

T：板厚
G：ルート間隔
R：ルートフェース
α：開先角度

図 7・45　開先各部の名称

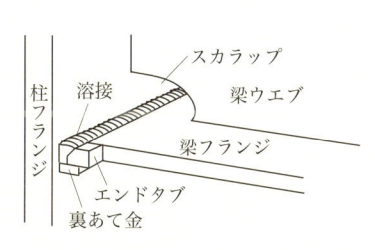

図 7・46　溶接補助金物などの例（図7・43参照）

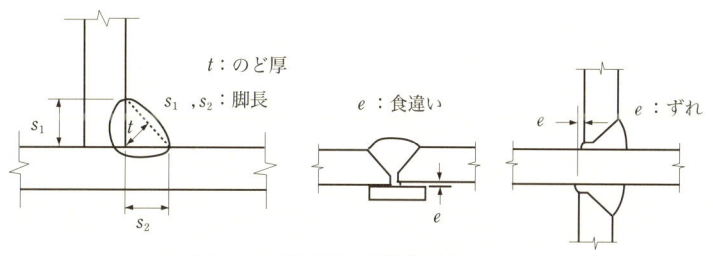

t：のど厚
s_1, s_2：脚長
e：食違い
e：ずれ

図 7・47　溶接部の形状寸法検査事項

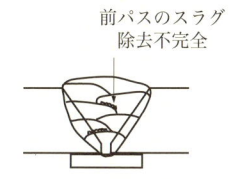

図 7・48　外観欠陥検査の対象

(a) スラグ捲込み　前パスのスラグ除去不完全
(b) ブローホール　溶接時に発生するガスによる球状の空洞
(c) 融合不良　溶接境界面が十分に融合しない
(d) 溶込み不良　溶込み量 溶込み不良
(e) ラミネーション　圧延にそって開裂　溶接の収縮で引張られる

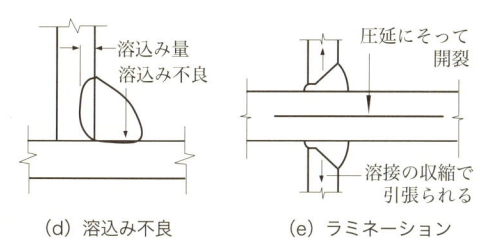

図 7・49　溶接内部または溶接の影響で鋼材の内部に発生する代表的な欠陥

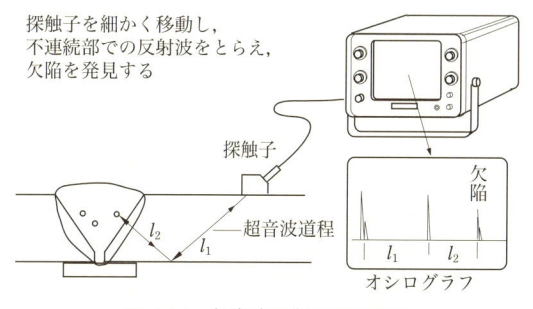

図 7・50　超音波探傷試験の概要

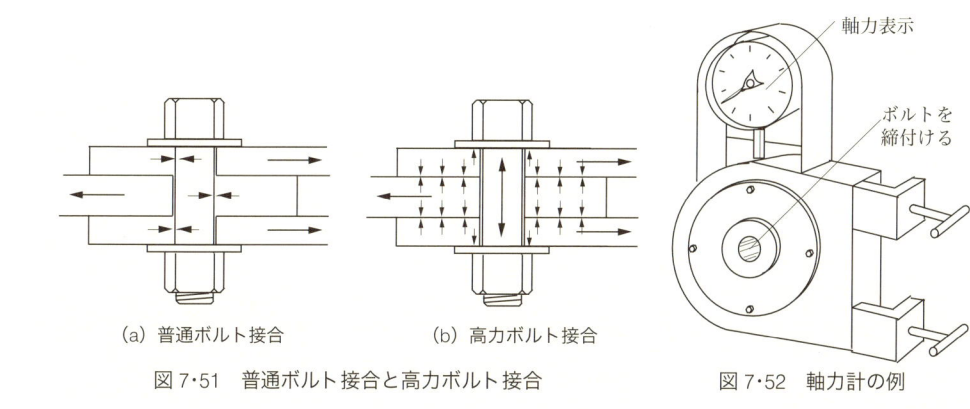

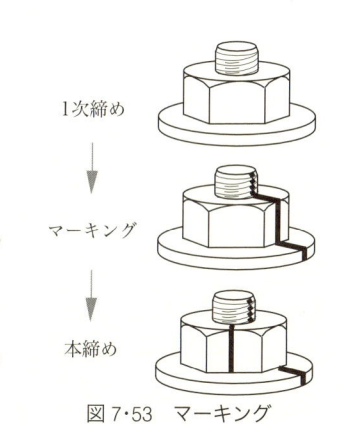

(a) 普通ボルト接合
(b) 高力ボルト接合

図 7・51　普通ボルト接合と高力ボルト接合

図 7・52　軸力計の例

1次締め → マーキング → 本締め

図 7・53　マーキング

ナット回転角度による場合は，マーキングを基準に120°回転させる．

② 作業管理

高力ボルト工事の管理は，鉄骨工事の現場管理で最も重要な管理の一つである．

トルクと軸力の関係は，ナットと座金の摩擦係数で決まるため，高力ボルトの保管には摩擦係数が変わらないように気をつけ，雨天の作業は禁止されている．

毎日，1ロットにつき5本ずつ軸力計でトルクと軸力の関係を確認する．共回りなどの不具合をマーキングによって全数検査する．

さらに仕様書の指示に基づいて，必要な抜取り率でトルクレンチによりトルク値の検査を行う．

③ 母材摩擦面の処理

ボルト孔周りのミルスケールをグラインダーで除去する．また，摩擦耐力を確保するために，摩擦面の油・塗料・メッキなどを除去し，戸外に放置して錆を発生させる．また，必要に応じてショットブラストをかけて，母材の表面に凹凸を付ける場合もある．

4. 鉄骨の工場製作

鉄骨の工場製作の流れを図7・55に示す．また，次にその概要を述べる．

(1) 工作図の作成

構造図に基づいて工作図を作成する．工作図はすべての部材について作成する．工作図には，仮設・鉄筋・型枠・設備・仕上げなど，各工事に必要な書込みを入れる．

(2) テープ合わせ

現場の基準テープと工場で使用するテープとのテープ合わせを行う．

(3) 現寸図作成

広い面積をもつ現寸場の床に，現寸（縮尺1/1）で工作図を描く．

(4) 現寸検査

設計者・施工管理者・工場製作担当者で，現寸検査を行う．現寸検査では主に次の作業を行う．

① 寸法の確認
② 応力の集中する形状の修正
③ 溶接やボルト締め作業が無理なく行えるかの検討
④ 仮設・鉄筋・型枠・設備・仕上げ工事に必要な加工が盛り込まれているかの確認
⑤ 納まりの検討（現寸図に仕上図を書込む）

また，同時に製作要領書を検討することが多い．

(5) 部材の加工

現寸図に示された寸法を，しない（幅20mm程度の薄い鋼板）に写し取る（長さ方向は現寸を取り，幅方向は寸法を書き込む）．板材は，型板に形状を写し取る．

しないや型板から鋼材に罫書をして，鋼材の切断・孔あけ・開先加工などを行う．

(6) 部材の組立て

加工した鋼材を仮組し，溶接等で接合する．

(7) 部材の歪み取り

溶接で発生した曲がりやねじれなどを，加圧，加熱，冷却などによって修正する．

(8) 製品検査

製品検査では主に以下の作業を行う．

ⓐ溶接部の検査資料の確認（指定した検査会社の検査資料など）
ⓑ溶接部の目視検査
ⓒ寸法検査（工場の検査表を現物で確認，表7・30参照）
ⓓ摩擦接合面の仕上がりの確認

製品検査時に，以降の製品の製作進捗状況を確認し，現場への搬入順序などを併せて打ち合わせる．

(9) 部材の塗装

一般に，部材の露出する部分は，錆止め塗装を行う．仕上げ塗装を行う場合は，工場で下塗りまで行うことが多い．

5. 鉄骨の現場工事

(1) アンカーボルトの設置

鉄骨の平面位置は，アンカーボルトの位置で決定される．鉄骨構造の建築物の躯体精度を確保する上で，アンカーボルトの位置の精度はとくに重要である．

アンカーボルトの設置方法は，鉄骨の規模や柱脚の固定度などによって異なるが，コンクリート打設作業時に移動しないよう，強固なアンカーボルト架台を設置するのが一般的である．アンカーボルトの設置工法の例を図7・56に示す．

(2) ベースモルタル

ベースモルタルは鉄骨のレベル位置を正しく確保するために設ける．コンクリート打設後，天端より出ているアンカー架台と定規プレートを除去し，ベースモルタルを施工する（図7・57）．ベースモルタルは上部に載る鉄骨の重量を十分に支えられる大きさとする．ベースモルタルの面積が大きくなる場合は，ベースプレートとの隙間に無収縮モルタルを注入するためのホースをセットしておく．

ベースモルタル硬化後に芯墨を出しておき，柱の建込み時にベースプレートの芯の罫書と合わせる．

(3) 鉄骨組立

柱・梁をクレーンで吊り上げ，普通ボルトで接続して組み立てる（図7・7参照）．施工中に，地震や強風などによって

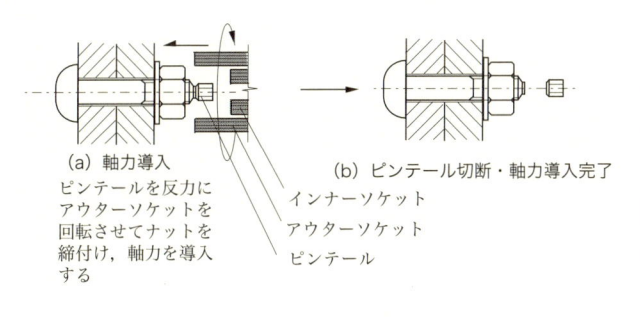

(a) 軸力導入
ピンテールを反力に
アウターソケットを
回転させてナットを
締付け，軸力を導入
する

(b) ピンテール切断・軸力導入完了

インナーソケット
アウターソケット
ピンテール

図7・54 トルシア形高力ボルト

表7・30 鉄骨精度基準

名称	図	管理許容差	限界許容差
梁の長さ	$L+\Delta L$	$-3mm \leq \Delta L \leq +3mm$	$-5mm \leq \Delta L \leq +5mm$
柱の長さ	高力ボルト接合 $L+\Delta L$ / 溶接接合 $L+\Delta L$	$L<10m$ $-3mm \leq \Delta L \leq +3mm$ / $L \geq 10m$ $-4mm \leq \Delta L \leq +4mm$	$L<10m$ $-5mm \leq \Delta L \leq +5mm$ / $L \geq 10m$ $-6mm \leq \Delta L \leq +6mm$
柱階高	階高:$Ln+\Delta Ln$	$-3mm \leq \Delta Ln \leq +3mm$	$-5mm \leq \Delta Ln \leq +5mm$
梁の曲がり		$e \leq \dfrac{L}{1000}$ かつ $e \leq 10mm$	$e \leq \dfrac{1.5L}{1000}$ かつ $e \leq 15mm$
柱の曲がり		$e \leq \dfrac{L}{1500}$ かつ $e \leq 5mm$	$e \leq \dfrac{L}{1000}$ かつ $e \leq 8mm$

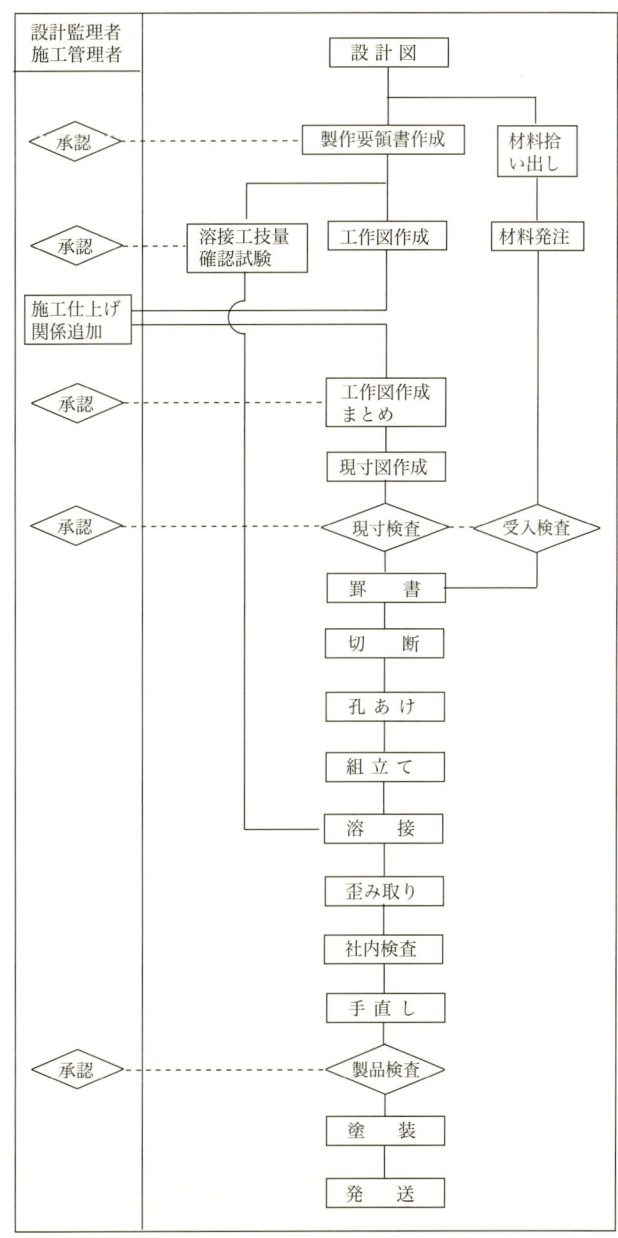

図7・55 工場製作のフロー図

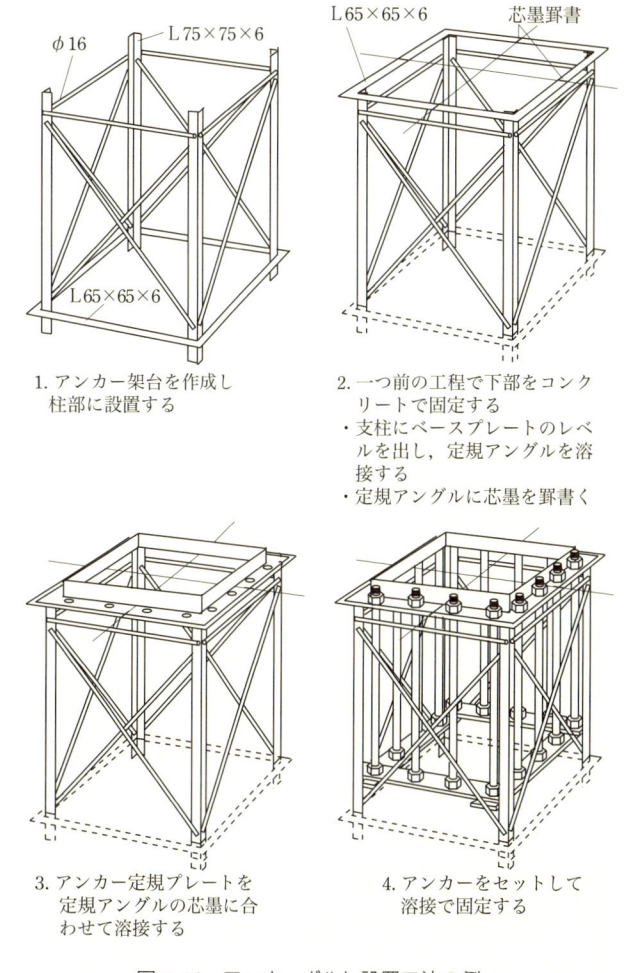

図7・56 アンカーボルト設置工法の例

1. アンカー架台を作成し柱部に設置する
2. 一つ前の工程で下部をコンクリートで固定する
   ・支柱にベースプレートのレベルを出し，定規アングルを溶接する
   ・定規アングルに芯墨を罫書く
3. アンカー定規プレートを定規アングルの芯墨に合わせて溶接する
4. アンカーをセットして溶接で固定する

第7章 躯体工事

倒壊することを防止するため，1ヶ所の接続には全ボルト数の1/3かつ2本以上を締める．

(4) 建入れ作業

建入れ作業は，ワイヤを柱の頭部から斜めに張り，下げ振り・トランシット・レーザー垂直儀などで計測しながら，チェーンブロックなどでワイヤを絞って，柱を正確に鉛直に建てる作業である（図7・9参照）．誤差を分散させるよう，繰り返し調整することが重要である．梁の接合が溶接接合の場合は，溶接による収縮量を考慮して行う．

柱が溶接接合の場合，高層建築で溶接回数を重ねるに従い，収縮量のばらつきによって柱の長さにばらつきが生じる．柱3節程度ごとに柱頂部のレベルを実測し，上部の柱で長さを調節する．

(5) 本締め・溶接

建入れ作業により柱の鉛直精度を確保し，柱・梁の接続作業を行う．これを本締めといい，柱と柱および柱と梁の接続の例を図7・58に示す．

(6) 耐火被覆

鉄骨造の場合，耐火構造としての条件を満たすために耐火被覆を行い，建築基準法施行令第107条による耐火時間を確保しなければならない（表7・31）．

耐火被覆の工法には，耐火材を吹付ける工法・耐火板を張り付ける工法・モルタルを塗る工法・PC板で囲う工法などがある．それぞれ個別に必要な厚さと材質により，耐火性能について大臣認定を受けた材料を使用する．

吹付け工法は，ホースの先のノズルからロックウールと糊をそれぞれ別のノズルから吹き出し，鉄骨に付着させる工法である．

耐火板張付け工法の耐火板には，けい酸カルシューム板・パーライト板・ALC板などがある．鉄骨を包むように板と板を糊で貼り付け，釘を打ち付けて固定する（図7・59）．

モルタル工法は，鉄骨にリブラスを巻き，モルタルを塗る工法である．この工法は，大規模な耐火被覆工事の場合には行われない．

耐火被覆工事の前に，仕上げ工事や設備工事に必要な受け金物を鉄骨に取り付けておく．

図7・57　ベースモルタルの例

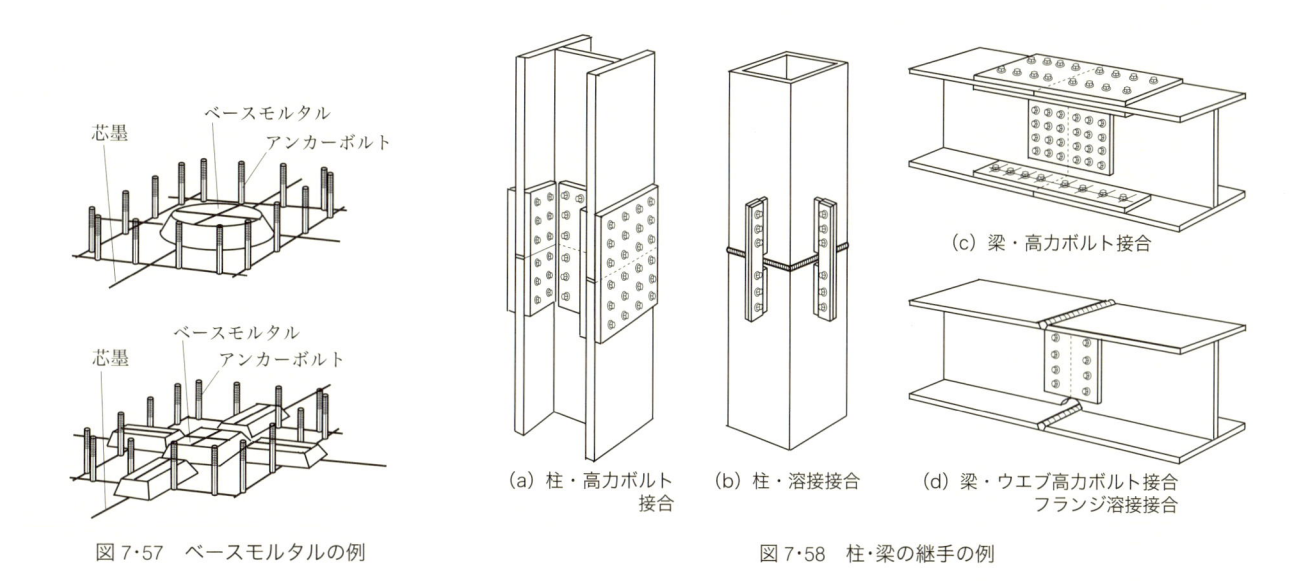

(a) 柱・高力ボルト接合
(b) 柱・溶接接合
(c) 梁・高力ボルト接合
(d) 梁・ウエブ高力ボルト接合　フランジ溶接接合

図7・58　柱・梁の継手の例

(a) 吹付け工法
(b) 耐火板張付け工法
(c) 耐火板張付け工法

図7・59　耐火被覆の例

表7・31　耐火構造としての耐火時間（建築基準法施行令第107条より）

建築物の部分				最上階及び最上階から数えた階数が2以上で4以内の階	最上階から数えた階数が5以上で14以内の階	最上階から数えた階数が15以上の階
壁	間仕切壁			1時間	2時間	2時間
	外壁	耐力壁		1時間	2時間	2時間
		非耐力壁	延焼のおそれのある部分	1時間	1時間	1時間
			延焼のおそれのある部分以外の部分	30分	30分	30分
柱				1時間	2時間	3時間
床				1時間	2時間	2時間
梁				1時間	2時間	3時間
屋根				30分		

一．この表において，第2条第1項第八号の規定により階数に算入されない屋上部分がある建築物の部分の屋上階は，当該屋上部分の直下階とする．
二．前号の屋上部分については，この表中最上階の部分の耐火時間と同一の耐火時間によるものとする．
三．この表における階数の算定については，第2条1項八号の規定にかかわらず，地階の部分の階数は，すべて算入するものとする．

第7章　躯体工事

第8章　準躯体工事

本書では，躯体工事と仕上げ工事の中間に位置し，施工面からは躯体に近い工事を準躯体工事と呼び，その工事方法について述べる．

8・1　コンクリートブロック工事

コンクリートブロック工事は，縦19cm・横39cmの空洞コンクリートブロックを積み重ねて，壁体を造る工事である．厚さは，10cm・12cm・15cm・19cmの4種類がある（図8・1）．

コンクリートブロック造には，構造体としての役割を果たす補強コンクリートブロック構造・荷重を負担しない間仕切りなどに用いられる帳壁・コンクリートブロック塀などがある．

ブロックには，A種・B種・C種および防水性ブロックがある．A種には砂利・砂とも軽量骨材を，B種には軽量砂利・川砂を，C種には川砂利，川砂を使用している．A・B・C種の物理的性質を表8・1に示す．防水性ブロックは，所定の透水試験に合格したブロックである．

以下，最も施工例が多いコンクリートブロック構造の帳壁について述べる．

1.　帳壁の構造基準
(1) 支点間距離

対面に支点がある場合は，支点間距離（l_1）を3.5m以下とし，片面の場合は，支点間距離（l_2）を1.6m以下とする（図8・2）．支点間距離がこれ以上になる場合は，袖壁や支柱などを設ける．

(2) 壁厚など

外壁に用いる場合は，高さ31mを超える部分に使用することは禁止されている．壁厚の基準値を表8・2に示す．

(3) 鉄筋の配筋

空洞部に鉄筋を挿入し，その空洞にモルタルまたはコンクリートを充填して壁を補強する．配筋基準を，表8・3(1)・(2)に示す．主筋は溶接継手とし，重ね継手としてはならない．ただし，配力筋は重ね継手でもよい．定着および継手長さは，表8・4に示す．

2.　施　工

躯体との接続用の鉄筋は，躯体が鉄筋コンクリート造の場合は，あらかじめ必要なピッチに差し筋をしておき，主筋と10D（D：鉄筋の径または公称径）以上の長さを溶接する．鉄骨造の場合は，鉄骨に10D以上の長さを溶接する．

ブロック積み作業は，シェル厚の厚い方を上にして，下のブロックの上部にモルタルを盛り，隣のブロックと接する面にモルタルを付けたブロックを1段ずつ積む（図8・3）．1日の積上げ高さは8段までとする．

開口部の上部には，鉄筋コンクリート構造のまぐさを現場施工するか，まぐさ用PCをかける（図8・4）．このときのかかり代は200mm以上とする．

充填モルタルは，コンクリートブロックの最上部まで完全に充填することがとくに重要である．

8・2　ALC工事

ALCはAutoclaved Lightweight Concreteの略である．幅600mm・厚さ75〜150mm・長さ3.5〜6mの軽量気泡コンクリートのパネルで，主に鋼構造の屋根・壁・床に使用する材料である．わが国には1962年に導入され急速に普及した．

1.　ALCの特性

ALCの主な原料は，セメント・生石灰・けい石である．これらに発泡剤としてアルミナ粉末を加えて水で混練し，鉄筋を配筋した型枠に流し込んで成形する．半硬化の状態で脱形し，所定の大きさに切断して10気圧・180℃で高温高圧蒸気養生（オートクレーブ養生）を行う．

ALCは軽量であり，断熱・耐火性能が優れている．
① 絶乾かさ比重：0.45〜0.55
② 気乾かさ比重：0.5〜0.6
③ 圧縮強度：3N/mm² 以上
④ 熱伝導率：0.12〜0.16W/m・k

耐火時間について，屋根の場合は厚さ75mmで30分，床の場合は厚さ100mm以上で1時間，120mm以上で2時間，壁の場合は厚さ75mm以上で2時間の認定を受けている．

一方，表面強度が低いため角が欠けやすく，発泡材であることから吸湿性が高く，寒冷地では凍結融解の繰り返しで凍害を起こすなどの短所もある．

2.　ALCパネルの取付け構法

ALC製品は，メーカーが一定の条件を前提に製造しているので，仕様書とメーカーの標準に基づいて施工することが重要である．次に，建築物の各部位のおけるALCパネルの取付け構法について述べる．

(1) 屋根および床

鉄骨梁の上部には，一般にスプライスプレートやボルト

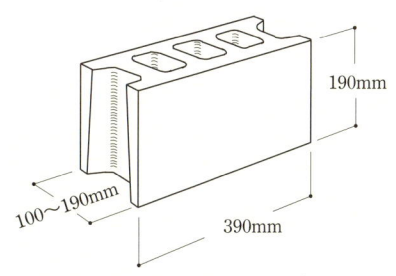

図 8・1 基本型コンクリートブロック

表 8・1 空洞ブロックの性能

種類	気乾かさ比重	全断面積に対する圧縮強さ (N/cm²)	容積吸水率 (%)	透水性 (cm)	最大吸水率に対する含湿率比 (%)
A種	1.7未満	392以上	40以下	8 以下	40 以下
B種	1.9未満	588以上	30以下		
C種	――	785以上	20以下		

1. 全断面積とは，長さ×厚さであって，中空部及び両端のくぼみ部分の面積を含む．
2. 透水性は，防水性ブロックだけに適用する．
3. 最大吸水率に対する含湿率比は，当事者間の協定によって，必要がある場合だけに適用する．

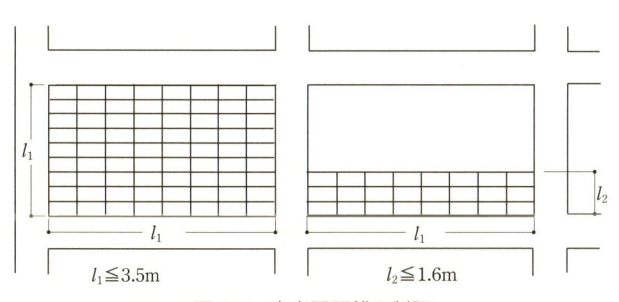

図 8・2 支点間距離の制限

表 8・2 壁厚の基準

帳壁の種類		壁厚 (cm)	
		一般帳壁	小壁帳壁
間仕切壁		12*¹かつ $l_1/25$	12 かつ $l_2/11$
外壁	(イ) 地盤からの高さ10m以下の部分	12 かつ $l_1/25$	12 かつ $l_2/11$
	(ロ) 地盤からの高さ10mを超え31m以下の部分	15 かつ $l_1/25$	15 かつ $l_2/9$*²

*1 地盤からの高さ10m以下かつ3階建以下の部分にあっては10とすることができる．
*2 建築基準法施行令第87条2項の表による速度圧を，その0.8倍の値以下に低減できる区域にあっては11とすることができる．

備考：1つの帳壁が（イ），（ロ）の両部分に該当するときは，その帳壁の過半が属する部分の規定による．

表 8・3(1) 一般帳壁の配筋（対面支持の壁）

帳壁の種類	主筋				配力筋	
	$l_1 \leq 2.4m$		$2.4m \leq l_1 \leq 3.5m$			
	呼び名	間隔 (cm)	呼び名	間隔 (cm)	呼び名	間隔 (cm)
間仕切壁	D10以上	80以下	D10以上	40以下	D10以上	80以下
外壁 (イ)地盤面からの高さ10m以下の部分	D10以上	80以上	D10以上	40以上	D10以上	80以上
外壁 (ロ)地盤からの高さ10mを超え31m以下の部分	D10以上	40以上	D13以上	40以上	D10以上	60以上

備考1 主筋とは主要支点間方向の鉄筋をいう．
　　2 配力筋とは主筋と直角方向の鉄筋をいう．
　　3 l_1は主要支点間距離を表す．

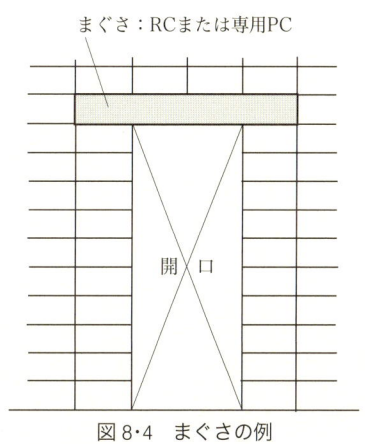

表 8・4 定着および重ね継手の長さ

種類	構造部分		定着・継手長さ 異形鉄筋	
			フックなし	フック付き
定着	壁体内	開口部周囲などの補強筋を壁体内で定着する場合，配力筋を壁体直交部で定着する場合	40d	30d
	主体構造	開口部周囲などの補強筋を主体構造のコンクリート中に定着する場合 $F_c < 21$ N/mm²	35d	25d
		$F_c > 21$ N/mm²	40d	30d
		配力筋を定着する場合	25d	15d
継手		配力筋を壁体内で継ぐ場合	45d	35d

d：異形鉄筋の公称径
F_c：主体構造のコンクリート設計基準強度

表 8・3(2) 小壁帳壁の配筋（片面支持の壁）

帳壁の種類	主筋				配力筋	
	$l_2 \leq 1.2m$		$1.2m \leq l_2 \leq 1.6m$			
	呼び名	間隔 (cm)	呼び名	間隔 (cm)	呼び名	間隔 (cm)
間仕切壁	D10以上	40以下	D13以上	40以下	D10以上	60以下
外壁 (イ)地盤面からの高さ10m以下の部分	D10以上	40以上	D13以上	40以上	D10以上	60以上
外壁 (ロ)地盤からの高さ10mを超え31m以下の部分	D13*¹以上	40以上	D13以上	40以上	D10以上	60以上

*1 サッシ部分の風圧力を負担しないものにあっては，D10とすることができる．
備考1 主筋とは主要支点間方向の鉄筋をいう．
　　2 配力筋とは主筋と直角方向の鉄筋をいう．
　　3 l_1は主要支点間距離を表す．

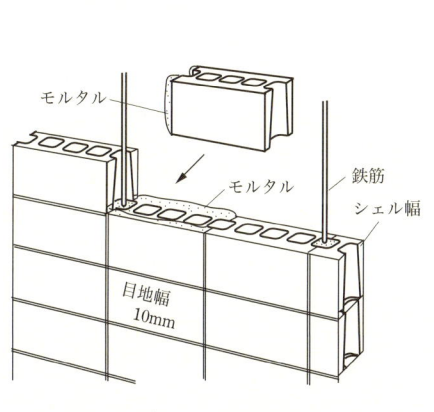

図 8・3 ブロック積み作業

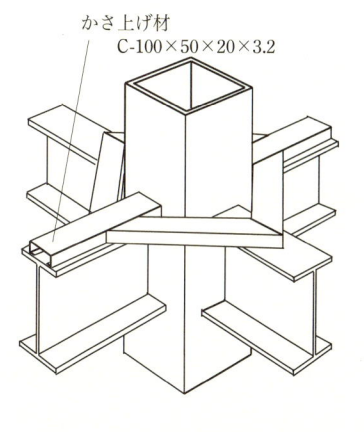

図 8・4 まぐさの例

図 8・5 かさ上げ材取付け状況

第8章 準躯体工事

ナットの頭などが突出していて，ALCパネルを敷くのに邪魔になる．梁上部を平滑にして，所定のかかり代（支点間距離の1/75かつ4cm以上）を確保するため，梁上部に一様にC型鋼を溶接して取り付ける．また，柱周囲など受け材の無い箇所にもC型鋼を取り付ける（図8・5）．

ALCパネルを取り付けるため，C型鋼に固定ピースを溶接する．また，ALCパネルを敷いて目地部に鉄筋を通す．鉄筋を梁部で固定ピースにくぐらせ，梁に固定する．モルタルを充填して，鉄筋とALCパネルを固定する（図8・6）．

屋根で勾配が2.5/10を超えるときは，滑り止めピースをALCパネル5〜8枚ごとに取り付ける（図8・7）．

(2) 外　壁

ALCパネルの外壁取付けには，幾つかの構法がある．

① 横壁取付け構法

パネルを横使いにして取り付ける構法である（図8・8）．ボルトで直接固定する構法と，カバープレートを介してボルトで固定する構法がある．

施工にあたっては，まず縦目地に合わせて控え柱を設ける．控え柱に1段ごとに受けピースを取り付ける．受けピースにALCパネルを載せ，ボルトで固定する．取付け完了後，目地にシーリングを行う．

② 縦壁取付け構法

ALCパネルを縦使いで取り付ける構法である（図8・9）．梁上部に定規アングルを取り付ける．定規アングルに，ALCパネルの荷重を受けピースを取り付ける．これにパネルを載せ，鉄筋をピースにあけた孔と目地部の空洞部に通し，モルタルを充填して固定する．取付け完了後，目地にシーリングを行う．

地震時に層間変位が生じる場合には，層間変位に追従させることが必要となる．それには，ロッキング方式とスウェイ方式がある（図8・10）．ロッキング方式は各パネルが個別に回転して変位に追従する方式であり，スウェイ方式は各層のパネルを独立させ，下部を固定して上部をスライドさせることによって変位に追従させる方式である．

各メーカーがそれぞれ追随構法を開発しているが，建物の形状・規模・構造など，十分に検討して採用する．なお，横積みカバープレート構法は層間変位に追従できる．

(3) 間仕切壁

間仕切壁はALCパネルを縦使いにする．ALCパネルの脚部は目地鉄筋を床に固定する構法と，フットプレートを用いて固定する構法がある（図8・11）．

一般に，ALCパネルの頭部は間仕切チャンネルまたは間仕切用のL金物で固定する（図8・12）．フットプレートを使用する場合は，モルタルを充填する必要がないため，本実加工をしたALCパネルを使用する．

3. ALCパネルの取付け

(1) ALCパネル工事の発注

ALCパネルの取付け工事は，メーカーの販売店またはその施工店に発注する．主要構造材であるため，製品の構造的特性をよく理解している業者を選定する．とくにALC工事は歴史が浅く，業者間で技能水準のバラツキが大きい．ALC材は基本的には受注生産であり，製造に30日程度を要する．

(2) 施工図の作成

施工図として，ALCパネル割付図・開口補強・取付け詳細図を作成する．

(3) 材料の取扱い

ALCパネルは表面強度が低いために破損しやすく，単純梁構造であるために表裏で構造強度が異なる．また，吸湿性が高いので取扱いには十分に注意する．

現場搬入後，仮置き運搬回数をできるだけ抑える．部材の荷揚げ荷下しのために部材の吊り上げ部分を固定することを玉掛と言うが，ALCパネルの玉掛にはナイロンスリングや三角スリングを使用する（図8・13）．また，水平運搬にはALCパネルの中央部に荷重が作用しないよう，パネルの長さに合った荷台をもつ二輪車を使用する．

仮置きする場合は，端部からALCパネルの長さの1/5〜1/6の位置に幅90mm以上の板木を敷く．積高さは，1m以内に枕材を敷くとともに2m以下とする（図8・14）．吸湿性が高いので，シートをかけるなどの雨水対策を確実に行う．

(4) ALCパネルの加工取付け

梁形の切欠き・設備開口と防水層の端部溝・窓・出入口などの加工は，仕様書とメーカーが示す標準を遵守して行う．開口の大きさの限度を図8・15に示す．それを超える場合は図8・16に示すような補強が必要となる．

(5) 溶接・錆止め塗装

ALCパネルは，構造体に溶接した金物によって支えられる．そのため，ALCパネルの建込み前に溶接検査を厳格に行う．なお，検査完了後に錆止め塗装を行う．

(6) 目地のシーリング

外壁は，目地部にシーリングを行う．

8・3 中空押出し成型セメント板工事

中空押出し成型セメント板（Extruded cement panel，略称ECP）は1970年にわが国に導入された．一般に，帳壁として外壁や間仕切に使用される．ALCパネルと比較して，表面が硬くて緻密なため幅広い仕上げが可能である．塗装仕上やタイル仕上を施した製品もある．構法は合理的に標準化されており，施工効率が優れている．

図 8・6　床板取付け構法

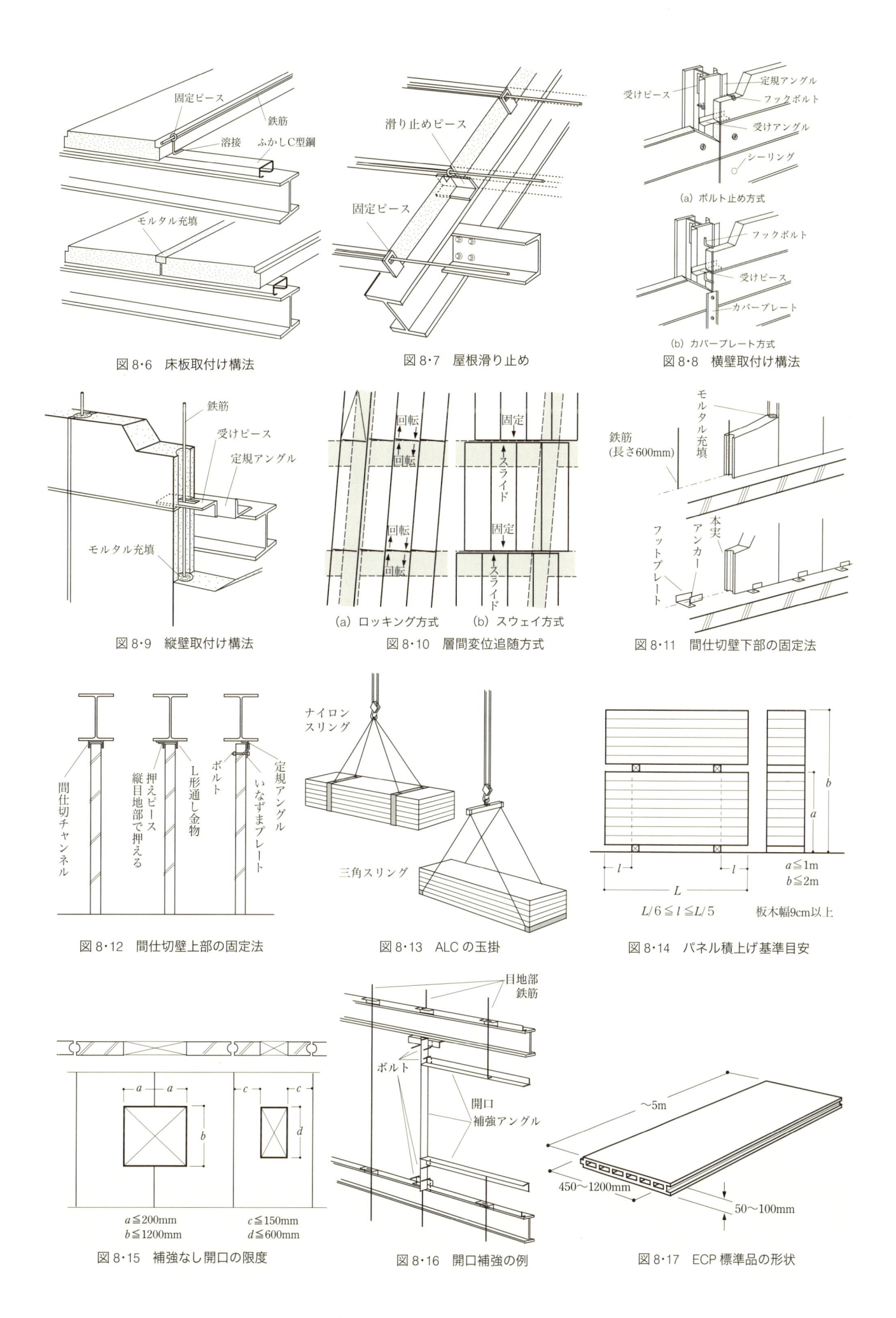

図 8・7　屋根滑り止め

図 8・8　横壁取付け構法
(a) ボルト止め方式
(b) カバープレート方式

図 8・9　縦壁取付け構法

図 8・10　層間変位追随方式
(a) ロッキング方式
(b) スウェイ方式

図 8・11　間仕切壁下部の固定法

図 8・12　間仕切壁上部の固定法

図 8・13　ALC の玉掛

図 8・14　パネル積上げ基準目安
$a \leq 1\text{m}$
$b \leq 2\text{m}$
$L/6 \leq l \leq L/5$　板木幅9cm以上

図 8・15　補強なし開口の限度
$a \leq 200\text{mm}$
$b \leq 1200\text{mm}$
$c \leq 150\text{mm}$
$d \leq 600\text{mm}$

図 8・16　開口補強の例

図 8・17　ECP 標準品の形状

第 8 章　準躯体工事

(1) ECP

ECPはセメント・けい酸質原料・スレートなどの原料を混練して押出し成型し，養生・切断・オートクレーブ養生の工程を経て製造される．幅は600mmを標準として450〜1200mm，厚さは60mmを標準として50〜100mm，長さは5mまでの製品がある（図8・17）．

(2) ECPの取扱い

ALCパネルと同じく曲げに弱いため，取扱いには十分な注意が必要である．

揚重はナイロンスリングで行い，仮置きする場合はパネルの端部からパネル長さの1/5の位置に板木を敷く．ただし，パネルの長さが4mを超える場合は，中央に板木が必要である．積上げ高さは1m以内とする．小運搬はパネルを立てて行う．

(3) ECPの構法

ECPの構法には，縦張り構法と横張り構法がある．

① 縦張り構法

縦張り構法は，ECPを縦使いにして建て込む構法である．ECPを載せて固定する通し受けアングルを，構造体に固定する．これにパネルを載せる．ECPにボルト孔をあけ，板の内部に角座金を入れる．その後，Zクリップ（図8・18）を受けアングルにかけてボルトで締め付けて固定する．ECPの上部も同様にして固定する．

層間変位に追従するため，Z金物のボルト孔はすべてルーズホールになっている．変位に確実に追従させるため，ルーズホールの中央で締め付ける．

なお，Zクリップが傾かないよう，下部のZクリップは通し受けアングルに溶接する（図8・19）．

② 横張り構法

横張り構法は，ECPを横使いにして建て込む構法である．縦目地の位置に支柱を建て，支柱に通し受けアングルを固定する．ECPの固定方法は，縦張り構法と同様である．

層間変位に確実に追従するため，縦張構法の場合と同様，ルーズホールの中央でボルトを締め付ける．なお，すべてのZクリップは流しアングルに溶接する．

横張り構法の場合，板の重量を支えるためECP3段ごとに受けアングルピースを取り付ける（図8・20）．

③ 開口部の補強

サッシやドアなどの開口部は開口補強を行う．補強方法は各メーカーの指定する構法に従って行う．

④ シーリング

縦横の目地にシーリングを行う．

8・4 カーテンウォール工事

カーテンウォールとは，荷重を支えない壁（帳壁）のことである．プレキャストコンクリート製の物や金属製の枠を格子状に組み，ガラスまたはパネル（スパンドレル）をはめた物を外壁に用いてカーテンウォールとすることが一般的である（図8・21）．

いずれも工場で製作して現場で取付けるため，精度の高い製品が得られ，現場の工数を減らすことができる．また，層間変位に追従できる構法はカーテンウォール以外になく，柔構造の高層建築の外壁には，この構法が採用される．

1. プレキャストコンクリートカーテンウォール

プレキャストコンクリートカーテンウォールはPCカーテンウォールと略され，それを構造体に接合する部材およびPC板の間の目地で構成される．

(1) PC板

PCカーテンウォールでは，工場の製造過程でPC板にタイル・石などの仕上げ材やサッシを打ち込む．コンクリートと一体にすることで，接着力や止水に対する信頼性は格段に高まる．また，工場で仕上げるため，現場では仕上げ用の足場が不用になり，無足場工法で施工する場合が多い．

PC板の縦を1層分の長さとし，横幅は窓の位置・PC板の重量・デザイン・運搬性などを考慮して割付ける．このPC板を上下の梁に固定して取り付ける．

この他に柱形・梁形・腰板などを組み合せるもの，柱形をPCとしてその他の部分を金属カーテンウォールとするものもある．

(2) ファスナー

PC板を構造体に取り付けるための金物をファスナー（Fastener）という．ファスナーは，構造体と一体となる1次ファスナーと，PC板と1次ファスナーとを接続する2次ファスナーからなる．鋼構造や鉄骨鉄筋コンクリート造の場合は，1次ファスナーは鉄骨の工場製作工程で取り付ける．

外壁は全面を見通せるため，わずかな目地の曲がりや段差が目立つ．各階の墨は階ごとに計測誤差があるため，外壁は全体を通して縦横にピアノ線を張り，独立した墨で施工する．

鉄骨との寸法誤差を補正するため，2次ファスナーには余裕のあるボルト孔をあけておき，PC板を外壁の墨により位置決めをして，正しい位置に座金を溶接固定する（図8・22，8・23）．

層間変位に追従する方法にはスウェイ方式とロッキング方式がある．スウェイ方式は下部を固定し，上部を水平移動が可能な方法でスライド固定する．ロッキング方式はすべてのPC板が鉛直移動可能な方法で固定する（図8・10参照）．

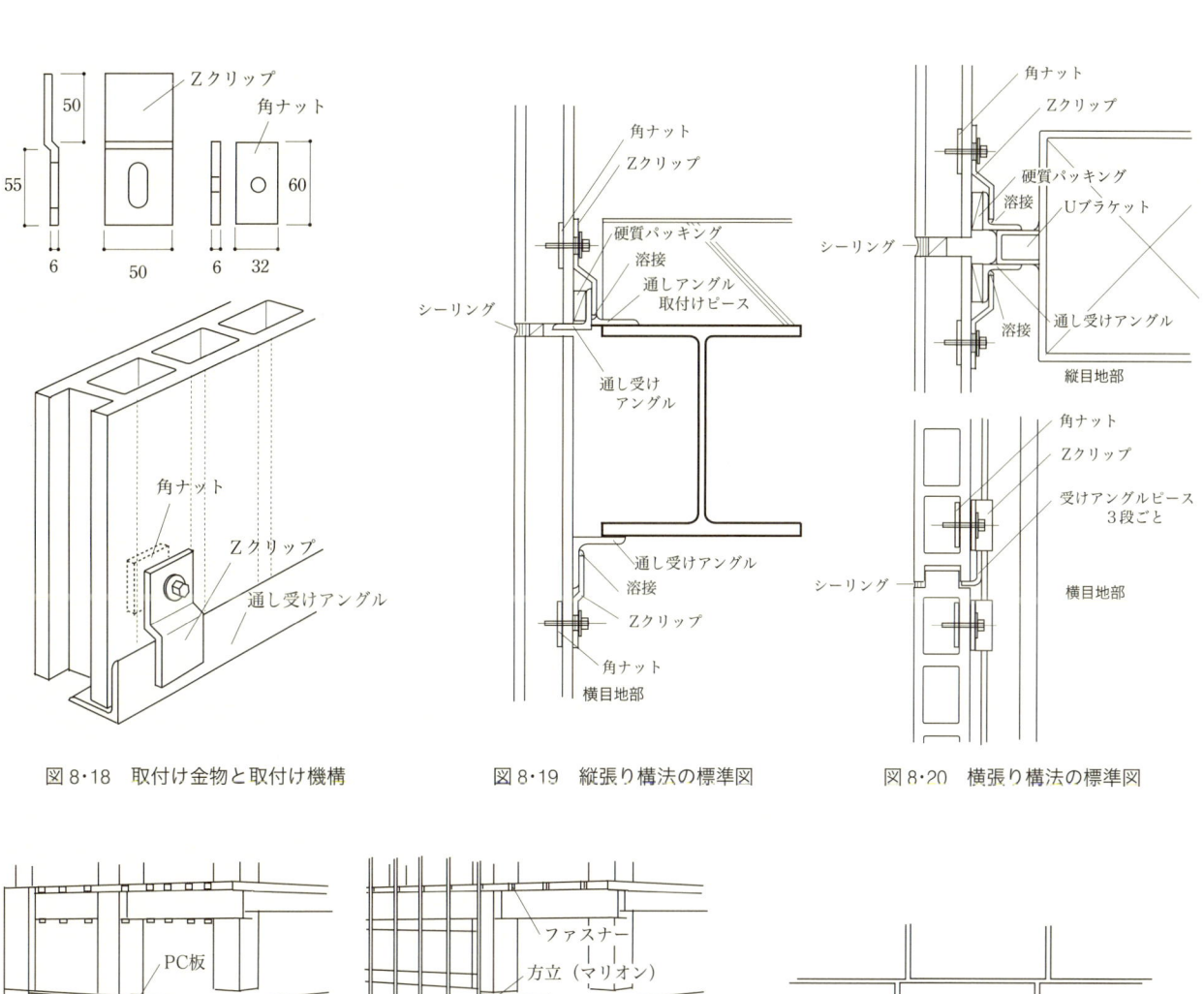

図 8・18　取付け金物と取付け機構　　　図 8・19　縦張り構法の標準図　　　図 8・20　横張り構法の標準図

図 8・21　PC カーテンウォールと金属製カーテンウォール

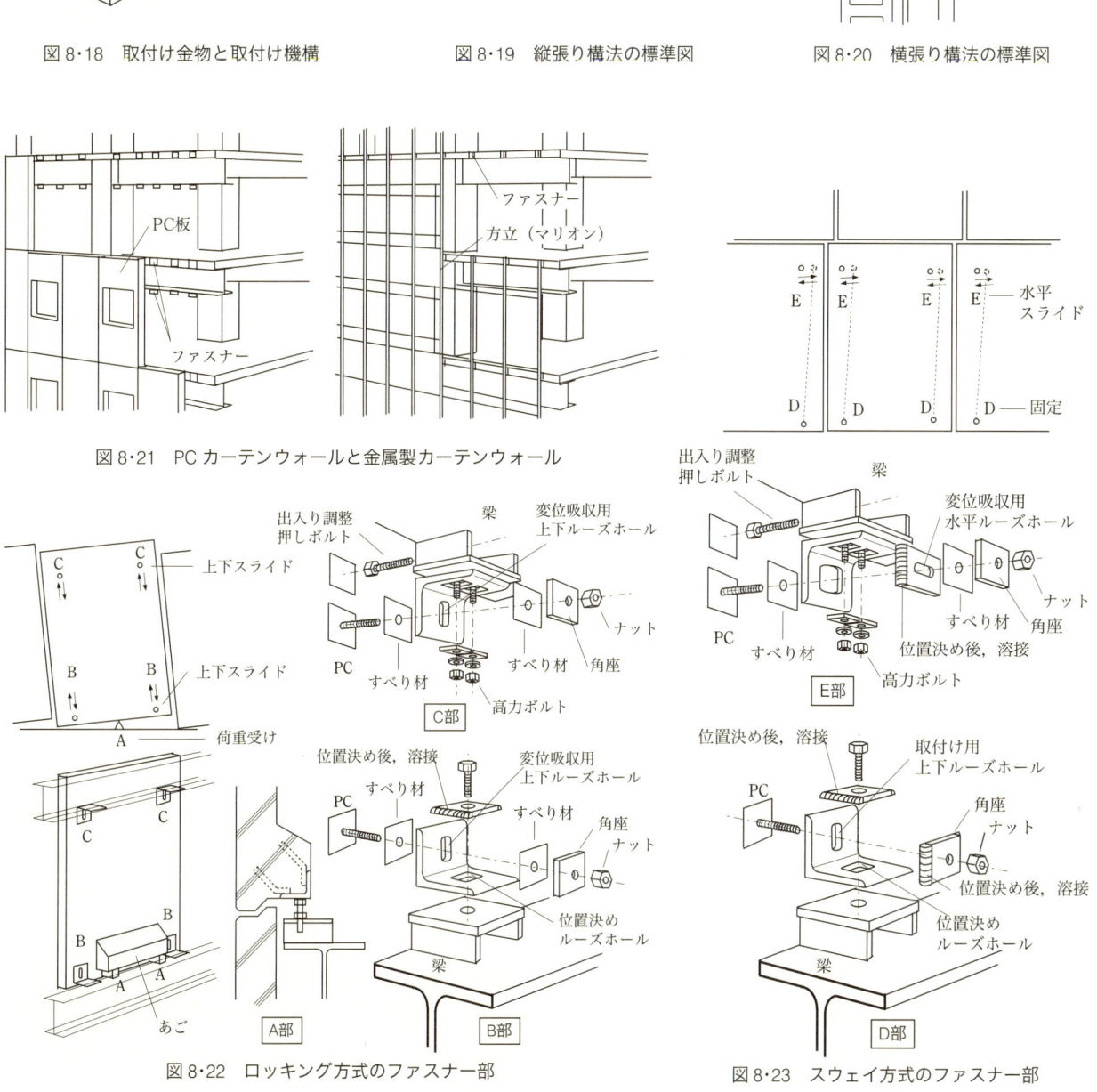

図 8・22　ロッキング方式のファスナー部　　　図 8・23　スウェイ方式のファスナー部

第 8 章　準躯体工事　99

なお，2次ファスナーに移動方向に細長いボルト孔(ルーズホール)をあけ，ファスナーの両面にフッ素樹脂またはステンレスの滑り材を挟むことでスライド固定になる．

ロッキング方式の場合，すべての接合部が可動接合であるため，PC板にあごを付けてPC板の重量を支える（図8・22参照）．

(3) 目　地

PCカーテンウォールの場合，目地からの漏水を防ぐことが重要である．PCカーテンウォールの目地には，層間変位による挙動や超高層の場合の高い風圧など，厳しい条件にさらされる．目地は二重シーリングとし，排水機構を備えたものとする（図8・24）．

(4) 施　工

① 施工図と製作図

PCカーテンウォールの工事は躯体工事の後に行うが，鉄骨製造工程でファスナーを取り付けるため，鉄骨の工作図の作成に先立って施工図を完成させる．

工作図の作成にあたっては，コンクリート強度・配筋・吊り金物・板の割付け・ファスナーの調整代・目地の形状・仕上げ材などが重要な要素となる．

② PC板の検査

PC板の検査では，メーカーの管理資料の確認と各辺の長さ・対角の長さ・厚さ・ねじれなどの寸法検査を行う．

とくに，板のねじれ（板の四隅の同一平面からの誤差）の検査が重要である．板の取付け作業において，板のねじれ誤差を割り振る作業には時間を要し，品質低下や作業効率低下につながりやすい．

③ PC板の取扱い

PC板は重量が大きいため，不用意に取り扱うと仕上げ材を損傷する．運搬や仮置きには，板どうしが直接あたらないよう，ゴムなどの緩衝材を挟む．仮置きをせず，搬入車から取り込んで直接取付け作業が行えるように，施工計画を作成することが望ましい．

④ PC板の取付け作業

各階の墨の誤差を計測し，これをもとに外部の基準墨を決定する．

揚重機は鉄骨建方での使用も考慮して，タワークレーンなどを計画する場合が多い．外部基準墨に基づいて張ったピアノ線から，PC板の位置決めをする．この際，クレーンのフックにチェーンブロックをかけて微調整を行うとよい（図8・25，8・26）．

PC板を取付け位置へ吊り込み，位置決めをしてボルトを締めて接合する．

最後に2次ファスナーの座金を溶接し（PC板の上部は溶接が困難なため高力ボルトで接合する），錆止め塗装を行う．外部足場がないため，非常に危険な作業となるので，安全作業手順を徹底する．

⑤ 目地のシーリング作業

目地のシーリング作業は，一般にPC板取付け作業終了後に行う．無足場工法の場合はゴンドラを使って行う．

目地の延べ長さは膨大となり，その内の1箇所でも不良箇所があれば漏水が起きる．目地の乾燥状況・汚れの除去・プライマーの乾燥時間管理・バックアップ材の設置深さ・コーキングの交点と接続点などの管理を確実に行う．

2. 金属製カーテンウォール

金属製カーテンウォールは，外壁全面に金属性の縦材と横材を組み，その中にガラス・耐火パネル・サッシなどをはめ込み，外壁を構成するものである．

外壁は，構造・耐久性の面において厳しい環境に曝される．そのため設計・施工の両面において十分な計画・検討が必要である．超高層建築では実証試験を行って，その性能を確認する例が多い．

(1) 構法

各階の構造体にファスナーを取付け，ファスナーに方立(マリオン)を固定して，方立に無目を取り付け，ガラス・サッシ・耐火パネルをはめ込む．この他に，工場で運搬可能な大きさにこれらを組立て，ユニットとして取り付ける構法もある．

層間変位に対する追従については，PCカーテンウォールとは異なって剛性が小さいため，枠を変形させてガラスや耐火パネルと枠との間隙で層間変位を吸収させる．

(2) 材料

材料は，表面処理を施したアルミの型材や塗装したアルミ材が主である．その他に，ステンレスやりん酸処理した鋼材が使用される．

アルミは熱による伸縮が非常に大きいため，接合部に伸縮代をとる．また，伸縮に伴って発生する音を防止するため，接合部に滑り材を挟むこともある．

(3) 施　工

鉄骨など躯体工事の施工誤差を吸収するため，PCカーテンウォールの場合と同様，2次ファスナーにルーズホールをあけて調整した後，座金を溶接してボルトで接合する（図8・27）．

PCカーテンウォールの場合と同様，鉄骨工作図作成前に施工図を完成させる．

外壁の墨は独立に設定して，基準にピアノ線を張る．このピアノ線から計測してPCカーテンウォールの位置決めを行う．

材料が長く，アルミの表面処理，焼付け塗装は薄く弱いため，フィルムなどで養生をして取扱いには十分に注意する．

無足場工法をとる場合は，安全対策にも十分な注意が必要である．

(a) 縦目地

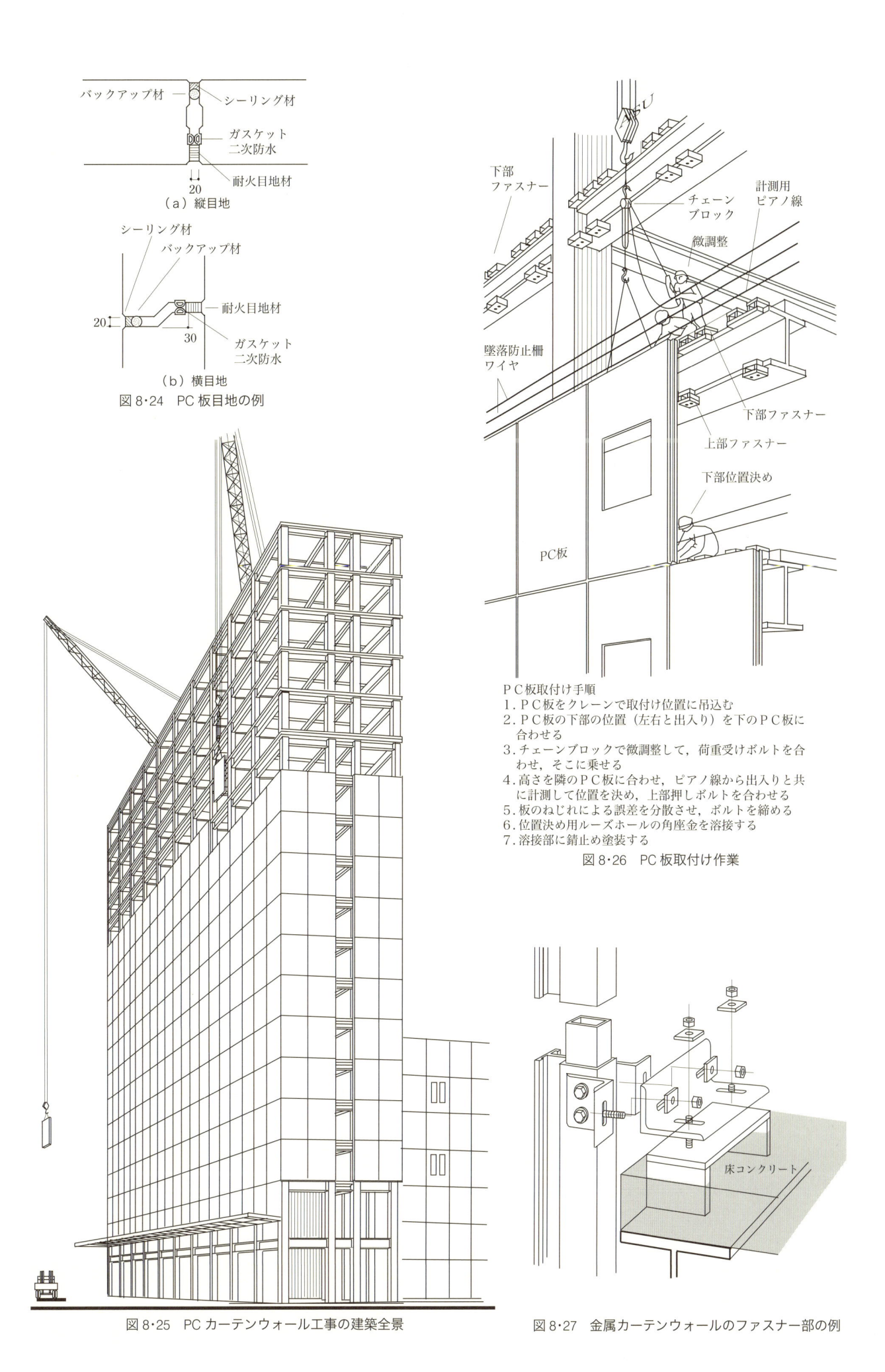

バックアップ材 / シーリング材 / ガスケット 二次防水 / 耐火目地材

(b) 横目地

シーリング材 / バックアップ材 / 耐火目地材 / ガスケット 二次防水

図 8・24　PC 板目地の例

図 8・25　PC カーテンウォール工事の建築全景

PC板取付け手順
1. PC板をクレーンで取付け位置に吊込む
2. PC板の下部の位置（左右と出入り）を下のPC板に合わせる
3. チェーンブロックで微調整して，荷重受けボルトを合わせ，そこに乗せる
4. 高さを隣のPC板に合わせ，ピアノ線から出入りと共に計測して位置を決め，上部押しボルトを合わせる
5. 板のねじれによる誤差を分散させ，ボルトを締める
6. 位置決め用ルーズホールの角座金を溶接する
7. 溶接部に錆止め塗装する

図 8・26　PC 板取付け作業

図 8・27　金属カーテンウォールのファスナー部の例

第 8 章　準躯体工事

第9章　仕上げ工事

躯体工事・準躯体工事に続いて，仕上げ工事を行う．以下，仕上げ工事について工事工程に沿って述べるが，内装工事のうち間仕切工事と天井工事は建具工事に前後して行う．

仕上げ工事については，設計図書には細部まで表現されていない場合が多い．施工にあたっては，品質保証の視点からすべてを見直し，監理者の承認を得てから施工を行う．

9・1　防水工事

防水工事は，建築の基本機能を確保する上で重要な工事の一つである．

防水は，雨水の浸入を防止するため屋上・屋根・外壁などに行うもの，地下水の浸入を防止するため地下外壁に行うもの，水を使用する屋内に行うものなどがある．

防水の種類にはアスファルト防水・改質アスファルトシート防水・シート防水・塗膜防水・ステンレスシート防水・けい酸質系塗布防水がある．その他に，外壁のALCパネル・PC板・サッシ回りなどの接続部に行う，シーリング工事も防水を目的とした工事である．

部位別および下地の種類別に，防水工法の種類を表9・1に示す．

1. アスファルト防水

アスファルト防水は，ルーフィングを溶融アスファルトで幾重にも重ねて接着し，厚さ10mm前後の防水層を形成する．耐久性および信頼性に優れ，防水工事の代表的な工法である．

(1) 構法

アスファルト防水には，下地に密着させる構法と下地の移動の影響を受けないように下地と絶縁する構法がある．防水層の上を歩行する場合は，押えコンクリートなどで保護し，そうでない場合は露出防水とするのが一般的である．

(2) 施工

防水層からの水漏れの主な原因には，次のようなものがある．

①防水端部からの浸水
②防水工事完了後の作業の際に起きた防水層の損傷
③コンクリートの収縮亀裂など，下地の移動に伴う防水層の切断

その他，下地コンクリートの乾燥が不充分で，発生した水蒸気が逃げ場を失い，防水層を持ち上げることに伴う欠陥の発生がある．

このような水漏れや欠陥を回避することが，施工管理の重点項目となる．次に，アスファルト防水工事の施工の手順について述べる．

(ⅰ) 下地の補修

アスファルト防水層の屈曲部は，鋭角の施工は困難であり，突出物や段差を滑らかに補修し，直角の出隅および入隅は，45°に面取りを行う（図9・4参照）．面の見付け幅は，垂直断面の出隅は30mm，入隅は70mm，水平断面の出隅・入隅はともに30mm程度とする．

(ⅱ) 材料の取扱い

アスファルト防水に用いられる材料は，ルーフィングとアスファルトである．

ルーフィングは，アスファルトルーフィングが一般的に用いられるが，用途に応じて砂付ルーフィングや穴あきルーフィングなどが用いられる．これらのルーフィングは，幅1m，長さ16m（砂付きは8m），直径25cm程度の円柱状の製品となっている．横にすると楕円形につぶれてしまい品質が低下するので，立てて保管する．

アスファルトは，セメント袋に入った重量25kgの固形の製品である（図9・1）．

(ⅲ) 防水層の施工

防水層の接着を高めるため，下地にアスファルトを薄めたアスファルトプライマーを塗る．

アスファルト溶融釜でアスファルトを溶融し，溶融アスファルトを流しながらルーフィングを貼り付ける（図9・2）．ルーフィングは水下側から貼り，重ね代は100mmとする．また上下の層は，ルーフィングの幅の1/2ずらす（図9・3）．アスファルトの溶融温度は240〜270℃に保ち，品質低下に注意する．

(ⅳ) 防水層の端部処理

一般に，防水層の端部は垂直面にある．垂直面は，アスファルトが流れて十分に接着することは難しい．端部が剥離して浸水の原因にならないよう，必ず押え金物で固定する（図9・4）．

(ⅴ) 防水層の補強・絶縁処理

出隅および入隅部は強い応力が作用するため，増張りをして補強する．また，コンクリートの打継ぎ部など下地が移動する可能性がある場合は，下地の間に絶縁処理をする（図9・5，9・6）．

(ⅵ) 水張り試験

次の工程に移る前に，排水孔を塞いで全面に水を張り，漏水の有無を試験する．押えコンクリートや床仕上げなど

表9·1 防水工法の種類と適用

防水層の種類	下地の種類／適用部位箇所	屋根 RC	屋根 PC	ALC	ひさし RC/PC	開放廊下 RC/PC	ベランダ RC/PC	外壁 RC/PC/ALC	地下外壁 RC	室内 浴場等 RC	室内 駐車場 RC	室内 便所等 RC	水槽類 RC	プール RC	池庭園 RC
アスファルト防水層	押えC・全面接着工法	○	○							○				○	○
	押えC・部分接着工法	○	○								○					
	砂付ルーフィング・部分接着工法	○	○													
	ALC下地・部分接着工法			○												
	断熱仕様・全面接着工法	○	○	○												
	室内用・全面接着工法									○	○					
改質アスファルトシートトーチ工法防水層	押えC・全面接着工法2	○	○						○	○	○			○	○
	露出仕様・全面接着工法1	○	○	○	○											
	露出仕様・全面接着工法2	○	○													
	露出仕様・断熱仕様2	○	○													
シート防水層	合成ゴム系防水・全面接着工法	○	○	○	○											
	合成樹脂系防水・全面接着工法	○	○	○	○		○									
	合成樹脂系防水・全面固定工法				○									○	○	
塗膜防水層	ウレタン・全面接着工法	○	○		○	○	○				○					
	ウレタン・部分接着工法	○	○													
	アクリルゴム・外壁仕様							○								
	ゴムアスファルト・地下外壁仕様								○							

凡例 ○：適用，C：コンクリート，RC：鉄筋コンクリート造，PC：プレキャストコンクリート造，ALC：ALCパネル

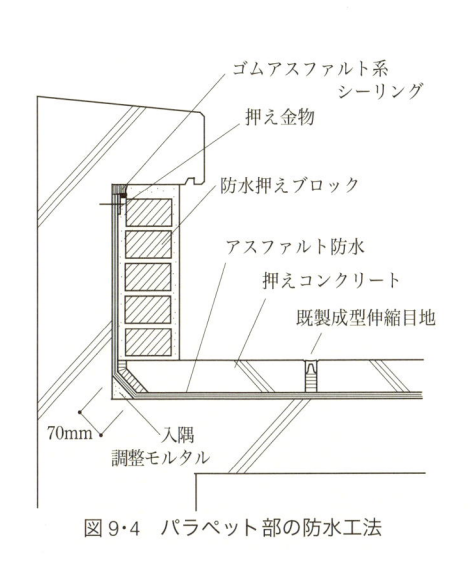

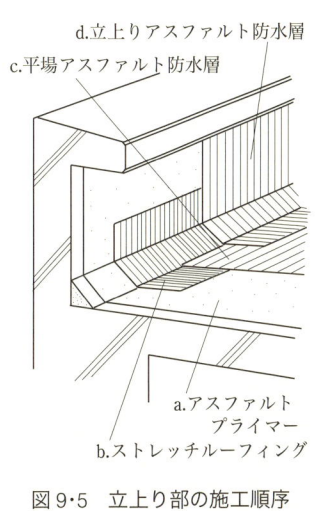

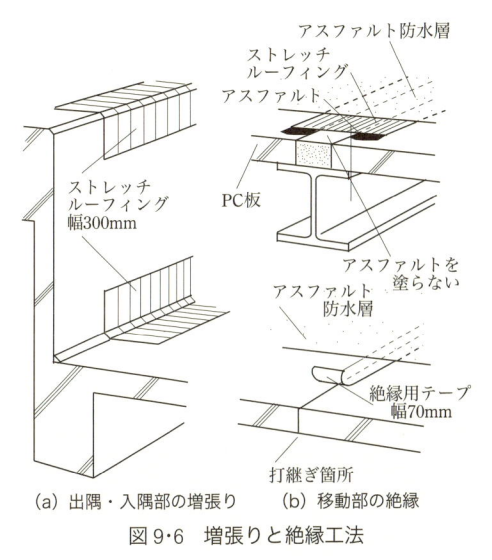

図9·1 アスファルトルーフィングとアスファルトの製品の例

図9·2 防水作業

図9·3 アスファルトルーフィングの重ね方

図9·4 パラペット部の防水工法

図9·5 立上り部の施工順序

図9·6 増張りと絶縁工法

第9章 仕上げ工事

の工程に移ってから漏水が判明した場合，工事のやり直しによる工費や工期のロスが大きくなるので，この試験は省略してはならない．

(vii) 防水層の養生

防水工事の後に，防水層上で行う作業によって防水層に傷をつけないように，足場板や型枠ベニヤで防水層を保護する．このときに用いられる，足場板や型枠ベニヤに釘などがささっていないか確認する．

(viii) 押えコンクリート

防水層上を歩行に使用する場合は，防水層の保護と押えを目的として，押えコンクリートを打設する．

防水層のアスファルトと押えコンクリートは接着しないため，屋上の押えコンクリートは日照によって膨張してパラペットを押出し，パラペットの根元を破壊することがある．

これを防止するため，屋上の押えコンクリートには伸縮目地を設けて，熱膨張を吸収させる（図9・4参照）．

押えコンクリートを打設する他に，ベンチレーションブロックを敷くことがある（図9・7）．このときは，防水層とブロックの間に空気層があるため，断熱効果が期待できる．

2. 改質アスファルトシート防水

改質アスファルトシートは，合成繊維またはガラス繊維の芯材にポリマー改質アスファルトを浸透被覆したシートである．

改質アスファルトシートによる防水工事では，改質アスファルトシートをトーチで加熱し，被覆したアスファルトを溶かして接着する（図9・8）．溶融アスファルトを使用しないため，アスファルト防水よりも作業性が優れている．

下地・端部処理・押えコンクリートなどについては，アスファルト防水の場合と同様である．

3. シート防水

シート防水には，加硫ゴム系・非加硫ゴム系・塩化ビニル樹脂系のシートが用いられる．

シート防水はアスファルト防水より薄く，伸縮性が高く下地の変形によく追従できる．露出防水となるため，漏水箇所は比較的発見しやすい．また層が薄いので，水蒸気による膨れが発生しないよう，下地を十分に乾燥させることが重要となる．

施工にあたっては，下地にプライマーを塗っておき，接着剤でシートを貼り付ける．

シート防水の接着剤は，下地に接着する接着剤とシートどおしを接着する接着剤が異なる．また，接着剤を塗ってから貼り付け可能になるまでに，所定の時間（オープンタイム）が必要である．接着材料とオープンタイムの管理が施工管理の要点となる．

4. 塗膜防水

塗膜防水は，ウレタン系・アクリルゴム系・ゴムアスファルト系などの液状の防水材料を直接吹付けるか，ゴムへらで塗り付けて防水層を作る．

複雑な形状にも対応でき，伸縮性が高いため，下地の変形に追従できる．

なお，表面が滑らかに仕上がるため，下地の細かい凹凸はそのまま防水層の厚さに影響するので，下地を平滑に施工することが重要となる（図9・9）．

防水層の厚さを確保するために，合成繊維のメッシュを塗り込む構法もある．

5. ステンレスシート防水

ステンレスシート防水工事においては，コイル状にした厚さ0.4mmのステンレスシートを幅250〜460mmの溝形に成型し，立上がり部をシーム溶接で接合して一体化する工法である．

立ち上がり部に挟み込んだ固定金物（吊り子）によって下地に取り付ける．温度伸縮に対しては，固定金物をスライドさせる方式をとる（図9・10）．

6. けい酸質系塗布防水

けい酸質系塗布防水工事においては，ポルトランドセメント・細骨材・けい酸質系微粉末を水で混練して，コンクリート面に塗布する．

伸縮性がないため，下地コンクリートの亀裂の影響を直接受ける．したがって，常に湿潤状態にあって乾燥収縮亀裂が発生しない地下の外壁・水槽・ピットなどに用いる．

7. シーリング工事

シーリング工事は，外壁のPC板・ALCパネル・サッシの接合部の隙間・誘発目地における亀裂からの浸水を防止するために行われる．

これらの隙間は，温度・風圧・地震などによって変形する．したがって，シーリング材には変形に追従できる性能が必要である．

(1) シーリング材

シーリング材には定形と不定形がある．定形は，ガスケットのように工場で成型したもので，主にサッシなど設計された形状にはめ込んだり，接着して使用する．

不定形は，ペースト状の材料を隙間に充填するもので，施工後に弾性体となる弾性シーリング材と，油性コーキングのように，施工後も長期間可塑性を維持する非弾性形シ

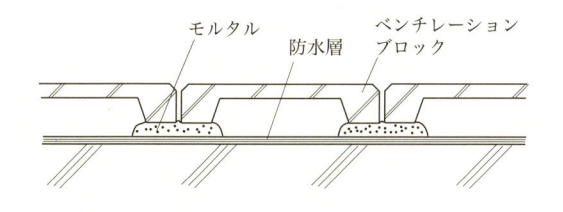

図9・7 ベンチレーションブロックの例

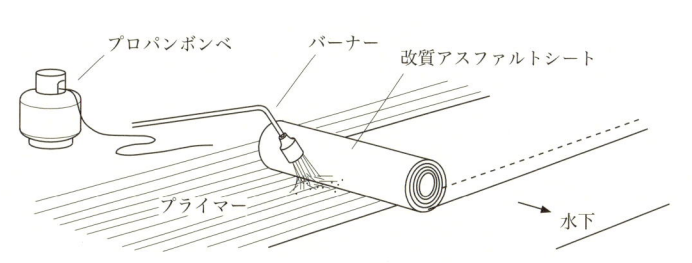

図9・8 改質アスファルトの施工模式図

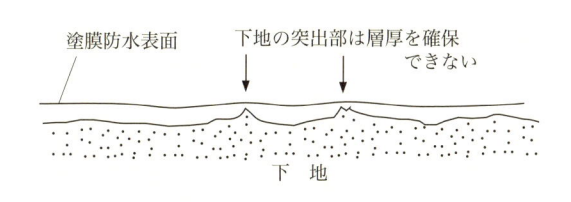

図9・9 塗膜防水下地と層厚

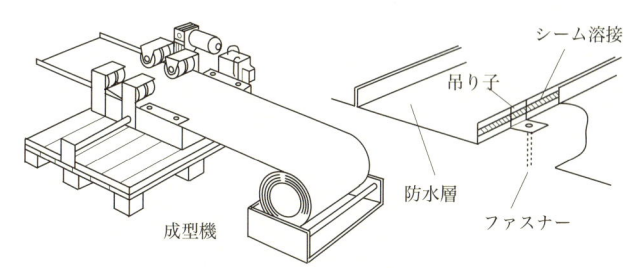

図9・10 ステンレスシート防水の施工

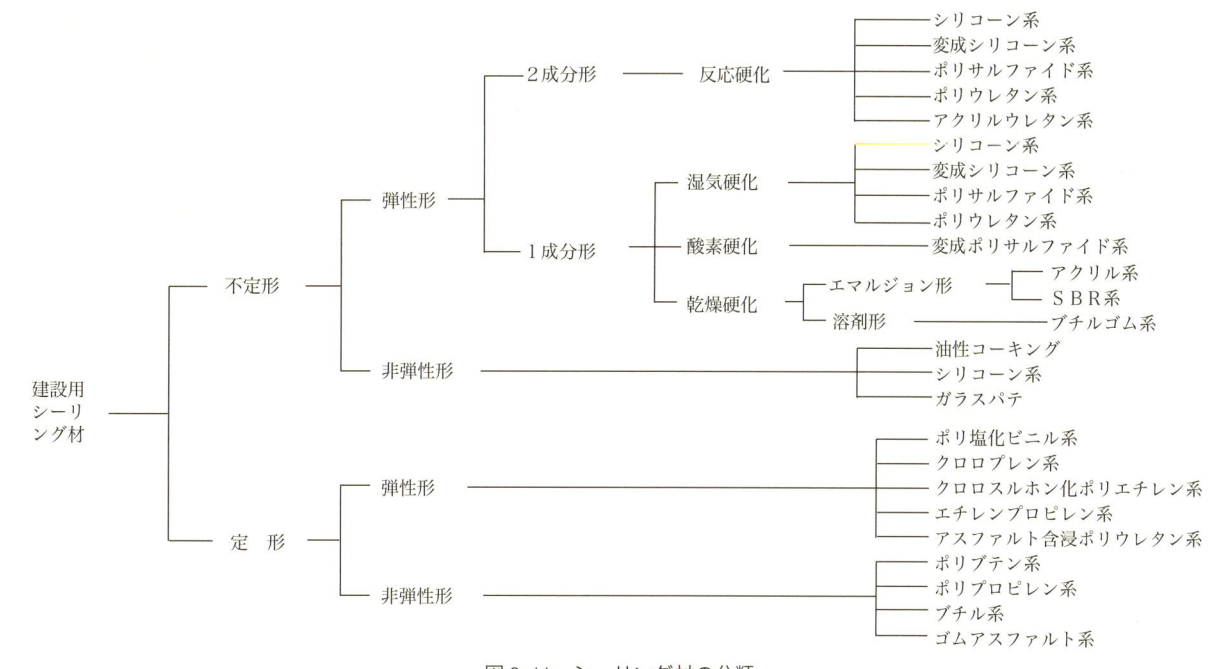

図9・11 シーリング材の分類

表9・2 主なシーリング材の特徴

シーリングの種類		特　　徴	留　意　点
シリコーン系	1成分形	・耐久性・耐候性に優れる ・高モジュラス品，低モジュラス品がある	・目地周辺・目地表面とも汚染する ・塗装がのらない ・酢酸系は網ガラスに使用できない
	2成分形	・耐久性・耐候性に優れる	・目地周辺・目地表面とも汚染する ・塗装がのらない
変成シリコーン系		・耐久性・耐候性は良い ・ワーキングジョイントに適す	・塗装しないと，やや汚れが付く ・ガラスには適さない
ポリサルファイド系		・仕上がりが美しい ・石・タイルに適す	・塗装しない ・ALCには適さない ・経年硬化が顕著
ポリウレタン系		・塗装に適す ・コンクリート・ALCに適す	・耐候性は低位（塗装で保護） ・ガラスに適さない
アクリル系		・塗装に適す ・ALCの目地に適す	・耐久性・耐候性とも低位
ブ チ ル		・伸び少なく耐候性，耐疲労性とも低い	・硬化に伴う肉やせが大きい
油　　性		・耐候性は低い，被着体は多い	・油分による汚染がある

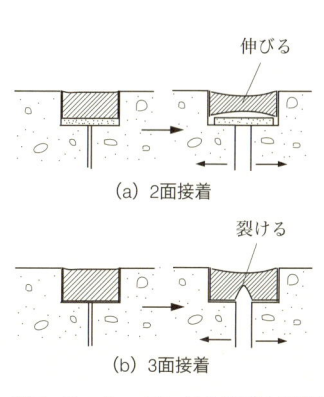

図9・12 シーリングの接着と破断

第9章 仕上げ工事

ーリング材の2種類がある．弾性シーリング材には，1成分形と2成分形がある．このうち，2成分形は基剤と硬化剤とを混合して使用する．

シーリング材の分類を図9・11に示す．

現在は，弾性シーリング材が一般的に使用されている．

シーリング材は種類が多く，使用条件に合った材料を選定することが重要である（表9・2）．

(2) 目地の形状

シーリングが目地の動きに追従するためには，2面接着でなくてはならない．底面にも接着した3面接着は，図9・12に示すように破断の原因になる．

シーリングの性能には，目地の形状が大きく関係する．目地の動きには，金属建具の目地など比較的動きの少ないものと，層間変位を想定したかなり大きいものとがある．

金属建具の目地幅の算定式を次に示す．

目地の動き：$\Delta L = \alpha \times \Delta T \times L \times (1 - K_t)$ 〔mm〕

目地幅：$W \geq \dfrac{\Delta L}{E} \times 100 + t$ 〔mm〕

α：部材の熱膨張係数〔$\times 10^{-6}$/℃〕（表9・3）
ΔT：実効温度差〔℃〕（表9・4）
L：部材の長さ〔mm〕
K_t：温度ムーブメント（動き）の低減率（表9・5）
E：シーリング材の設計伸縮率〔%〕（表9・6）
t：部材の取付け精度誤差〔mm〕（表9・7）

層間変位を想定した目地幅の算定式
スライド方式の場合の目地の動き：
$\Delta L = R \times h \times (1 - K_r)$

ロッキング方式の場合の目地の動き：
$\Delta L = R \times w \times (1 - K_r)$

目地幅：$W \geq \dfrac{\Delta L}{E} \times 100 + t$ 〔mm〕

R：層間変形角（一般に 1/300・学会基準による）
h：パネルの高さ〔mm〕
w：パネルの幅〔mm〕
K_r：層間変位ムーブメントの低減（表9・8）
E：シーリング材の設計せん断変形率（%）（表9・6）
t：部材の取付け精度誤差〔mm〕（表9・7）

さらに目地幅を 40mm 以下，10mm 以上（ポリウレタン・アクリル系は 20mm 以下）になるよう材料を選択する．

目地深さは，図9・13の範囲内で決定する．

(3) 施 工

施工図を作成する段階で目地の計算を行い，目地の形状を決定する．

シーリング工事の工程を次に示す．

① シーリング材を確実に接着させるために，施工前に目地部を十分に乾燥させ，接着部に付着した水・油・ほこりを除去する．

② 目地にボンドブレーカーまたはバックアップ材を挿入する．バックアップ材の深さがシーリングの厚さを確定するため，治具を用いて所定の深さを確保する．

③ 目地部以外にプライマーやシーリング材が付着しないよう，マスキングテープを貼る．

④ シーリング材を下地になじませるために，プライマーを塗布する．プライマーは下地の材質に適したものを選定する．

⑤ ALCパネルなど吸込みの大きい場合は，プライマーを2度に分けて塗る．プライマー塗布後30分から1時間乾燥させ，できるだけ早くシーリング材を充填することが施工のポイントである．

(4) その他

シリコーン系のシーリング材は施工後，雨水によって遊離シリコーンが流れ出し，大気中の埃が付着して目地周辺が汚れる場合がある．

9・2 金属製建具工事

金属建具工事は，躯体工事および準躯体工事の次に行う工事で，サッシ（窓）・ドア・シャッターなどの金属建具を製作して取り付ける工事である．建具は，専門工事業者が設計図に基づいて製作図を作成し，工事管理者・設計者の承認を得て工場で製作する．取付け工事は，建具製作業者の2次下請けの取付け専門の業者が行う場合が多い．

内装仕上げ面の位置は，建具枠から決めていくので，建具の取付け精度はとくに重要である．

1. サッシ工事

(1) サッシ

サッシの開閉方式には，すべり出し・はめ殺し（FIX）・片引き・引き違い・片開き・両開き・回転などの種類がある（図9・14）．また，サッシの各部材には，図9・15に示すような独自の名称がつけられている．

サッシの材料には，アルミ・スチール・ステンレスが用いられる．現在は，アルミが最も多くが使用されている．従来はスチールが主に使用されていたが，現在は耐久性や価格の点からあまり使用されない．

アルミサッシは，主にアルミの押出し材をビス止めで組み立てて製作する．スチールサッシは，主にスチールの板材を切断・曲げ加工をし，溶接で組み立てて製作する（図9・16）．

サッシ工事では，サッシ本体とその周辺からの漏水を防

表9・3 各種建築材料の熱膨張係数 α

分類	材質	熱膨張係数 ($\times 10^{-6}$/℃)
金属	アルミ	23
	ステンレス	17
	鉄	10
ガラス	板ガラス	9
セメント製品 石材 他	コンクリート	10
	ALCパネル	7
	大理石	5〜16
	花崗岩	9
プラスチック	FRP	20〜34
	ポリエステル樹脂	35〜50
	硬質塩化ビニル樹脂	50〜180

表9・4 部材の実効温度差 $\varDelta T$(℃)

形状	構成部材		色調	外壁	笠木
形材	アルミ		明色	55	65
			暗色	70	80
パネル	金属	アルミ板	明色	55	65
			暗色	70	80
		アルミ鋳物	明色	50	55
			暗色	65	70
		ステンレス	明色	55	65
			暗色	70	80
		鋼	明色	55	65
			暗色	70	80
	コンクリート		明色	35	40
			暗色	40	45
	ALC		明色	40	—
			暗色	45	—
	ガラス	一般		45	—
		特殊		55	—

表9・5 温度ムーブメント低減率 K_t

形状	構成部材の種類		外壁	笠木
形材	アルミ		0.2	0.1
パネル	金属	アルミ板	0.3	0.1
		アルミ鋳物	0.2	0.1
		ステンレス	0.3	0.1
		鋼	0.3	0.1
	コンクリート		0.1	0.1
	ALC		0.1	—
	ガラス		0	—

表9・7 カーテンウォール部材取付けの精度誤差(mm)

金属製カーテンウォール	±3
アルミニューム合金鋳物製カーテンウォール	±5
プレキャストコンクリートカーテンウォール	±5

表9・6 シーリング材の設計伸縮率および設計せん断変形率の標準値 E(%)

シーリング材の種類	伸縮		せん断	
	M_1	M_2	M_1	M_2
2成分形シリコーン系	20	30	30	60
1成分形シリコーン系(高モジュラス)	(10)	(15)	(20)	(30)
1成分形シリコーン系(低モジュラス)	15	30	30	60
	15	30	30	60
2成分形変成シリコーン系	20	30	30	60
1成分形変成シリコーン系	10	15	15	30
	10	15	15	30
2成分形ポリサルファイド系	15	30	30	60
	10	20	20	40
1成分形ポリサルファイド系	7	10	10	20
1成分形変成ポリサルファイド系	7	10	10	20
2成分形アクリルウレタン系	10	20	20	40
2成分形ポリウレタン系	10	20	20	40
1成分形ポリウレタン系	10	20	20	40
	10	20	20	40
1成分形アクリル系	7	10	10	20

M_1:温度ムーブメントの場合
M_2:風,地震による層間変位ムーブメントの場合
( ):ガラス回り目地の場合

表9・8 層間変位ムーブメントの低減率 K_r
(PCカーテンウォールの場合)

h/w	スライド方式	ロッキング方式
2以上	0.1	0.1
2未満0.5以上		0.2
0.5未満		0.3

(a) 一般目地の場合 (b) ガラス回り目地の場合

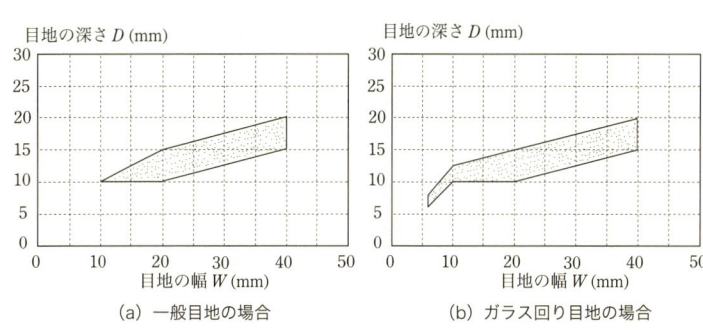

図9・13 ワーキングジョイントの目地深さの許容範囲

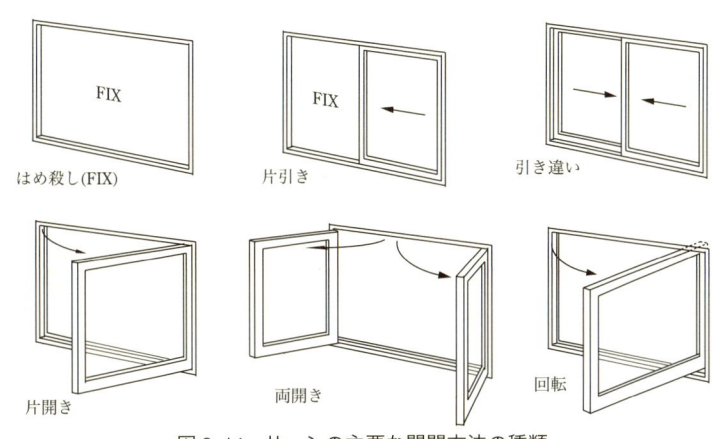

図9・14 サッシの主要な開閉方法の種類
はめ殺し(FIX) / 片引き / 引き違い / 片開き / 両開き / 回転

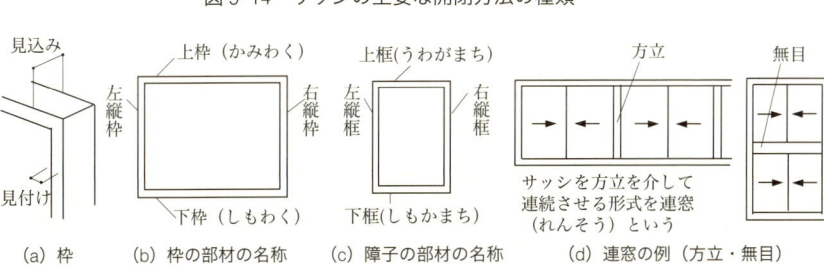

(a) 枠 (b) 枠の部材の名称 (c) 障子の部材の名称 (d) 連窓の例(方立・無目)

見込み / 見付け / 上枠(かみわく) / 左縦枠 / 右縦枠 / 下枠(しもわく) / 上框(うわがまち) / 左縦框 / 右縦框 / 下框(しもかまち) / 方立 / 無目

サッシを方立を介して連続させる形式を連窓(れんそう)という

図9・15 サッシの各部材の名称

(a) アルミ
タッピングビス / 溝塞ぎ / シール材 / 縦枠 / 上枠 / ビス受け部

(b) スチール(ステンレス)
溶接 / 縦枠 / 上枠

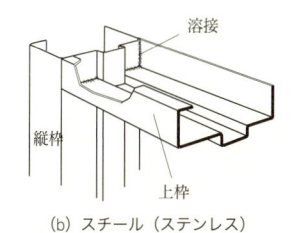

図9・16 金属建具の仕口の例

第9章 仕上げ工事

止することが重要である．サッシ本体からの漏水を防止するためには，ステンレスサッシの場合は溶接部と組立て部の止水シールを，アルミサッシの場合は仕口部の防水シートと組立て部の止水シールを確実に行う．また，風圧により敷居部から内部へ入る水や，ガラス面に結露して下へ溜まった水をスムーズに外部に導くよう，排水経路を設ける．

なお，アルミニウムは両性金属であり，酸にもアルカリにも侵される．そのため酸化皮膜で保護しているが，皮膜が薄いので，損傷させないよう取扱いには十分に注意する．また，塩素イオンにも侵されるので，海岸地方では塗装などによって保護する．

(2) 施　工

サッシの施工は，次の手順で行う．

① 製品検査

製品検査は，主に次の項目について行う．

(a) 排水経路：サッシ内部に入った水や，結露水を排出するための経路
(b) 仕口加工：仕口の防水シールの状況
(c) 寸法精度：枠の内法寸法・対角寸法
(d) 障子建付：障子の動き・建付け
(e) 障子取合：障子と枠の取合いの気密・止水の構造

② サッシの取付け作業

躯体の開口部にサッシ枠をはめ込んで，正確に位置を決めて，予め躯体施工時に埋込んでおいたアンカーにサッシ枠を溶接して固定する．

サッシの位置決めは，次の方法で行う（図9・17）．

(a) 開口部の上下にサッシ芯を，左右に陸墨を出す
(b) サッシ本体に，芯とFLから所定の高さの位置を，罫書を入れる
(c) 1辺につき2箇所以上キャンバーを挟み，開口にサッシをセットする
(d) キャンバーを加減して，芯墨と本体の芯の罫書，陸墨とサッシ本体の水平罫書，壁面の仕上げの逃げ墨からサッシ本体の面の出入りを合わせる
(e) 正確に位置を合わせ，アンカーに溶接して固定する

③ サッシ周囲の充填作業

サッシ周囲に，防水モルタルを充填する．キャンバーをセットしたまま充填し，モルタルが硬化した後キャンバーを引き抜き，その部分を防水モルタルで埋める．サッシ周囲の充填箇所から浸水することが多いので，充填作業を無理なく行えるよう，適度な隙間が必要である．躯体の開口寸法は，サッシの内法寸法＋200mmが標準である．

サッシ周囲にモルタルを充填した段階で，塗布防水やシールなどで確実に止水し，散水テストを行う．さらに，外壁を仕上げた後，サッシ回りに化粧シールを行う（図9・18）．

2.　ドア工事

ドアの開閉方式には，片開き・両開き・親子・片引き・両引きなどの種類がある．また，扉の構造には，框扉・片面フラッシュ扉・両面フラッシュ扉などがある（図9・19）．

材料には，スチール・アルミ・ステンレスなどが用いられる．サッシとは異なり，スチールが多く用いられる．

スチールドアの場合，錠前を含めて発注する．そのため，製作図をチェックする段階で，キーシステム・施錠方向・施錠方法を確認する．

取付け方法はサッシと同じである．沓摺がある場合，沓摺は下にあるため，取り付けた後にモルタルを充填できない．そのため，取付け前にメタルラスを張り，枠を逆さにしてモルタルを充填する．

3.　シャッター工事

シャッターは，スプリングによってバランスをとり，手動で開閉する軽量シャッターと，電動で開閉する重量シャッターに大別される．

材料は，スチール・アルミ・ステンレスなどが用いられ，防火・防煙・防犯などの目的で設けられる．

取付け方法は，サッシの場合と基本的には同じであるが，重量があるので足場を確実に組み，安全に注意する．

工事の主要な通路上でシャッター工事が行われる場合が多いので，シャッター取付け工事が工事動線の支障にならないよう事前に計画をしておく．

9・3　ガラス工事

ガラス工事はガラスを切断加工し，サッシなどの枠にはめ込んで固定する工事である．

ガラスには色々な種類があるので，それぞれの特性をよく理解して施工する．

1.　ガラスの種類

ガラス工事の対象には，板ガラス・ガラスブロック・プリズムガラスなどがある．

板ガラスには，普通板ガラス・網入りガラス・熱線吸収ガラス・熱線反射ガラス・合せガラス・強化ガラス・複層ガラスと，それらを複合したものがある．ガラスの種類と特性について，表9・9に示す．

ガラスブロックは，190mm角または145mm角で厚さ95mmを標準寸法とする，空洞ガラスブロックである（図9・20）．

プリズムガラスは，ガラスのブロックを鋳鉄の枠にはめて床や歩道に設置するもので，地下室の明り採りなどに使

図9・17 サッシの取付け作業

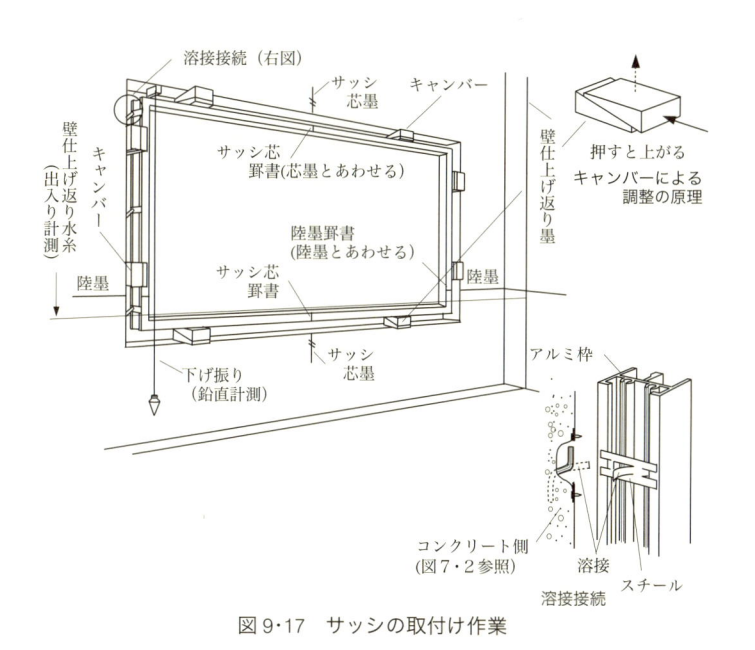

図9・18 サッシ枠周囲の防水

図9・19 扉の構造上の種類（断面図）

表9・9 ガラスの種類と特性

機能別	特徴	種類	透視性	拡散性	防眩性	耐衝撃性	対人体衝突	飛散防止性	耐熱衝撃性	防火性	防犯性	防弾性	冷暖房負荷軽減	断熱結露防止	色彩	デザイン	防音性
普通板ガラス	フロートガラスが主．フロート法で製造された極めて平滑な板ガラスで，2次加工したものも含む	フロート板ガラス	◎														
		すり板ガラス		◎													
型板ガラス	片面に色々な形の凹凸を付けたもので透過光線が美しい	型板ガラス		◎												◎	
網入，線入板ガラス	網入りガラスは火災時に割れて，破片が飛び散らないようにガラス内に亀甲形の網を封入したもの．強度は30％ほど低下する 線入りガラスは目的は同じ．網入りほど目立たない	網入型板ガラス		◎				○		◎						○	
		線入型板ガラス		◎				○								○	
		網入みがき板ガラス	○					○		◎						○	
		線入みがき板ガラス	○					○									
熱線吸収板ガラス	冷房効率を高めるため，日射エネルギーを吸収するガラス．コバルト，鉄，セレンなどの金属を混入して着色する．ブルー，グレー，ブロンズの3色がある．30〜60％のエネルギーを吸収する	熱線吸収板ガラス	○		◎								◎		○	○	
		熱線吸収網入型板ガラス		◎	◎			○		◎			◎		○	○	
		熱線吸収網入みがき板ガラス	○		◎			○		◎			◎		○	○	
		熱線吸収線入みがき板ガラス	○		◎			○					◎		○	○	
熱線反射ガラス	日射エネルギーを反射するガラス．フロートガラス製造最終工程でチタン系合金をスプレーし，高温加熱してコーティングする．シルバーとグレーがある	熱線反射ガラス			◎								◎		◎	○	
		高性能熱線反射ガラス			◎								◎		◎	○	
合せガラス	ポリビニルブチラートをはさみ，加熱圧着したもの	合せガラス	*	*	*	*	◎	◎		*	◎	*	*		*	*	*
強化ガラス	板ガラスを軟化点まで加熱し，常温の空気を吹付けて冷却し，表面に圧縮応力を形成させたもので，3〜5倍の曲げ強度，衝撃強度があり，割れた場合，破片が細粒状になり，安全性が高い	強化ガラス	*		*	○	◎	◎				*				*	
		型板強化ガラス		◎	○	○	◎	◎									
		倍強度ガラス	*		*	○		◎								*	
複層ガラス	2枚のガラスを乾燥空気を封入して合せたガラス	複層ガラス	*	*	*					*		*	◎	◎	*	*	*
鏡		鏡														◎	

注1 ◎は特に優れている．○は優れている．
2 合せガラスと複層ガラスの＊は，組合わせる板ガラスの種類により，各種の性能を高めることができる．
3 強化ガラスと倍強化ガラスの＊は，使用する板ガラスの種類により，各種の性能を高めることができる．
4 人体衝突に対する安全性は，旧建設省通達の「ガラスを用いた開口部の安全設計指針」による．

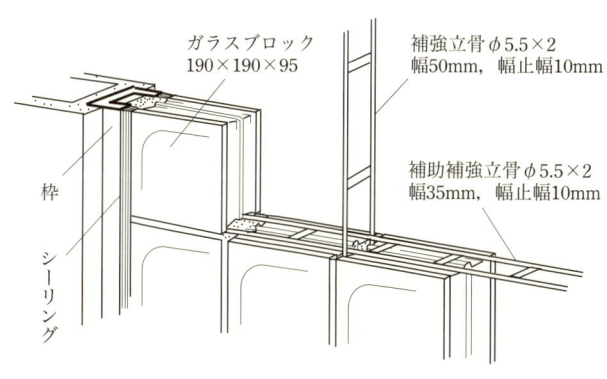

図9・20 ガラスブロックの例

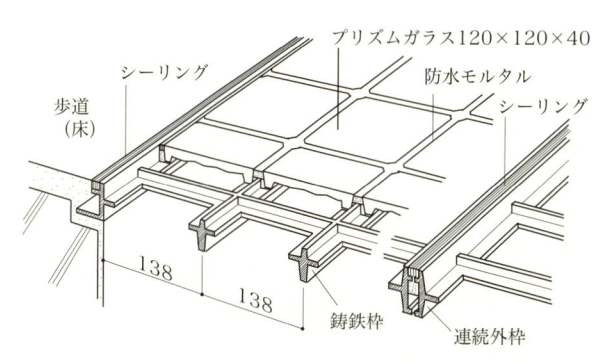

図9・21 プリズムガラスの例

第9章 仕上げ工事

われる（図9・21）．

なお，JASSではガラスブロック・プリズムガラスは，コンクリートブロックとともにメーソンリー工事（JASS 7）に分類されているが，本書では施工工程と枠にはめ込む形式であることから，ガラス工事に含めた．

2. ガラスの取付け構法

(1) 弾性シーリング固定構法

溝にガラスをはめ込み，シリコーン系または変成シリコーン系のシーリング材を充填して固定する構法である（図9・22）．シーリングの弾力性によって，層間変位などによる枠の変形にも追従でき，信頼性も高く，最も多く行われている．風圧に耐える枠への掛かり代（しろ）と，層間変位に追従できる枠との隙間を確保する．

(2) パテによる固定構法

溝にパテを敷いてガラスをはめ込み，押出されたパテを成型して固定する構法である（図9・23）．止水性能が低く，弾性がないため変位に追従できない．主に，内部の木製建具に使用されている．

(3) バックマリオン構法

構造シーラントを支持部材とガラスの間に充填し，直接固定する構法である（図9・24）．方立（マリオン）がガラスの背後にくることから，バックマリオン構法と呼ばれる．また，構造シーラントを用いることから，SSG（Structural Silicone Grazing）構法とも呼ばれる．比較的新しい構法であるが，現在ではガラスカーテンウォールの主流にもなってきている．

(4) グレイジングガスケット構法

溝にガラスをはめ込み，定形のグレイジングガスケットで固定する構法である（図9・25）．グレイジングチャンネルとグレイジングビートの2種類があり，既製アルミサッシによく用いられる．

(5) ガスケット構法

主に，はめ殺しの窓に使用する．ガスケットの片方をPCなどの溝あるいは型鋼の刃にはめ込み，片方にガラスをはめ込んでジッパーで固定する構法である（図9・26）．溝の場合はY型，刃の場合はH型を用いる．

(6) ガラス単独スクリーン構法

面ガラスと方立ガラスで構成される．面ガラスを自立させる形式と，吊り下げる形式がある．接続部にはシリコーン系シーリングを充填する（図9・27）．

(7) 強化ガラスを直接ボルトで固定する構法

強化ガラスを直接ボルトで固定する構法である．欄間・リブ・軸を組合せ，連結金物で固定したガラススクリーンで，主にエントランスに用いるものと（図9・28），アトリウムなどに用いるもの（Dot Point Grazing構法・DPG構法）がある（図9・29）．

3. 施 工

(1) 加 工

製作図と実測をもとにガラス寸法を割り出し，ガラスを加工する．ダイヤモンドカッター・ホイールカッターなどで，ガラス表面に傷を付けて割るように切断する．

現場で寸法を修正するために，ニッパで不要な部分をかじるように切り取る．この方法は「食い切り」と呼ばれ，ひびや割れの原因になる傷が残るおそれがある．

網入りガラスは，切断面の網材が錆て割れの原因になるので切断面に防錆塗料を塗る．

(2) 取扱と仮置

ガラスの取扱いに際しては，硬いものに接触させないようにする．仮置きする場合，ガラスは非常に重いので，必ずコンクリートの床に敷き板を置き，柱や壁の構造体に立てかける形で置き，溶接の火花がかからないよう，養生シートを掛ける（図9・30）．

(3) 取付け

ガラスの取付け作業の流れを図9・31に示す．

ガラスの吊り込みは，ハンド吸盤器をガラスに取り付けて行う（図9・32）．ガラスをはめ込む前に，溝内のモルタル屑などを完全に取り除く．

セッティングブロックは，ガラスの荷重を枠に伝える働きをするため，回転扉の軸部や引き戸の戸車の位置など，メーカーの仕様に従って正確にセットする．

熱線反射ガラスは，鏡のように対面の景色を映すため，外部から見た場合，ガラス面の僅かな傾きが極端に目立つ．外部から観察しながら，ガラス面の傾きを調整することによって見苦しいファサードにならないようにする．

(4) 養 生

透明ガラスの場合は，ガラスに気づかず物を当てるおそれがあるので，ガラス1枚ごとに「ガラス注意」の貼り紙をする．

溶接火花の養生のため，ガラスの全面に塩化ビニルやポリエチレンフィルムを貼るが，取り外した後の洗い作業が容易な糊を選択する．

熱線反射ガラスは反射被膜が薄くて弱いため，養生のフィルムを貼るための糊や洗い作業の洗剤などは必ずメーカーに確認する．

熱線吸収ガラスは，熱膨張により割れるおそれがあるので全面養生は避ける．

溶接の火花による傷は，火花が目に見えない範囲まで及ぶので，ガラス周辺の溶接作業には注意が必要である．

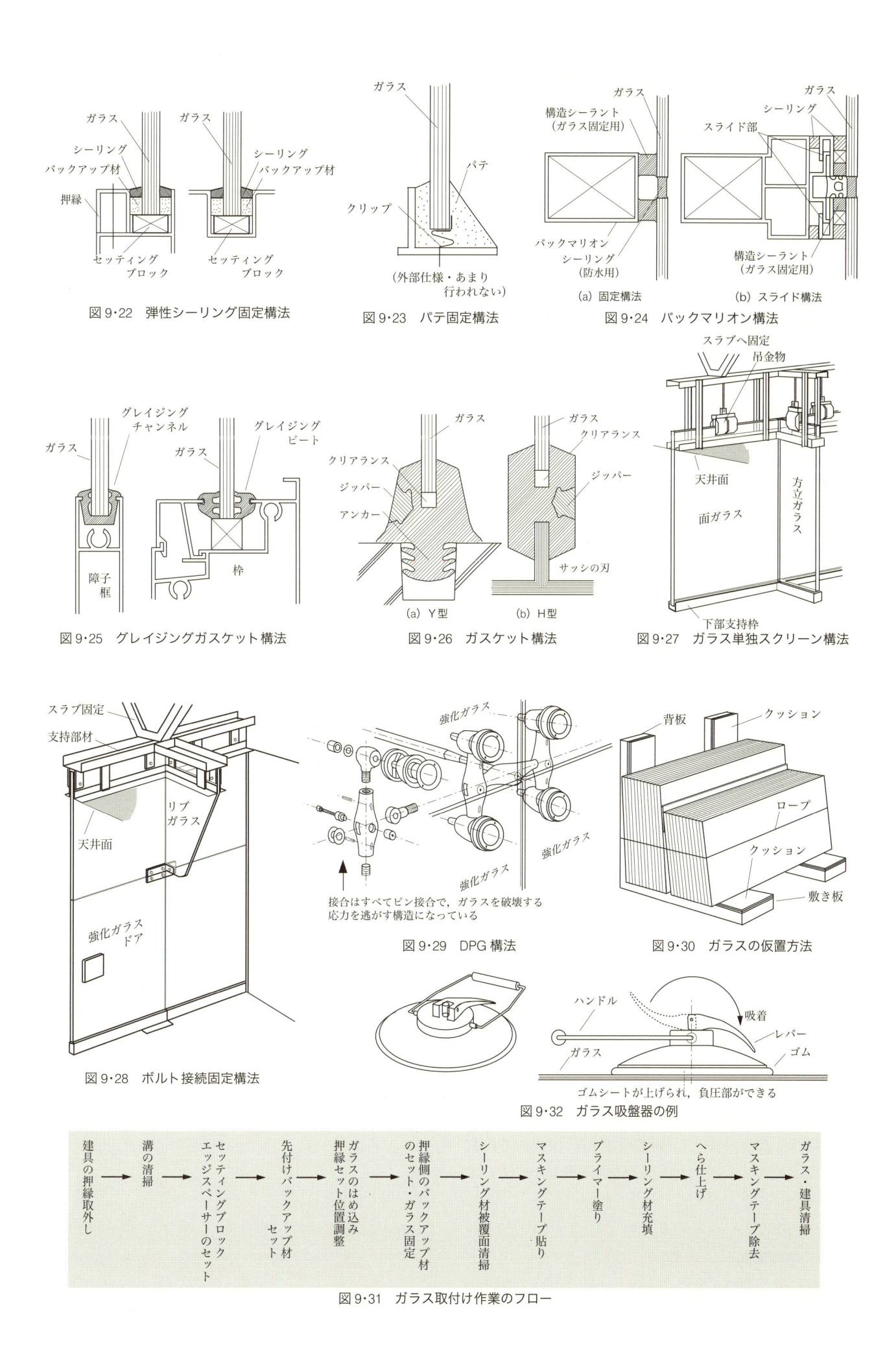

図 9・22 弾性シーリング固定構法

図 9・23 パテ固定構法

図 9・24 バックマリオン構法
(a) 固定構法　(b) スライド構法

図 9・25 グレイジングガスケット構法

図 9・26 ガスケット構法
(a) Y型　(b) H型

図 9・27 ガラス単独スクリーン構法

図 9・28 ボルト接続固定構法

図 9・29 DPG 構法
接合はすべてピン接合で，ガラスを破壊する応力を逃がす構造になっている

図 9・30 ガラスの仮置方法

図 9・32 ガラス吸盤器の例
ゴムシートが上げられ，負圧部ができる

建具の押縁取外し → 溝の清掃 → セッティングブロック　エッジスペーサーのセット → 先付けバックアップ材セット → ガラスのはめ込み　押縁セット位置調整 → 押縁側のバックアップ材のセット・ガラス固定 → シーリング材被覆面清掃 → マスキングテープ貼り → プライマー塗り → シーリング材充填 → へら仕上げ → マスキングテープ除去 → ガラス・建具清掃

図 9・31 ガラス取付け作業のフロー

第 9 章　仕上げ工事

9・4 木工事

木工事は，木材を構造体とする建築物の工事と，鉄筋コンクリートなどを構造体とする建築物の内装工事に大別される．ここでは主に内装工事について述べる．

主な内装工事には，和室の床・天井・建具回りの工事が，和室以外では木製建具の枠・高級練付け仕上げの壁・便所スクリーンなどの工事がある．

1. 木材の種類と性質

木には，針葉樹と広葉樹がある．針葉樹には常緑樹が多く，軟らかく加工しやすく，筋が通っている．すぎ・ひのき・まつなど，主要な建築材がこれに含まれる．広葉樹には落葉樹が多く，堅くへこみにくいため，建築材としてだけではなく，家具材によく用いられる．けやき・なら・さくら・ラワン・チークなどがこれに含まれる．

主な木材の性質を表9・10に，樹種別の使用箇所を表9・11に示す．

木材は乾燥により収縮する．木材の中の水分には，細胞内腔にある自由水と，細胞膜内でセルローズ分子と結合している結合水がある．自由水が抜けるまでは，木材は収縮しない．収縮が始まる含水率は，樹種に関係なく25～30%である．自由水がなくなって，細胞膜内の水が抜けて収縮が始まる．

収縮率は木材内の位置や方向によって異なる．収縮率は木材の中心部より周辺の方が大きく，直径方向より年輪方向の方が大きい．また，長さ方向より，その直角方向の方が大きい（図9・33）．

木材の断面で，中心部に近い側を木裏，遠い側を木表と呼ぶ．木表は木裏より収縮率が大きい．そのため，乾燥収縮により木材は木表側へ湾曲する（図9・34）．

また，年輪方向の収縮率が大きいため，周辺から中心部に向けて割れが入る．これを目立たない位置に強制的に集中させる方法として，柱には背割りを入れる．

加工後の乾燥変形を避けるため，加工前に含水率18%以下になるよう乾燥させておく．さらに，乾燥変形を見込んで部材の使い勝手を決める．

乾燥による変形のない集成材がよく用いられる．集成材は挽き板または小角材などを接着剤で接着した材料である（図9・35）．用途によっては表面に突板を貼り，外見上は単材に見せることもある．

2. 床下地の工事

標準的な床下地の工事の手順を次に示す．また，各部材の間隔寸法を表9・12に示す．

① アンカーボルトの設置

大引を固定するため，アンカーボルトを打込む（図9・36）．このとき，アンカーボルトを床埋設配管に当てないようにする．

② 大引の取付け

不陸調整用パッキンでコンクリートの不陸を調整して，大引をアンカーボルトで固定する．

不陸調整用パッキンは，スクリュー釘と接着剤で固定する．接着剤は木とコンクリートの場合は，酢酸ビニル樹脂溶剤型接着剤，木と木の場合は，酢酸ビニル樹脂エマルジョン接着剤を使用する．

大引の断面寸法は90mm角を標準とするが，コンクリート床との段差寸法を標準以下にする場合は，90mm以下にする場合がある（図9・37a）．

③ 根太の取付け

根太の断面寸法は45mm×40mmとし，スクリュー釘で大引に固定する（図9・37b）．

④ 下地板の取付け

下地板には，型枠用合板が一般に使用される．スクリュー釘は，200mmピッチ以下で根太に固定する（図9・37c）．

3. 和室の建具回りおよび天井

和室の建具回りは，柱・敷居・鴨居・長押で構成される．

敷居と鴨居は，乾燥変形によって間隔が狭くならないように，敷居は木表を上に，鴨居は木表を下にして使う（図9・34参照）．

標準的な各部の寸法を図9・38に示す．

4. 木製建具の枠

木製建具の枠を取り付ける対象は，コンクリート壁・軽量鉄骨壁・木軸壁などである．いずれの場合もキャンバーで位

表9・10 主な木材の性質

樹　種	特徴性質等
ひのき	弾性・耐水性あり，縮み・歪み・割れが少ない．造作に最適．
すぎ	木目が通って，日本間の造作に適す．赤味が良．灰汁で変色する．
あかまつ	耐久力，弾力，強度にすぐれている．乾燥ひずみ大，造作には不向き．
べいつが	木目が細かく通っていて比較的かたい．経済的にも優れている．
スプルース	年輪間隔大，光沢があり加工性にすぐれている．ペンキののりもよい．
たいひ	台湾檜．国産ひのきより香りが強く，国産同等以上の良材．
べいひ	北米産．木目が通って，硬く，耐久性にも優れ，造作材に適す．
ラワン	堅木（かたぎ）で比較的軽軟，加工性に優れ経済的な造作材として用いられる．
べいつが	木目，光沢，耐水性等無難．乾燥歪やや大．経済面から広く用いられる．

表9・11 樹種別の使用箇所

部材名称		ひのき	すぎ	あかまつ	くろまつ	さくら	べいひ	べいひば	べいつが	べいまつ	ラワン	スプルース	えぞまつ	とどまつ	けやき	ひば	なら	チーク	いたや	かば	ぶな	合板	造作用集成材
洋式窓出入口	たて枠・上枠・下枠額縁	○	○					○	○	○	○	○			○	○	○						○
	ぜん板		○							○	○				○	○	○						
敷居・鴨居ほか	敷居類	○	○	○	○	○		○					○	○									○
	鴨居類	○	○					○					○	○									○
	畳寄せ・付け鴨居ほか	○	○										○										
	長押	○	○																				
床組	大引	○	○	○	○					○			○										
	根太・根太掛け・大引受け	○	○	○	○					○			○										
和式洋式床板張り	下張り床板・畳下床板	○	○										○	○								○	
	フローリング・縁甲板	○				○									○		○	○	○	○	○		
	上がりがまち	○	○	○									○	○	○								
天井	野縁・野縁受け・吊木	○	○																				
	回り縁・さお縁	○	○					○		○			○										
	天井板・敷目天井板	○	○					○		○			○									○	

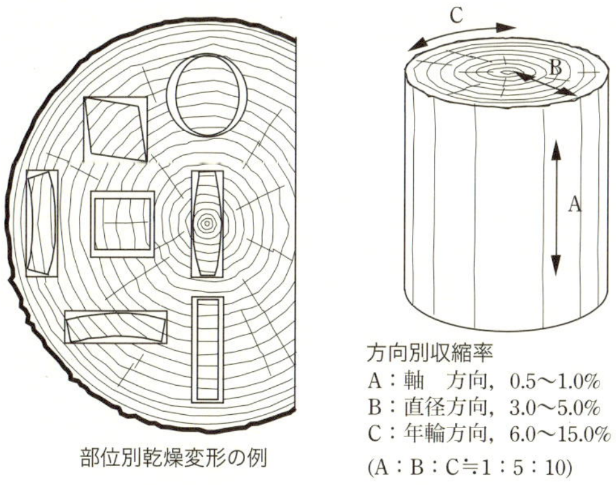

部位別乾燥変形の例

方向別収縮率
A：軸　方向，0.5〜1.0%
B：直径方向，3.0〜5.0%
C：年輪方向，6.0〜15.0%
(A：B：C≒1：5：10)

図9・33 木材内の方向による収縮の違い

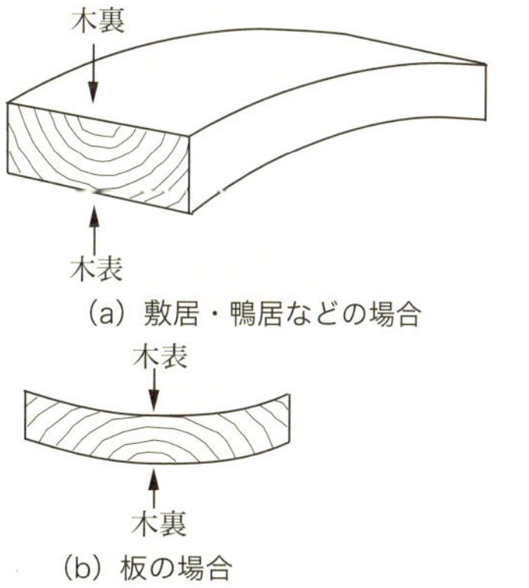

(a) 敷居・鴨居などの場合
(b) 板の場合

図9・34 木材の乾燥収縮による変形

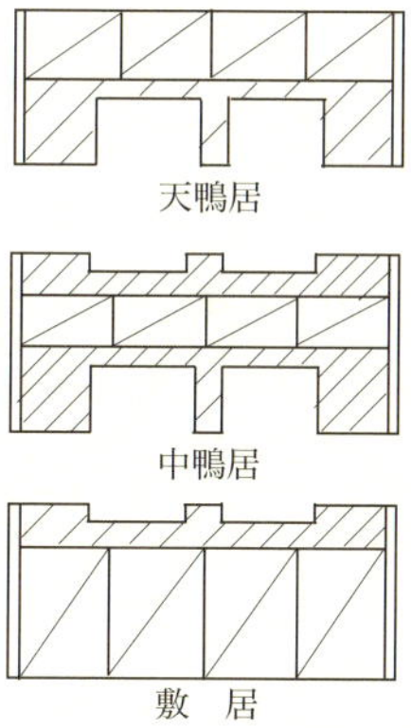

天鴨居 / 中鴨居 / 敷居

図9・35 集成材の例

表9・12 床下地の標準間隔寸法

アンカーボルト	900mm以内
大引	900mm以内
不陸調整用パッキン	900mm以内（大引のせい50mm以下 450mm以内）
根太	12mm合板：300mm以内 15mm合板：360mm以内 12mm合板畳下：450mm以内
下地板固定用釘	200mm以内

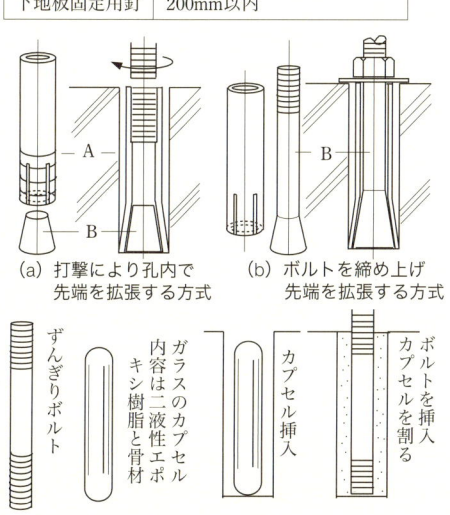

(a) 打撃により孔内で先端を拡張する方式
(b) ボルトを締め上げ先端を拡張する方式
(c) エポキシ樹脂でアンカーを固定する方式

図9・36 コンクリート施工後アンカーの例

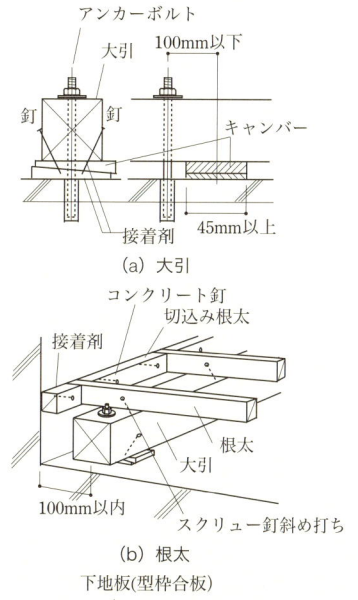

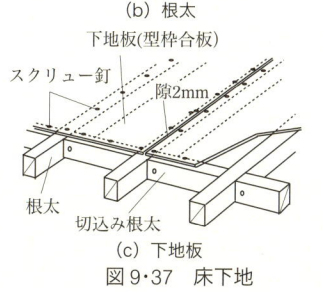

(a) 大引
(b) 根太
(c) 下地板

図9・37 床下地

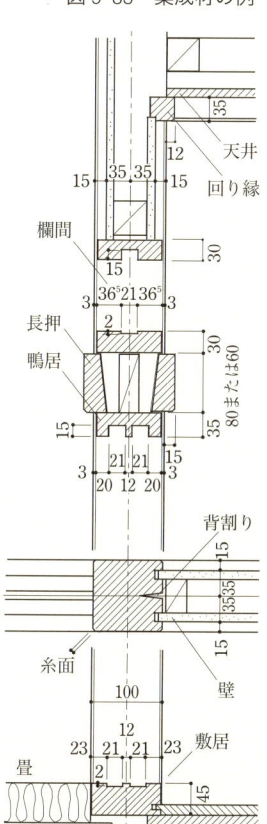

図9・38 和室建具回りの標準寸法

置決めをして固定する．コンクリート壁の場合は平金物で枠側には木ネジで，コンクリート側にはコンクリート釘で固定する．軽量間仕切の場合は，ボルト止めまたは平金物を溶接止めで取り付ける．木軸壁の場合は，双方を木ねじで固定する．

5. 高級練付け仕上げ壁

応接室などの高級な部屋の仕上げ材として使用される，美しい木目を生かす壁仕上げである．

木目や色の美しい木材をスライスし（スライスした材料を単板または突板という），合板または，けい酸カルシューム板に貼ったものである．

練付けとは糊で貼る意味で，従来は下地を450mm間隔に格子状に組み，目地部にとんぼ釘で仮止めし，桟で押し付けて貼っていたが，現在は軽量間仕切のプラスターボード面に糊で貼る工法が一般的である．

ボード面に360～450mm角の格子状にクロロプレン合成ゴム系の接着剤を塗り，指触乾燥後（指で触れても接着剤が付かない程度の乾燥）貼り付ける．下地のプラスターボードのジョイント部と化粧板のジョイント部が一致しないよう注意する．

木目が連続して美しく見えるよう，スライスした順に右回りに貼る．模様には，追い柾貼り・抱き目貼り・乱貼りなどがある（図9・39）．

6. 木製建具工事

木製建具の主なものは，和室の障子・襖・洋室の木製フラッシュドアなどである．木製フラッシュドアには，心材として紙に樹脂を浸透させたペーパーハニカムを使うものと，木製の桟を使うものがある．

上下左右の框に錠前・ドアチェック・戸当たりなどが取り付く箇所に補強を行い，心材を入れて両面から合板に接着剤を塗り，圧着して製造する．

鋼製建具の場合は，枠・障子・ドア・建具金物などを同時に取り付けるのが一般的である．木製建具の場合は，建具の製作と取付けのみを行い，建具金物は別途用意する．建具金物には，錠前を始めとして丁番・ピボットヒンジ・ドアチェック・戸当など多くの種類がある（図9・40）．

7. 便所スクリーン

木製の便所スクリーンの場合は，木製フラッシュを用いるのが一般的である．便所スクリーンはスクリーン（隔壁）とドアで構成される．下部に足金物を取り付け，上部を軽量チャンネルで固定して組立てる（図9・41）．

9・5 石工事

石材は高価な材料であり，高級な仕上げ材として用いられる．

石工事は，工場で石材を厚さ20～50mmの板状に加工し，これを現場で壁や床に貼る工事である．石の形状の，現場での修正はほとんどできないため，加工・施工ともに高い精度が必要である．加工精度は±0.5mm以下，施工精度は±1mm以下に抑える．

透水性・変色性・侵食性などの性質は，石種だけでなく産地や個々の原石によっても異なる．判断を誤ると，白華・濡れ色・錆色の斑点など各種の不具合が発生する．石材の性質を把握するためには，専門工事業者の意見を参考にすることも重要である．

1. 石材の種類と表面仕上げ

(1) 石材の種類

花崗岩・大理石・砂岩が代表的な石材である．石種は非常に多くあり，産地名や色目などから名称が付けられている．

花崗岩は火成岩の一種で耐候性に優れている．とくに外部仕上げに適しているが，色むらが出やすいもの，石目がきつく割れやすいもの，鉄分を含み水分の影響で錆色の斑点が出るもの，吸水率が大きく汚れが付きやすいものなどがある．

大理石は，水成岩や変成岩系の石で，高級な内装としてよく用いられる．耐候性が劣るため，あまり外部には使用しない．

蛇紋岩は火成岩系の変成岩であるが，色彩が白くぼけたり，反りが生じることがある．また，水分の影響で錆色の斑点が出ることもある．

砂岩は水成岩の一種で外部にも用いるが，比較的風化が早い．表面強度が低いため，擦れると白くなり補修がきかない，吸水率が非常に高いため，吸水による不具合が発生する場合がある．

(2) テラゾー・擬石

テラゾーは工場で製造するものと，現場で施工するものがあるが，現場テラゾーの施工には手間と時間を要するために現在はあまり行われない．

次に，工場での製造工程を示す．

① 型枠にワイヤメッシュをセットして，固練りコンクリートを厚さ25～30mmに突き固め下地を作る．
② 種石を白セメントペーストと混練し，下地の上に隙間が出ないよう種石を敷き詰め，叩いて締める．
③ 硬化後，表面を種石の径まで削って表面を磨いて仕上げる．

(a) 追い柾貼り　　(b) 抱き目貼り　　(c) 乱貼り

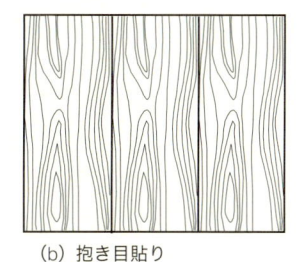

図9・39　練付け模様の例

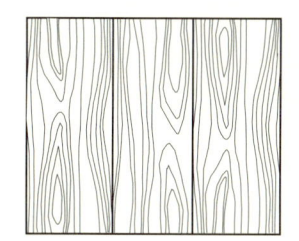

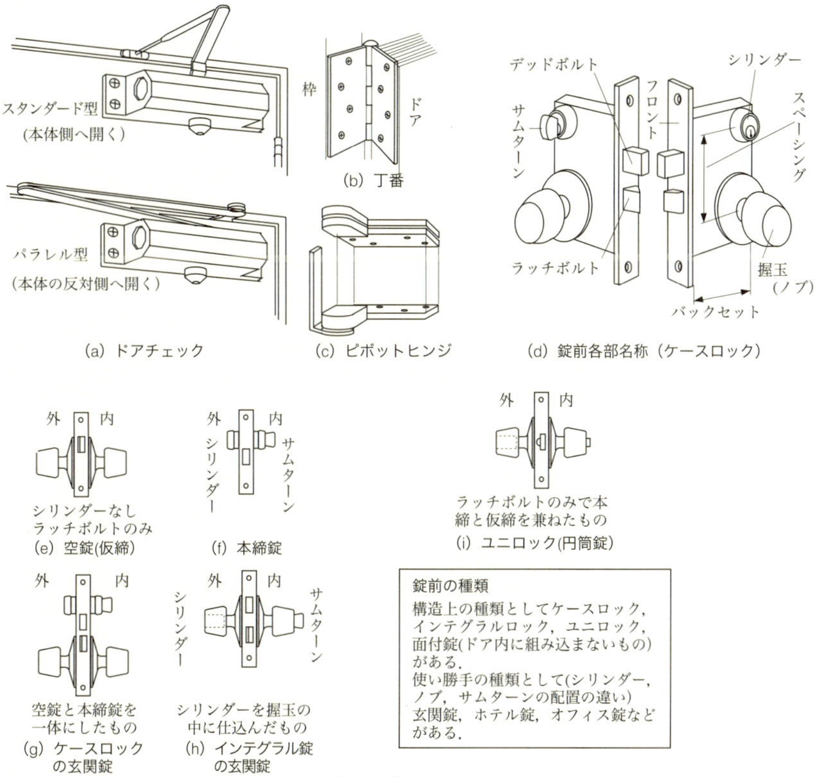

図9・40　建具金物の例

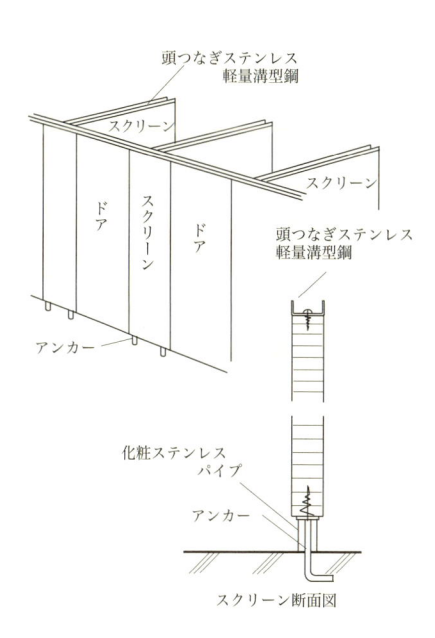

図9・41　便所スクリーン

表9・13　石の表面仕上げ

(a) 花崗岩の粗面仕上げの種類と程度（JASS 9）

仕上げの種類		仕上げの程度	仕上げの方法	加工前の石厚の目安
のみ切り	大のみ	100mm角の中にのみ跡が5個	手加工	60mm以上
	中のみ	100mm角の中にのみ跡が25個		
	小のみ	100mm角の中にのみ跡が40個		50mm以上
びしゃん	荒びしゃん	16目びしゃん(30mm角に対し)で仕上げた状態	手加工または機械加工	35mm以上
	細びしゃん	25目びしゃん(30mm角に対し)で仕上げた状態		
小たたき		1～4枚刃でたたき仕上げた状態		35mm以上
ジェットバーナー		表面のはじけ具合におおむらの無いもの	手加工または機械加工	27mm以上
ブラスト		砂またはショットを吹付けて荒らした状態	機械加工	27mm以上
ウォータージェット		超高圧水で表面を切削した状態	機械加工	27mm以上
割りはだ		矢又はシャーリングにて割って凹凸のある状態	手加工または機械加工	120mm以上

・大理石、砂岩の粗面仕上げは上記に準じて行う．

(b) 花崗岩の磨き仕上げの種類と程度（JASS 9）

仕上げの種類	仕上げの程度
粗磨き	#24～#80のカーボランダムと石，または同程度の仕上げとなるダイヤモンドと石で磨いた状態
水磨き	#400～#800のカーボランダムと石，または同程度の仕上げとなるダイヤモンドと石で磨いた状態
本磨き	#800～#1500のカーボランダムと石，または同程度の仕上げとなるダイヤモンドと石で磨き，さらにつや出し粉を用い，バフで仕上げた状態

・目地あいばは，原則として糸面をつける．

(c) 大理石・テラゾーの磨き仕上げの種類（JASS 9）

仕上げの種類	仕上げの程度
粗磨き	#100～#300のカーボランダムと石，または同程度の仕上げとなるダイヤモンドと石で磨いた状態
水磨き	#400～#800のカーボランダムと石，または同程度の仕上げとなるダイヤモンドと石で磨いた状態
本磨き	#800～#1500のカーボランダムと石，または同程度の仕上げとなるダイヤモンドと石で磨き，さらにつや出し粉を用い，バフで仕上げた状態

・目地あいばは原則として糸面をつける．
・砂岩の粗磨き，水磨きは上記に準じて行う．

(d) 擬石の表面仕上げ

仕上げの種類	仕上げの程度
つつき	1本つつき，100角の中にのみ跡が25個の状態
	2本つつき，100角の中にのみ跡が40個の状態
小たたき	1枚刃でたたき仕上げた状態
ブラスト	砂またはショットを吹付けて荒らした状態

石の加工工具

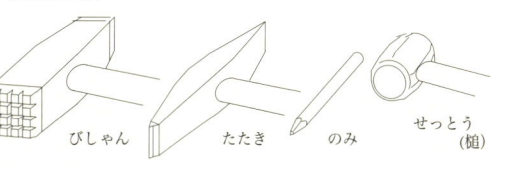

びしゃん　　たたき　　のみ　　せっとう(槌)

第9章　仕上げ工事　115

(3) 石・テラゾー・擬石の表面仕上げ

表面仕上げには，粗面仕上げと磨き仕上げがある．主な仕上げの種類と程度を，表9・13に示す．

2. 割付け図

割付け図に基づいて製作図を作成し，石材の工場加工を行う．室内の壁は，石の模様を合わせるために芋目地とし，模様を対称にして順に貼るのが一般的である．美観を考えて，目地は壁スパンにできるだけ均等に割り付ける．割付けにあたっては，出入り口の枠部に幅の狭い石がこないよう配慮する．また出隅の石の木端（石の厚み側）は，目立たない側にくるようにする（図9・42）．

外部では花崗岩などを同寸法の馬乗目地で貼る場合が多い．この場合も幅の狭い石が出ないように割り付ける．

3. 石の取付け工法

石の取付け工法には，湿式工法と乾式工法がある．湿式工法では，躯体コンクリートにアンカー鉄筋を打ち込んでおき，これに下地鉄筋を溶接し，下地鉄筋から引き金物で石を引き，コンクリートと石の間にモルタルを入れて固定する．湿式工法には，総とろ工法・帯とろ工法・空積み工法がある．乾式工法は，後施工のコンクリートアンカーでファスナーを取り付け，これに石を取り付ける工法である．

次に，湿式工法の概要を示す．

(1) 下地鉄筋

躯体コンクリート打設時にアンカー鉄筋を縦横300～400mmピッチに入れておく．

これにD10の縦鉄筋を溶接する．次に，D10の横鉄筋を石の横目地の位置に溶接して固定する．鉄筋の錆が石に染み出ることを防ぐため，鉄筋に外部の場合は亜鉛メッキを内部の場合は錆止め塗装を施す（図9・43）．

(2) 総とろ工法

総とろ工法は，コンクリートと石の間にモルタルを全面充填する工法である（図9・44）．強度が低く，モルタルの接着性が良い砂岩に適している．

引き金物には，真鍮またはステンレスのφ3.2mmの針金を用いる．横だぼ・縦だぼで周囲の石と接続し，引き金物とモルタルで水平方向を固定する．垂直方向は，吊り金物と石自体で安定させる．4m以内ごとに石の荷重を支える受け金物を入れる．モルタルは目地位置より50mm下がった位置まで充填する．

(3) 帯とろ工法

帯とろ工法は，引き金物とだぼで石を下地鉄筋に固定し，目地部分に帯状にモルタルを充填する工法である（図9・45）．大理石の場合は，セメントの灰汁で変色しないよう，白セメントに珪砂のモルタルを使用する．また湿気がこもらないよう通気孔を設ける．

(4) 空積み工法

空積み工法は，引き金物とだぼで石を下地鉄筋に固定し，固定箇所を超速硬のセメントペーストで固める工法である（図9・46）．

(5) 乾式工法

乾式工法は，1次ファスナーをコンクリートアンカー（図9・36参照）でコンクリート躯体に固定し，2次ファスナーにだぼを通して石に固定する．1次ファスナーに横方向のルーズホールをあけ，2次ファスナーに前後方向のルーズホールをあけて位置を調整して固定する（図9・47）．

(6) 床石張り

水量を少なくし，バサバサの状態に砂とセメントを混ぜた固練りモルタルを敷き，叩きながら正確に位置を調整して仮敷きを行う．仮敷き後，1枚ずつ外してセメントペーストを固練りモルタル上に流してもとに戻し，本敷きを行う．

(7) 目　地

目地には変成シリコーン系のシーリングを行うか，モルタルを充填する．なお，外部の目地幅は5～9mmとする．

(8) その他

梁底等の上げ裏（下面）へ石を張る場合は，荷重をボルトで確実に受けなければならない（図9・48）．剥離事故が発生した場合，落下した石が人に当たるなどの重大な事故が予想されるため，上げ裏に石を張ることは極力，避けるべきである．

9・6 タイル工事

タイルは耐久性・耐水性に優れているため，古くから外部仕上げや内部の水回りに広く用いられてきた．

タイル工事は，タイルを1枚ずつ張るため作業効率が低く，剥がれや白華などの不具合が発生しやすい．作業効率を高めて不具合を押えるため，これまで多くの工法が試されてきた．

1. タイルの種類

(1) タイルの種類

タイルは成分や焼成温度によって性状が異なる．タイルには良質の原石と少量の粘土を高温で焼成した磁器質タイル，原石と少量の粘土を高温で焼成した炻器質タイル，粘土と原石を焼成した陶器質タイルがある（表9・14）．

なお，半磁器タイルと呼ばれるタイルは陶器質タイルに分類される．

陶器質タイルは吸水率が大きく，凍害や白華現象を起す

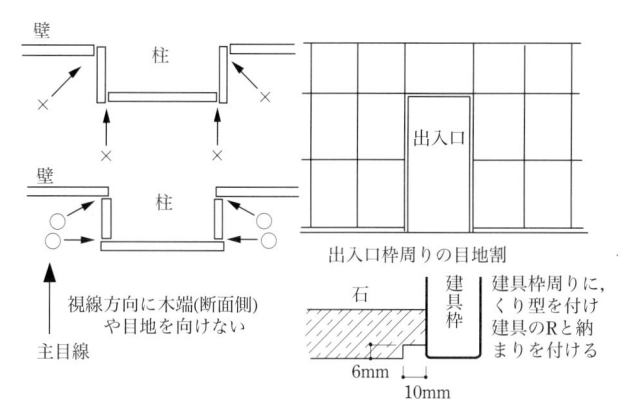

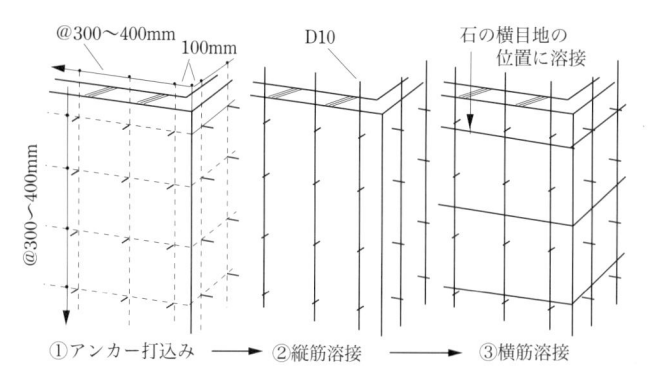

図 9・42　内部壁面の目地割り

図 9・43　石取付けの下地鉄筋

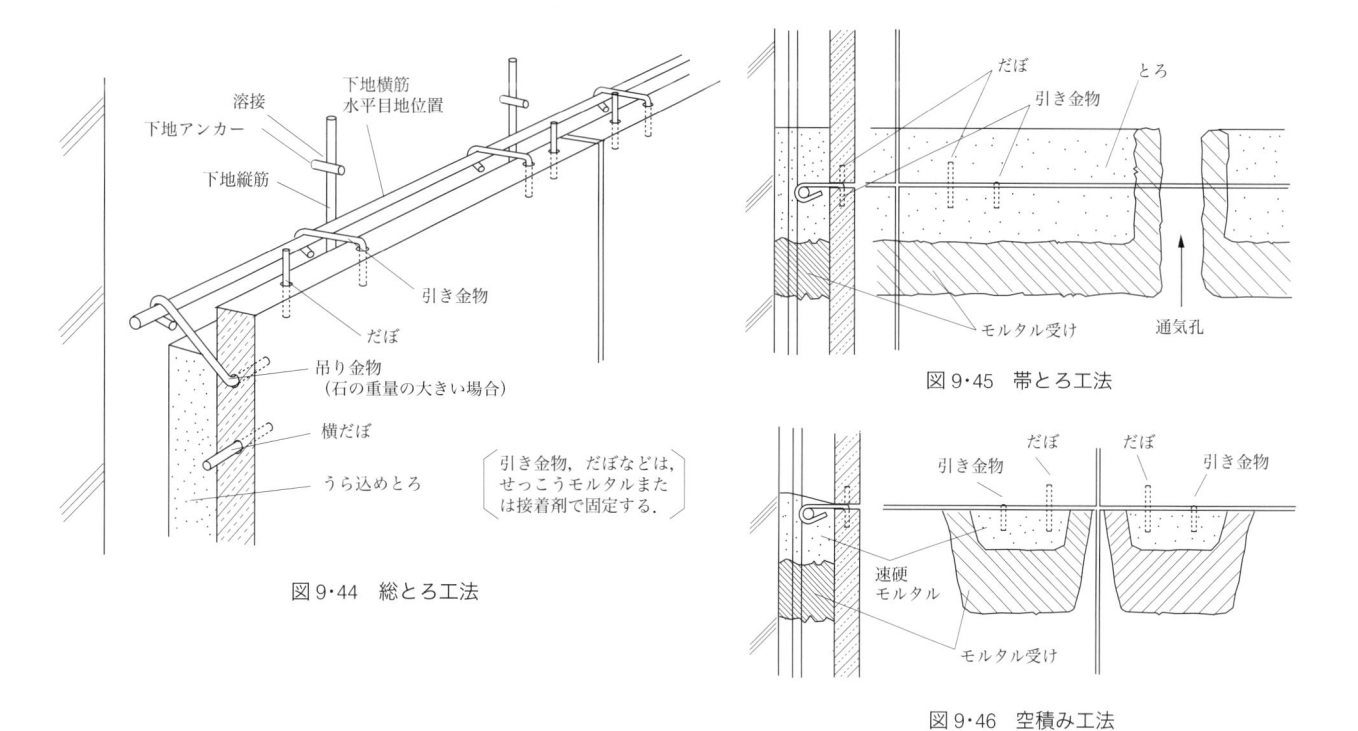

図 9・44　総とろ工法

図 9・45　帯とろ工法

図 9・46　空積み工法

(a) 横目地支持　　(b) 縦目地支持

図 9・47　乾式工法

図 9・48　上げ裏の石張り工法

表 9・14　タイルの質による種類

生地の質	原材料	焼成温度	性　状	吸水率	用途			
					内装	外装	床	モザイク
磁器質タイル	けい石, 長石に粘土を加える	1300℃前後	透明系白色, 硬質, 軽く打つと澄んだ金属音がする.	1.0%以下	○	○	○	○
炻器質タイル	各種の原料を使用	1200℃前後	不透明系有色, 硬質, 軽く打つと澄んだ金属音がする.	5.0%以下	○	○	○	
陶器質タイル	粘土を主原料とする	1100℃前後	不透明系有色, 硬さは上記より低い, 軽く打つと濁った音がする.	22.0%以下	○			

ので外部の仕上げには適さない．床には，硬質の磁器質タイルまたは炻器質タイルを使用する．

タイルの製法には湿式と乾式がある．湿式は練った材料を成型するもので，一般に大型のタイルの製造に用いられる．乾式はパサパサの粉状の材料をプレスして成型するもので，モザイクタイルなどの製造に用いられる．

(2) タイルの形状

タイルの形状は，長方形タイル・正方形タイル・モザイクタイルに大別される．

長方形タイルは，主に外部の仕上げに使用される．縦横の寸法は，煉瓦の寸法（縦108mm，横227mm，高さ60mm，目地11mm）を基準にしている（表9・15）．それぞれに出隅の形状に合わせた変形タイル（役物）がある（図9・49）．

正方形タイルは，主に内部の仕上げに使用される．呼び名寸法は約2mmの目地寸法を含め，100・150・200mm角および100mm×200mmが多く使われている（表9・16）．壁用のタイルとして出隅用の面取りタイルがある（図9・49）．

モザイクタイルは，主に建築物の内部の床や腰壁に使用される．呼び名寸法で，19・25・45・50mm角および19丸などがある．

2. タイルの割付け

(1) タイル割り

目地のパターンには，馬乗り目地と芋目地がある（図9・50）．馬乗り目地は，馬踏み目地・やぶれ目地（Breaking Joint），芋目地は通し目地（Strait Joint）とも呼ばれる．

タイルの壁面を美しく見せるためには，目地の配置が重要である．左右対称に割り付け，目線になる位置には半端寸法をできるだけ入れない，半端寸法はできるだけ正寸に近づけることなどが目地配置の基本である．

タイル割りの手法としては，次のようなものがある．

① 半端寸法がタイル幅の1/2以上になるよう，割芯を設定する（図9・51）
② 仕上げ厚と目地幅を加減して，半端寸法をさらに正寸に近づける
③ 開口の建具枠の寸法を，あらかじめタイル寸法の整数倍とし，建具枠の位置をタイル割りに合わせる（図9・52）

(2) 伸縮目地

下地のコンクリートに収縮亀裂が発生した場合，タイルに亀裂が入り剥離する．これを避けるためにコンクリートに誘発目地を設け，その位置に伸縮目地を設ける（図9・53）．

3. タイル工事の施工

タイル工事の主な不具合は，白華と剥離である．白華はタイルの接着部に空洞がある場合，そこに水が入って，中の成分が溶解してしみ出すことが原因である．剥離の主な原因は，タイル接着用のモルタルと下地あるいはタイル接着用のモルタルとタイルとの接着不良である．

(1) 裏　足

タイルは吸水率が小さく，モルタルの浸入する凹部がないため，モルタルとなじみが悪い．接着力を高めるため，タイルの裏には裏足と呼ばれる突起を付け，接着力を確保する．裏足の不足が剥離の原因になる場合が多い（表9・17）．

(2) タイル張り工法

タイル張り工法には，1枚ずつモルタルで張る工法・ユニットで張る工法・コンクリートに打込む工法がある．

次に，これらの工法の概要を述べる．

① 積上げ張り工法

積上げ張り工法は，だんご張り工法とも呼ばれ古くから行われてきた．タイルに20～30mm厚にモルタルを盛り，下地に押し付けて積み上げていく．内部に空洞ができやすいため白華が生じやすく，現在は外部の仕上げには行われない（図9・54）．

② 改良積上げ張り工法

内部に空洞を作らないための下塗りをして，だんごのモルタル厚を減らした工法である（図9・55）．

③ 圧着張り工法

作業効率を高めるために考案された工法である．下塗り・中塗りで下地を平滑に仕上げ，張付けモルタルを5～7mm厚に塗り，タイルを張り付ける工法である．張付けモルタルの水分が下地に吸収されるため，タイル接着までの時間管理が難しく，剥離事故が多発したため，現在はあまり行われない．

④ 改良圧着張り工法

圧着張り工法での張付けモルタルの乾きを補うため，タイルを張り付ける時，タイル側にモルタルを4～5mm塗って張り付ける工法である（図9・56）．

⑤ ヴィブラート（密着張り）工法

圧着張り工法と同様な方法をとるが，裏足の比較的大き

表9・15　よく使用される長方形外装タイルの寸法

呼び名	寸法(mm)	標準目地幅(mm)	レンガの寸法(mm)
小口	108×60	6～10	
二丁掛	227×60	6～10	
三丁掛	227×90	8～12	
四丁掛	227×120	8～12	
ボーダー	227×30	0～6	

表9・16　よく使われる内装タイル寸法

呼び名	寸法(mm)	目地幅(mm)
100角	97.7×97.7	2～3
150角	148×148	2～3
200角	197.7×197.7	2～3
100角二丁	197.7×97.7	2～3

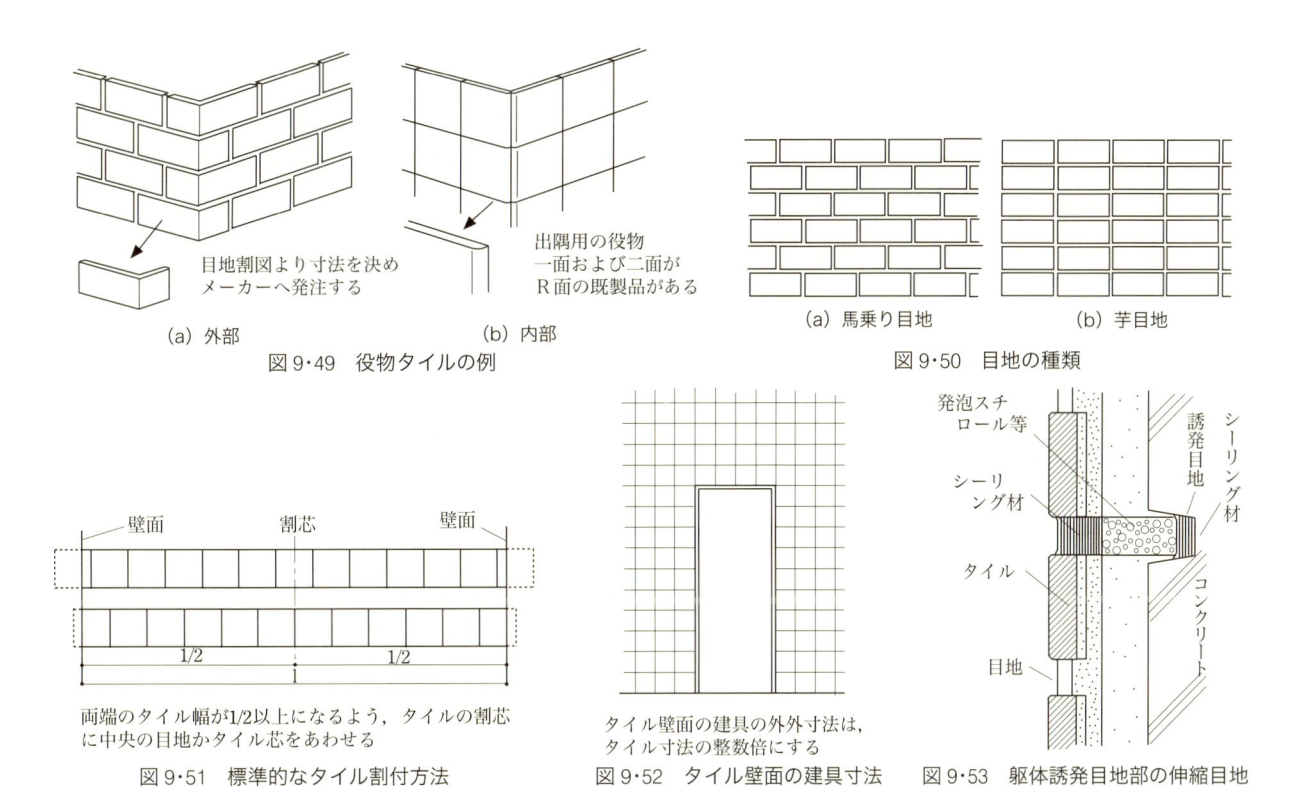

(a) 外部　　　　　　　(b) 内部
図 9・49　役物タイルの例

目地割図より寸法を決めメーカーへ発注する

出隅用の役物 一面および二面がR面の既製品がある

(a) 馬乗り目地　　　　(b) 芋目地
図 9・50　目地の種類

両端のタイル幅が1/2以上になるよう，タイルの割芯に中央の目地かタイル芯をあわせる

図 9・51　標準的なタイル割付方法

タイル壁面の建具の外外寸法は，タイル寸法の整数倍にする

図 9・52　タイル壁面の建具寸法

図 9・53　躯体誘発目地部の伸縮目地

表 9・17　裏足の高さの基準 (JIS A 5209)

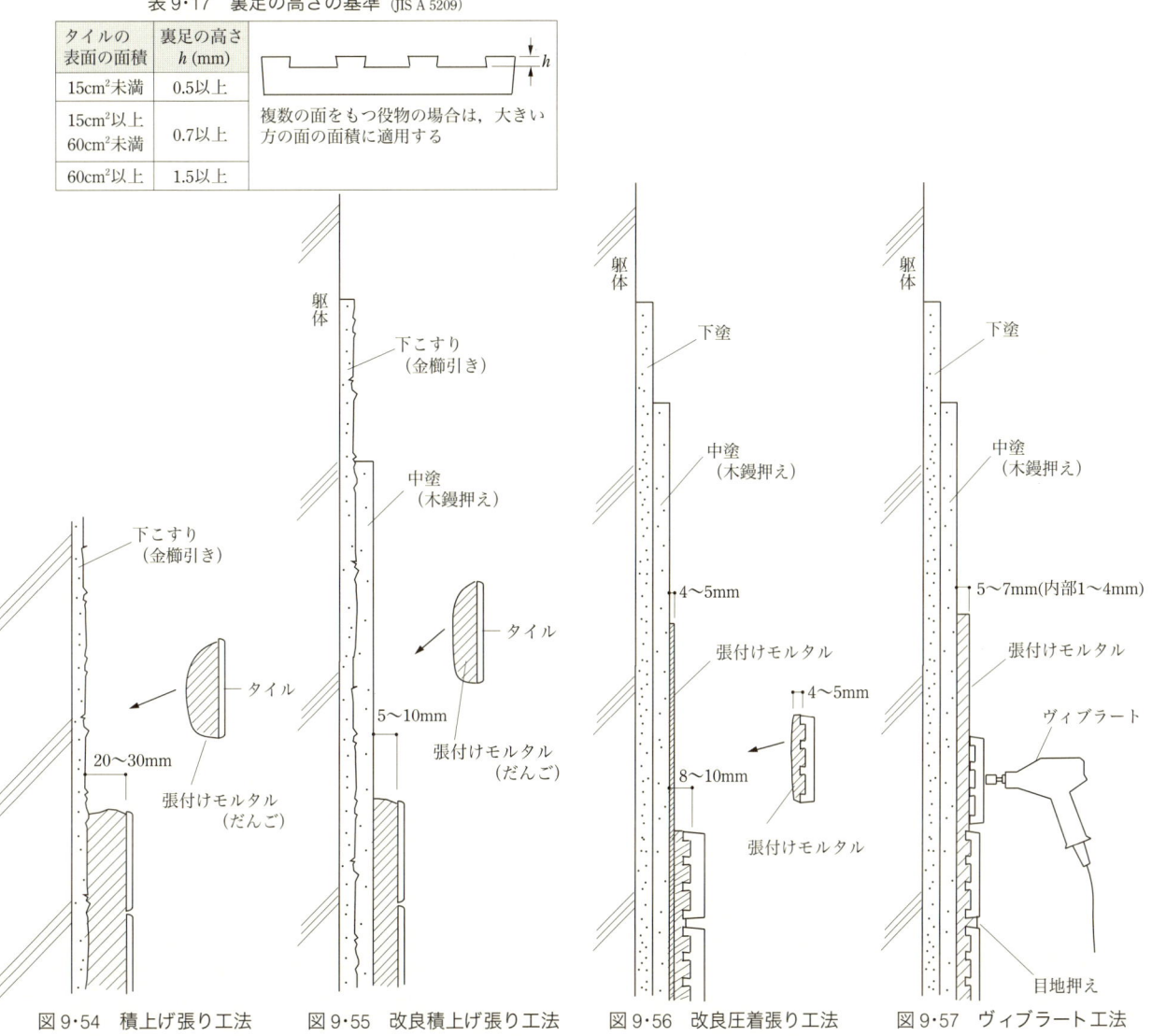

タイルの表面の面積	裏足の高さ h (mm)
15cm² 未満	0.5以上
15cm² 以上 60cm² 未満	0.7以上
60cm² 以上	1.5以上

複数の面をもつ役物の場合は，大きい方の面の面積に適用する

図 9・54　積上げ張り工法

図 9・55　改良積上げ張り工法

図 9・56　改良圧着張り工法

図 9・57　ヴィブラート工法

第9章　仕上げ工事

いタイルをヴィブラート（小型バイブレーター）で振動を与えて押し込むことで，張り付けモルタルに流動性を与え密着させる工法である（図9・57）．はみ出したモルタルを押えることで，目地を同時に施工することができる．

⑥ モザイクタイル張り工法

モザイクタイルは，タイルの表面に300mm角の台紙を張り付けたものをユニットとする．圧着張りと同様な方法でユニットを張り付ける（図9・58）．台紙はモルタル硬化後に水で湿して剥す．圧着張りと条件は同じであるが，目地が多いので剥離は起きにくい．

⑦ 改良モザイクタイル張り工法

改良圧着張り工法と同様，張り付ける前にマスクを使用してタイルに張付けモルタルを塗って張り付ける工法である（図9・59）．モザイクタイル張り工法より接着力は高い．

⑧ コンクリート打込み工法

躯体施工時に型枠にタイルをセットして，躯体のコンクリートに直接タイルを打ち込む工法である（図9・60）．タイルシート工法と桟木工法がある．躯体工事の工程サイクルに余裕が必要になるが，接着の信頼性は最も高い．

(3) 目　地

目地の施工は，張りモルタル硬化後に細い目地鏝でモルタルを目地部につめ込み，平滑に仕上げる工事である（図9・61）．

目地は，止水と同時にタイルの接着力を高める重要な役割を持っている．モザイクタイルの場合は裏足が小さいが，主に目地で保持されている．

なお，タイルを酸で洗う場合は目地が変色することがあるので，事前にテストを行う．

9・7　左官工事

左官工事は，躯体表面の凹凸をなくして平滑な仕上げ面を作る工事である．

しかし，工程が煩雑であり品質が職人の固有技能により左右されること，水を使うため現場が汚れやすいことなど，品質の安定や合理化には不利となる．以前は仕上げ工事の中心であったが，施工の乾式化の流れの中で徐々に減少し，現在はあまり行われなくなった．

1. 剥離防止

左官工事では仕上げ材の接着の信頼性を高める努力が払われているが，現実には剥離事故がしばしば発生する．

モルタルが下地に接着するのは，下地の凹部にモルタルが浸入して硬化するためである．

剥離を防止するための管理のポイントを次に示す．

① 下地を整備する．下地の表面に付着した埃やコンクリート表面の脆弱部がモルタルの密着の妨げになる．そのため，ブラシなどを使ってそれらを取除く．

② 下地を湿潤状態にする．下地が接着面のモルタルの水分を奪い，硬化のための反応水が不足する．逆に接着面の水分が多すぎる場合は，モルタルが浸透しない（接着増強剤を塗ることが多い）．

③ モルタルは強く塗り付ける．モルタルを下地の凹部に確実に密着させるには，高い鏝圧が重要である．

④ 厚塗りをしない．1回の塗り厚は6mm以下とする．モルタルの収縮率はコンクリートに比べて極めて大きいため，厚い場合はモルタルの引張り強度が勝り，モルタルが破断せずに接着面が破断する．

⑤ 上塗りほど貧調合（セメント量の少ない調合）とする．上塗りが富調合（セメント量の多い調合）の場合，表面の収縮率と強度が勝って下塗り面が破断する．

2. 工　法

(1) モノリシック仕上げ

コンクリートが凝固する前に，直接コンクリート床面を仕上げる工法である．モルタル仕上げより精度は多少劣るが，剥離の心配がないことや経済的であることなど，総合的な品質としては勝る．

モノリシック仕上げの工程を次に示す（図9・62）．

① コンクリート打設後，網付きのタンパーで表面を押えて粗骨材を沈め，表面にモルタル分を浮かせる．

② おおよそ水が引いた時点で，水が溜まった箇所の水を除去し，モルタルまたはコンクリートで水平に戻す．水平面では，わずかな高低差でもどこかに水が集まり，セメントペーストを薄める．そのため，入念にこの作業を繰り返す．この時，作業でできた足跡が沈降の原因になるので，タイミングをつかむ熟練が要求される．

③ 表面の水が引き，コンクリートが凝固し始めた時点で木鏝を用いて表面を練り戻し，金鏝で押えて平滑に仕上げる．短時間で広い面積の凝固が始まるので，凝固のスピードに見合う左官工の人数を確保する．左官工の体重でコンクリート自体を練り戻すことのないよう，板を敷き接地圧を軽減するなどの注意が必要である．

(2) 壁面仕上げ

主な仕上げ材としてセメントモルタル・ドロマイトプラスター・せっこうプラスターが使われる．

セメントモルタルはセメント・砂・水を混練したもので，下地の種類によって調合をかえる（表9・18）．

ドロマイトプラスターは MgO を主成分とする気硬性の材料で深い白色をしている．収縮率が大きいため，すさな

図 9·58 モザイクタイル張り工法　図 9·59 改良モザイクタイル張り工法　図 9·60 コンクリート打込み工法

(a) タイルシート工法（50角以下に適用）
(b) 目地ます工法（小口～三丁掛に適用）
(c) 桟木工法（四丁掛以上に適用）

図 9·61 目地仕上げ作業

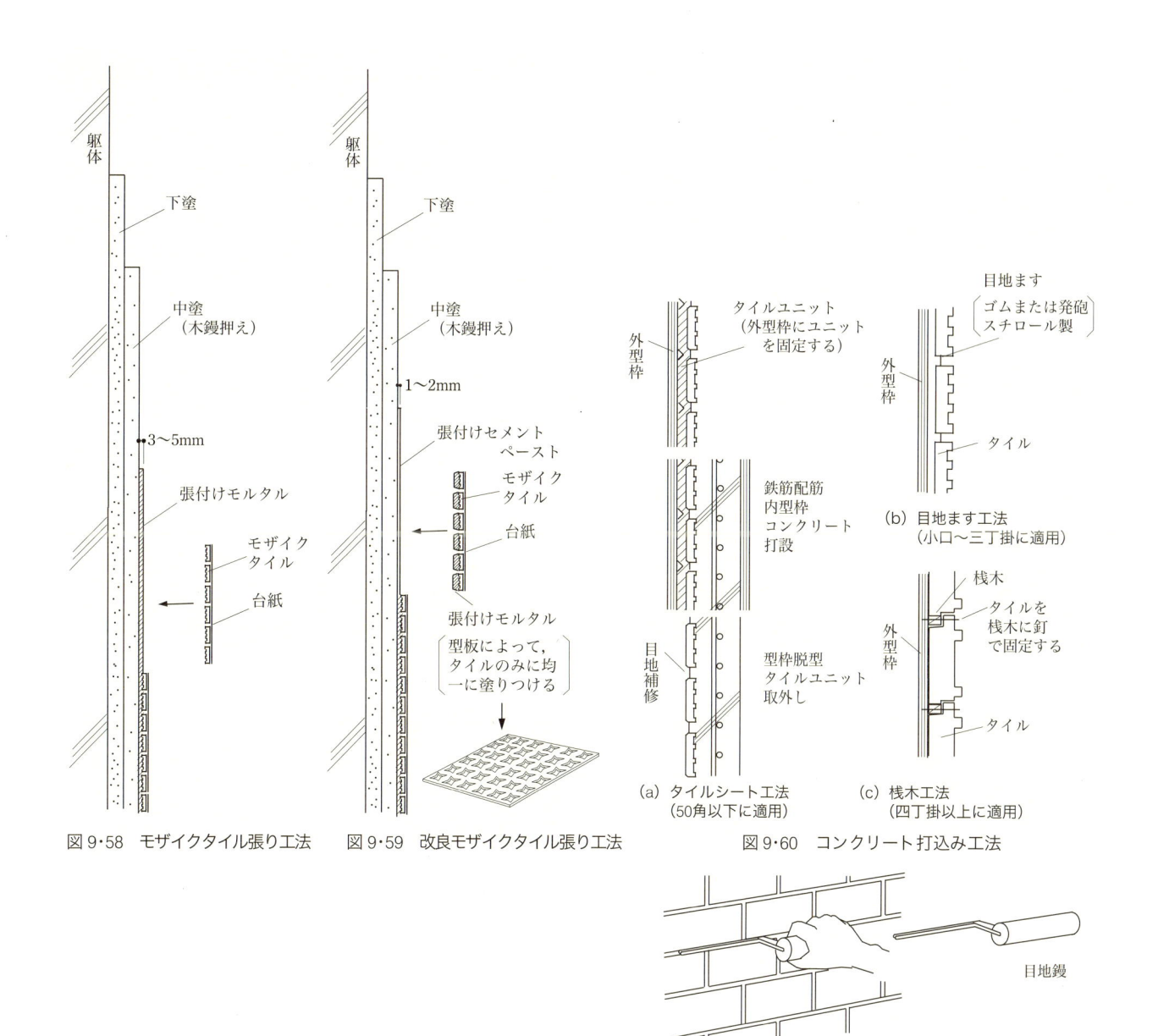

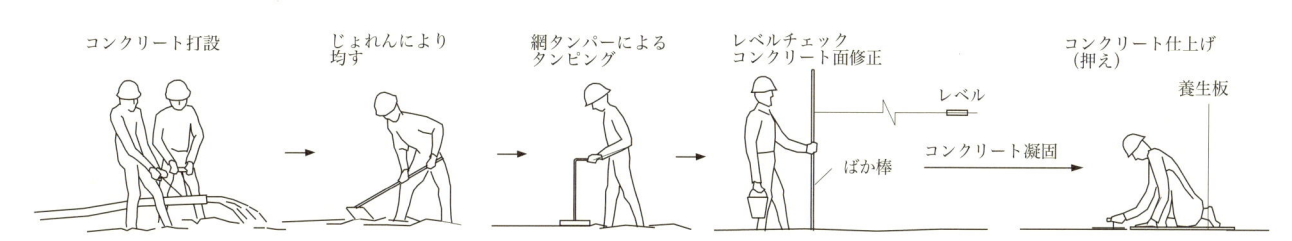

図 9·62 モノリシック工法の例

表 9·18 モルタルの調合（容積比）(JIS A 15)

下　地	施工箇所	下　塗　り セメント：砂	むら直し・中塗り セメント：砂	上　塗　り セメント：砂
コンクリート プレキャストコンクリート部材	内　　壁	1：2.5	1：3	1：3
	天井・ひさし	1：2.5	—	1：3
	外壁・その他	1：2.5	1：3	1：3
コンクリート ブロック	内　　壁	1：3	1：3	1：3
	外壁・その他	1：3	1：3	1：3
木毛セメント板 木片セメント板	内　　壁	1：3	1：3	1：3
	外壁・その他	1：3	1：3	1：3

注1　使用する砂が乾燥している場合は砂の量を減らし，湿っている場合は増すなどして調整する．
　2　内壁の中・上塗りに用いる無機質混和材は，ポルトランドセメント1に対し，消石灰・ドロマイトプラスター・ポゾランおよび浅黄土などを0.1～0.3程度とする．
　3　コンクリート・プレキャストコンクリート部材下地の下塗りには，合成樹脂系混和材を混入して用いる．

どのつなぎ材を入れて使用する（表9・19）．

せっこうプラスターは$CaSO_4$を主成分とする水硬性の材料である．硬化する時に多少膨張するので，収縮亀裂は発生しない．焼きせっこうなどを加え，施工条件に合わせた各種の材料が市販されている．外部や湿気の多い場所には適さない（表9・20）．

仕上げを行う下地としては，コンクリート・コンクリートブロック・ALCパネル・ラスボード・木毛セメント板・木摺・メタルラスなど様々であるが，下地の強度や吸水率を考慮して調合を調整する．

ここでは，コンクリート下地にセメントモルタル仕上げを行う場合の工程について述べる（図9・63，9・64）．

① モルタルの混練：こね場を設営し，モルタルミキサーにセメントと砂を入れ空練りをする．よく混練した後に水を加えて本練りを行う．

② 運搬：練り終えたモルタルを作業場まで，一輪車などで運搬して舟に移す．

③ 下地の整備：コンクリート表面の脆弱部をワイヤブラシなどで除去し，刷毛で水を振り，表面を濡らす（接着増強剤を塗布することが多い）．

④ 下塗り：下塗りを行って下地の不陸を修正する．一般に，下地増強剤または保水剤をモルタルに混入する．下塗りの表面は接着力を高めるため金ぐしで荒らす．

⑤ 目地入れ：外壁の場合は収縮亀裂を目地に集中させるため，2m〜6mの間隔で目地棒を入れる．なお，打継ぎ部には必ず入れる．

⑥ 中塗り：下塗りに収縮亀裂が発生して安定するまで，2週間以上時間をとって中塗りを行う．建具枠のちり，幅木などを基準に水糸を張り，水糸に合わせて定規摺りを行ったあと，木鏝で粗面に仕上げる．

⑦ 上塗り：中塗りが完全に乾燥する前に上塗りを行う．上塗りは，弾力のある角ごてなどを用いて平滑に仕上げる．

9・8 塗装工事

塗装工事は最終的な仕上げ工事である．完成した建築物で最も多く目にふれる仕上げであり，建築の出来ばえを大きく左右する工事である．

表面仕上げであるため，気候など外部の条件に対する耐久性が求められる．

1. 塗料

塗料は塗膜形成要素と塗膜形成補助要素から構成される．

(1) 塗膜形成要素

塗膜形成要素は，塗膜形成主要素・塗膜形成副要素・顔料・染料から構成される．

(a) 塗膜形成主要素　合成樹脂・油脂・天然樹脂・硝化綿のように，物体の表面に付着した均一な連続皮膜を形成する成分である．

(b) 塗膜形成副要素　塗料の乾燥硬化に役立つ成分・塗膜の性状や機能を向上させるための成分・塗料の性状を保持・向上させる成分などである．

(c) 顔料・染料　塗料に色彩・隠ぺい性・つや消しなどの効果を与える成分である．

(2) 塗膜形成補助要素

溶剤や水のように，液状の塗料をつくるために必要な成分であり，最終的には塗膜には残存しない．

(3) 塗料の種類・特徴・用途

主な塗料の種類・特徴・用途について表9・21に示す．

2. 塗装工程

塗装は1回の塗り厚が20〜30μmの層を塗り重ねて，100μm程度の塗装膜を形成する作業である．一般に，3回以上塗り重ねる．この塗装工程の概略を次に述べる．

表9・19　ドロマイトプラスター塗りの工程 (JIS A 15)

工程	材料	調合(質量比)	所要量(kg/m²)	塗り回数	間隔時間 工程内	間隔時間 工程間	最終養生
1 下塗り	ドロマイトプラスター(下塗り用)	100	10〜12	1	—	—	7日以上
	セメント	32					
	砂	320					
	すさ	2.5〜3					
	水	適量					
2 中塗り	ドロマイトプラスター(下塗り用)	100	10〜15	2	追かけ	水引き具合を見て	—
	セメント	16					
	砂	320					
	すさ	2.5〜3					
	水	適量					
3 上塗り	ドロマイトプラスター(上塗り用)	100	0.7〜1	1	—	—	—
	すさ	1.2〜1.6					
	水	適量					

表9・20　せっこうプラスター塗りの工程 (JIS A 15)

工程	材料	調合(質量比)	所要量(kg/m²)	塗り回数	間隔時間 工程内	間隔時間 工程間	最終養生
1 吸水調整材塗り	吸水調整材	100	0.1〜0.2	1〜2	1時間以上	1時間以上	—
	水	製造業者の指定による					
2 下塗り	現場調合プラスター(下塗り用)	100	11	1	—	水引き具合を見て	—
	砂	140					
	水	適量					
3 中塗り	現場調合プラスター(下塗り用)	100	10		—	半乾きのとき	—
	砂	210					
	水	適量					
4 上塗り	既調合プラスター(上塗り用)	100		1	—	—	—
	水	適量					

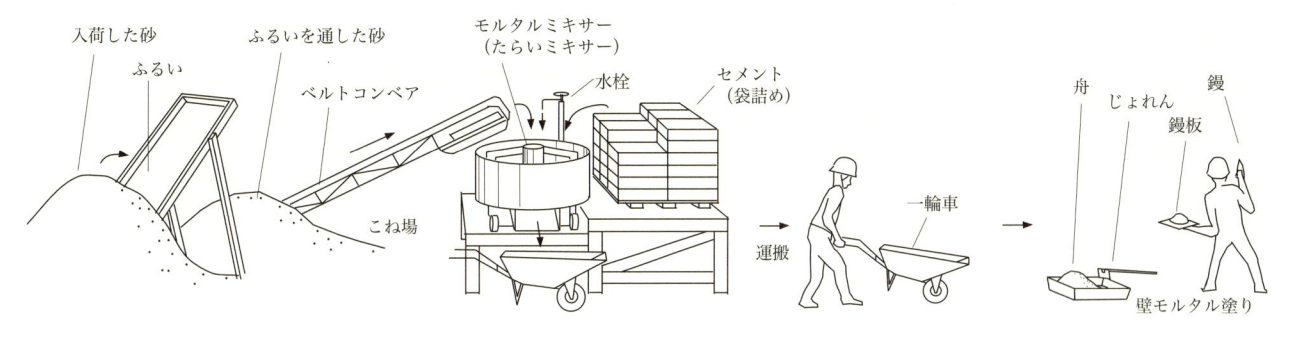

図9・63 左官作業の流れ

図9・64 代表的な左官の道具

表9・21 主な上塗り塗料の種類・特徴・用途 (建築塗装便覧より)

塗料の分類	塗料の一般名称	塗料の主成分	塗料の耐久性				被塗物の分類と使用の適否										
			耐候性	耐水性	耐酸性	耐アルカリ性	1	2	3	4	5	6	7	8	9	10
酸化重合乾燥形	調合ペイント	重合乾性油	○	△	△	×	可	可	可	可	不可	不可	(不可)	(不可)	(可)	不可
	強化調合ペイント	重合乾性油+油変性樹脂または合成樹脂	○	△	△	×	可	可	可	可	不可	不可	(不可)	(不可)	(可)	不可
揮発酸化重合形	油性エナメル	油変性天然樹脂	△	△	△	×	可	可	(可)	(可)	不可	不可	不可	(不可)	(可)	不可
	フタル酸樹脂塗料	油変性フタル酸樹脂	◎	△	△	×	可	可	可	可	不可	不可	不可	(不可)	(可)	不可
	フェノール樹脂塗料	ロジン変性フェノール樹脂または100%フェノール樹脂	△	○	△	△	可	(可)	可	可	(可)	(可)	(可)	(可)	可	(可)
	けい素樹脂塗料	けい素樹脂+油変性フタル酸樹脂	◎	△	△	×	可	可	可	可	不可	(不可)	(不可)	(不可)	可	不可
	変性エポキシ樹脂塗料	エポキシ樹脂脂肪酸エステル	◎	○	○	○	可	可	可	可	(不可)	(不可)	(可)	(可)	可	(不可)
揮発乾燥形	合成ゴム塗料	スチレン～ブタジエンゴム共重合体	△	○	○	○	可	(可)	(可)	(可)	(不可)	(不可)	(不可)	(可)	可	(可)
	ゴム誘導体塗料	塩化ゴム+油変性フタル酸樹脂	△	○	○	○	可	可	可	可	(不可)	(不可)	(不可)	(可)	可	(可)
	塩化ビニリデン系樹脂塗料	塩化ビニリデン～アクリロニトリル共重合体	◎	◎	◎	◎	可	(可)	可	可	可	可	可	可	可	可
	塩化ビニル系樹脂塗料	塩化ビニル～酢酸ビニル共重合体	◎	◎	◎	◎	可	(可)	可	可	可	可	可	可	可	可
	アクリル酸樹脂塗料	アクリル酸エステル共重合体	◎	○	○	○	可	可	可	可	(不可)	(可)	(可)	(可)	可	(可)
	瀝青質塗料	アスファルトなど	×	◎	◎	◎	可	(可)	(可)	可	可	可	可	可	可	(可)
重合乾燥形	エポキシ樹脂塗料	エポキシ樹脂+ポリアミドまたはポリアミン	△	○	○	◎	可	可	可	可	可	(可)	(可)	可	可	(可)
	ポリウレタン樹脂塗料	アルキド樹脂+ポリイソシアネート	△	△	△	○	可	可	可	可	(不可)	(不可)	(可)	(可)	可	(可)
	ポリエステル樹脂塗料	不飽和ポリエステル樹脂	○	○	△	△	可	可	可	(可)	(可)	(可)	(可)	(可)	可	(可)

1. 記号は次のことを示す ◎:非常に優れている ○:優れている,使用可能 △:やや優れている,使用可能限界
   ▲:不良である,使用しないほうがよい ×:極めて不良である,使用すべきでない
2. 被塗物の分類 1:乾燥した室内 2:田園の雰囲気 3:工業地帯 4:海岸の雰囲気 5:淡水にひたる条件 6:海水にひたる条件
   7:淡水または塩水にひたる,乾燥する,を繰り返す条件 8:高湿度で表面に露が凝縮する条件 9:化学工場内の穏やかな腐食性雰囲気
   10:化学工場内の激しい腐食性雰囲気
3. 評価の意味 可:使用可能である (可):使用可能であるが好ましくない,また条件により使用できない場合もある
   不可:使用不可能である (不可):使用不可能であるが,乾燥の程度または,さらされる雰囲気が弱い場合に使用可能である

第9章 仕上げ工事

(1) 素地調整

素地と塗装面との接着強度が塗装膜の接着強度を決定するため，素地の調整はとくに重要である．

素地調整は塗装面に付着した不純物を取り除き，塗装に適した下地面を整える作業である．その方法は下地材によって異なるが，モルタル面の場合はサンドペーパーをかけて細かい凸部を削った上でパテを塗り，へらでしごいて細かい不陸を取り除く．木部の場合はウッドフィーラーなどにより目止めを行う．鉄部の場合は錆を落とし，ドアなど工場で製作するものは，りん酸塩化成被膜処理を行う場合が多い．

(2) 下塗り

素地調整をした面に下塗りを行う．鉄部の場合は錆止めを行う．亜鉛メッキ面の場合はエッチングプライマーを塗り，塗布後2～6時間の間に下塗りを行う．下塗りは2回行うことが多い．

(3) パテかいと研磨

下塗りの上にパテを塗り付けてパテかいを行い，パテが硬化した後にサンドペーパーで研磨する．

(4) 中塗りと研磨

パテかいと研磨を行った後に中塗りを行う．鉄部の場合は高級な塗装ほど中塗・パテかい・水研ぎを繰り返す．徐々にサンドペーパーの番手を上げて目の細かいものを使う．

中塗りの塗り回数を管理するため，1回ごとに中塗りに使用する塗料の色を変えることをよく行う．

(5) 仕上げ塗り

仕上げ面に埃が付着しないように，現場が落ち着いて塵埃が減った時点で仕上げ塗りを行う．

3. 施 工

塗装工事の工程の概略を次に述べる．

(1) 塗料の調合

基本色を調合し，指定色に合わせて調合を決定する．調合はメーカーに指示して製造させる．

製造された塗料を見本塗りし，発注者や設計者の承認を受ける場合が多い．

(2) 塗装工法

塗装に先立って，不要な部分に塗料が付着しないよう，マスキングテープやビニールシートで養生を行う．

塗装工法には，刷毛塗り・ローラー刷毛塗り・吹付け塗りがある（図9・65）．

刷毛塗りは従来からある一般的な工法であり，複雑な形状にも対応できるが，ある程度の熟練を要する．

ローラー刷毛塗りは刷毛塗りよりも効率がよく，壁面の塗装に適している．柄を長くすることで，手の届かない高さまで塗ることができる．隅などの細かい部分は刷毛で塗っておく．

吹付け塗りはスプレーガンによって塗料を吹き付ける工法である．

スプレーを発生させる方式には，エアスプレーとエアレススプレーの2方式がある（図9・66）．エアスプレーは圧搾空気により霧吹きの原理で塗料を噴霧する方式である．エアレススプレーは高圧で塗料を吹き出し，ノズルの形状で塗料を霧状にする方式である．

噴霧した塗料の形状は長楕円形で周辺ほど薄くなる．塗装面に直角にスムーズに移動させて吹付け，周囲の薄い部分は次のストロークで重なるようにして吹き付ける．外壁に吹付け塗装をする場合は，足場の建地がスムーズな移動の障害になるために，建地部にむらがでるおそれがある．この作業は熟練した技能が要求されるため，優れた技能者に行わせる．

9・9 内装工事

主な内装工事は，軽量鉄骨間仕切下地工事，天井下地工事，床・壁・天井の仕上げ工事である．内装工事では，新建材や新工法が開発されているため，種類が非常に多いが，ここでは標準的な工法について述べる．

1. 軽量鉄骨間仕切下地工事

壁下地の見込み厚さは50mm・65mm・75mm・90mm・100mmの5種類があり，壁の高さによって制約がある．材料は0.8mm厚の亜鉛メッキ鋼鈑を加工した物で，ランナー・スタッド・振止め・スペーサーの4種類からなる（図9・67）．

組立て手順は次のとおりである．

① ランナーを床と天井に打込み，銃を用いて固定する
② スタッドをランナーに挟み，300mm間隔に建込む
③ スタッドにスペーサーをはめて補強する
④ 振止めを通す

2. 軽量鉄骨天井下地工事

軽量鉄骨天井下地の材料は，吊りボルト・ハンガー・野縁受け（ならし）・シングルクリップ・ダブルクリップ・シングル野縁・ダブル野縁の7種類からなる．野縁は厚0.5mm，それ以外は厚1.2mmの亜鉛メッキ鋼鈑を加工する（図9・68）．

組立て手順は次のとおりである．

① 吊りボルトの下部にハンガーを取り付け，スラブ底のインサートにねじ込んで固定する（図7・2参照）．イン

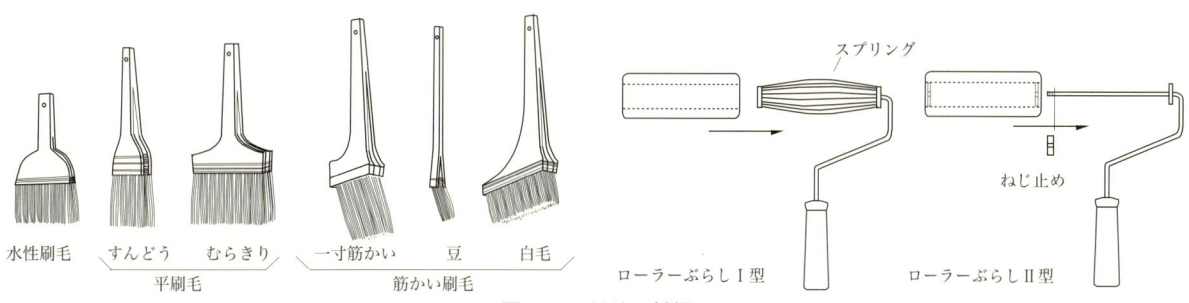

図9・65 はけの種類

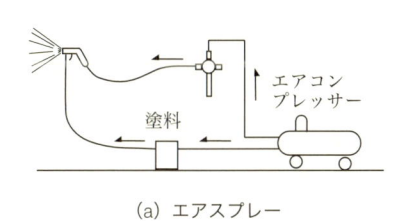

水性刷毛／すんどう／むらきり（平刷毛）／一寸筋かい／豆／白毛（筋かい刷毛）

ローラーぶらしⅠ型／ローラーぶらしⅡ型

(a) エアスプレー
(b) エアレススプレー

図9・66 スプレー塗装機構の模式図

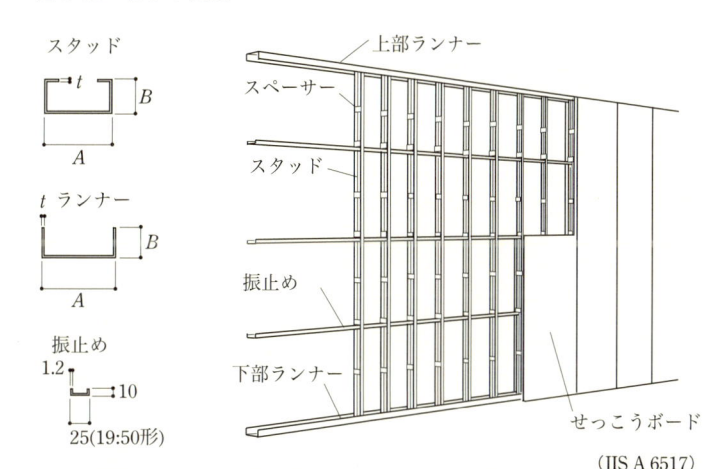

図9・67 軽量鉄骨間仕切下地 (JIS A 6517)

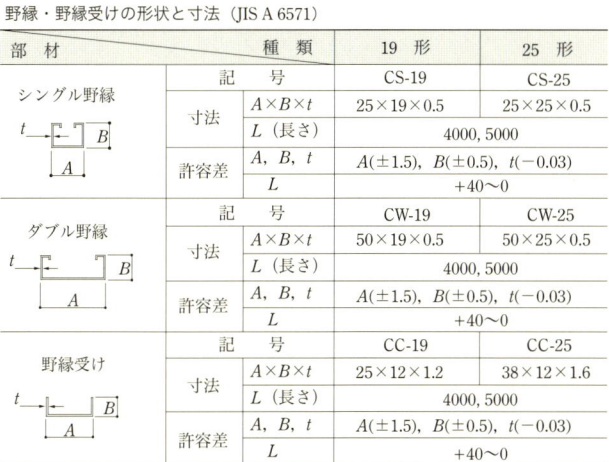

名称形	スタッド $A×B×t$	ランナー $A×B×t$	許容壁高	仕　様
50形	50×45×0.8	52×40×0.8	4.040m	スタッド間隔@455mm 振止め@1,200mm せっこうボード厚12mm 1層両面張り
65形	65×45×0.8	67×40×0.8	4.870m	
75形	75×45×0.8	77×40×0.8	5.310m	
90形	90×45×0.8	92×40×0.8	5.700m	
100形	100×45×0.8	102×40×0.8	6.000m	

野縁・野縁受けの形状と寸法 (JIS A 6571)

部　材	種　類	19 形	25 形
シングル野縁	記　号	CS-19	CS-25
	寸法 $A×B×t$	25×19×0.5	25×25×0.5
	L (長さ)	4000, 5000	
	許容差 A, B, t	$A(±1.5), B(±0.5), t(-0.03)$	
	L	+40〜0	
ダブル野縁	記　号	CW-19	CW-25
	寸法 $A×B×t$	50×19×0.5	50×25×0.5
	L (長さ)	4000, 5000	
	許容差 A, B, t	$A(±1.5), B(±0.5), t(-0.03)$	
	L	+40〜0	
野縁受け	記　号	CC-19	CC-25
	寸法 $A×B×t$	25×12×1.2	38×12×1.6
	L (長さ)	4000, 5000	
	許容差 A, B, t	$A(±1.5), B(±0.5), t(-0.03)$	
	L	+40〜0	

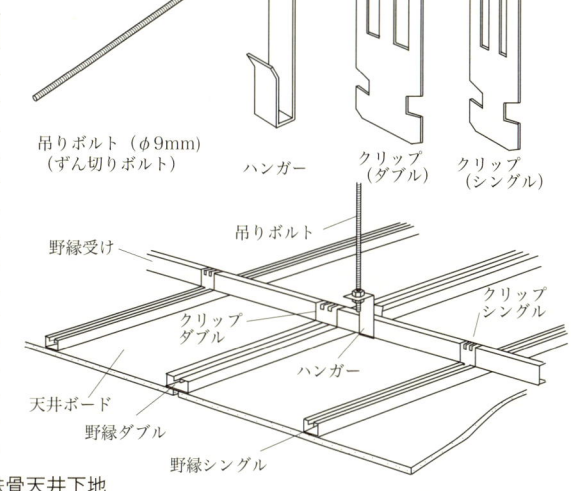

図9・68 軽量鉄骨天井下地

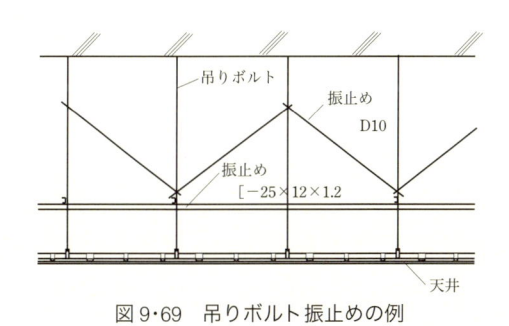

図9・69 吊りボルト振止めの例

表9・22 床シートの種類 (JIS A 5705)

種　類	構　造	記　号
発泡層のない ビニル床シート	単体のもの	NM
	織布を積層したもの	NC
	不織布を積層したもの	NF
	織布，不織布以外の材料を積層したもの	NO
発泡層のある ビニル床シート	織布を積層したもの	DC
	布織布を積層したもの	DF
	織布，不織布以外の材料を積層したもの	DO
	不織布を積層し，印刷柄をもつもの	PF
	織布，不織布以外の材料を積層し印刷柄をもつもの	PO

サートは，コンクリート打設時に埋込む．インサートの間隔は一般は900mm，壁付近の端部は150mmが標準である．

② 野縁受けをハンガーにはめ込み，下ナットで水平調節を行う．

③ 野縁を野縁受けにクリップで固定する．野縁の間隔は下地張りのある場合，360mm程度，直張りの場合，仕上げボードの寸法によるが，一般に300mm以下とする．ボードの継ぎ目には，ダブル野縁を配置する．

④ 水糸を水平に張り，ハンガーのナット幅がシングル野縁の倍ある高さを調節し，上下のナットを締め付けて固定する．

天井のふところの高さが建築物の内部で1500mm以上，外部で1000mm以上の場合は，吊りボルトに振止めを設ける（図9・69）．

⑤ 照明器具・空調器具用の下地開口とその補強は，全面を一様に組み終えてから行うのが一般的であるが，計画的に事前に材料の加工を行い，開口を含めて組み上げることが望ましい．

3. 床仕上げ工事

(1) ビニル床シート張り

ビニル床シートには，普通ビニル床シートと発泡層のあるビニル床シート（クッションフロア）がある（表9・22）．幅1820mm・長さ10m前後の材料で，厚さは普通ビニル床シートの場合2.0mm・2.5mm・3.0mm，発泡層のある場合は1.8mm・2.3mm・2.8mm・3.5mmである．

(a) 下地　下地は，含水率が8%以下になるまで乾燥させる．シートが薄いため，下地の凹凸がそのまま表面に出るので，床に付着したモルタルや塗料を完全に除去する．また糊に埃が混入しないよう，入念に清掃をする．

(b) 仮敷き　シートは幅方向の収縮率が長さ方向の収縮率より大きい．そのため，仮敷きをして2日から5日放置して，自然収縮をさせて下地になじませる．低温で施工した場合には，常温で伸びが出るので冬季は暖房をする．

(c) 張付け　接着剤をメーカー指定の櫛鏝で塗布し，シートを敷く（図9・70）．ローラーで空気を追い出し，確実に全面接着させる．

(d) 継ぎ目溶接　継ぎ目溶接の仕様の場合，継ぎ目を厚さの2/3ほどVカットして，溶接器で溶接棒を溶け込ませる．完全に冷却した後で，溶接部を削り表面を整える．

(2) ビニルタイル張り

ビニルタイルには，コンポジションビニル床タイル・ホモジニアスビニル床タイル・ピュアビニル床タイルがある．300mm角で，厚さは2.0mm，3.0mmが標準である．下地調整・接着剤塗布はビニル床シートと同様である．張り方は，端部に細いタイルが入らないように割芯を決め，割芯の位置から張って行く．張付けの要領はビニルシートと同様である．

なお，ビニルタイル以外に床タイルにはゴムタイル・コルクタイルがある（表9・23）．

(3) フローリング張り

フローリングは木製の床材である．フローリングボード・フローリングブロック・モザイクパーケットなどと複合フローリングがある．

フローリングボードは実継加工をした単材で，根太に隠し釘打ちで張る場合と，合板等の下地材に接着と釘打ち併用で固定する場合がある（図9・71）．

フローリングブロックは300mm角前後の木製のブロックで，2〜4枚の単材の板を接合し，木端にアンカーを取り付けたものである．市松模様にモルタルで張り付ける．硬化後グラインダーをかけて，表面を平滑に仕上げる（図9・72）．

モザイクパーケットは紙の台紙に挽き板を2〜4枚張り付けたもので，合板などの下地材に接着させる．

複合フローリングは合板を用いたフローリングボードのことである．

(4) カーペット張り

代表的なカーペットには，緞通・ウイルトンカーペット・タフテッドカーペット・ニードルパンチなどがある．

緞通は手織りで麻や綿の芯糸にパイル糸を絡ませ切り揃えながら織るもので，高級なカーペットである．

ウイルトンカーペットは機械織りでパイル糸をループ状に織り込んだものである．

タフテッドカーペットは芯布に機械でパイルを刺繍し，抜けないように裏からラテックスなどで固定したものである．

ニードルパンチは不織布で，原糸を絡ませてフェルトを縫い合わせ，裏をラテックスなどで固定したものである．

この他にカーペットをゴムシートで補強し，500mm角に加工したタイルカーペットがある（図9・73）．

タイルカーペットは接着するものと，据え置くだけで接着しないものがある．部分的な取り外しが容易で，床下に配線スペースを設けるOAフロアに適しているため広範に普及している．

① カーペットの接合

カーペットは運搬可能な大きさに限度があるため，現場で接合する場合が多い．仮敷きを行ってくせを取った後に，柄と織り目を合わせて接合する．接合方法には手縫いでつづり縫いをする方法と，接着テープを下に敷きアイロンで加熱して接着する方法がある．

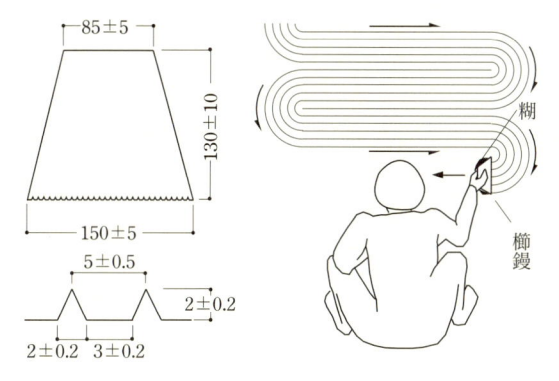

図9・70 標準的櫛鏝と塗布の要領

表9・23 床タイルの種類 (JIS A 5403/A 5418)

種　類		バインダー*1含有率（％）	記号
ホモジニアスビニル床タイル*2		30以上	HT
コンポジション ビニル床タイル	半硬質	30未満	CT
	軟質	30未満	CTS

*1 バインダーは、ビニル樹脂、可塑剤および安定剤からなる。
*2 ホモジニアスビニル床タイルは、ピュアビニル床タイル充填材を含まないもの、および積層ビニル床タイルを含む。

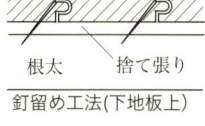

釘留め工法（根太上）
釘留め工法（下地板上）
接着・釘留め併用工法
接着工法

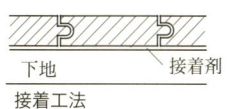

工法	用語	厚さ	幅	長さ
釘留め工法（根太上）	フローリングボード	15, 18	75 (60〜90)	500以上
	複合フローリング	12, 13, 14.5 (12〜30)	75, 90, 106, 303 (50〜450)	909, 1818, 3640 (600〜4000)
釘留め工法（下地板）	単層フローリング	9, 12, 15, 18 (6〜13)	75, 90 (30〜50)	300以上
	複合フローリング	9, 12, 13, 14.5 (6〜30)	75, 90, 106, 303 (30〜450)	300以上
接着・釘留め併用工法	単層フローリング	6〜30	60〜150	150以上
	複合フローリング	6〜30	60〜450	150以上
接着工法	単層フローリング	6〜30	60〜150	100以上
	複合フローリング	6〜30	60〜450	100以上
フローリングブロック		15, (18)	(240), (270), 300, (303)	

注 （　）は特注品
図9・71 フローリングボード

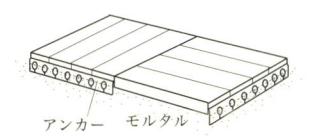

図9・72 フローリングブロック

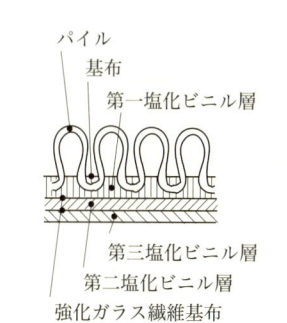

図9・73 タイルカーペットの構造

(a) グリッパーの例
(b) ビニル床との取り合い
(c) グリッパー工法手順
　①グリッパー取付け
　　カーペット厚8mm：a=5.3mm
　　カーペット10mm以上：a=7.5mm
　②フェルト敷き込み
　③カーペット張り込み
(d) カーペット伸張作業
　膝で蹴ってカーペットを伸張する

図9・74 グリッパー工法

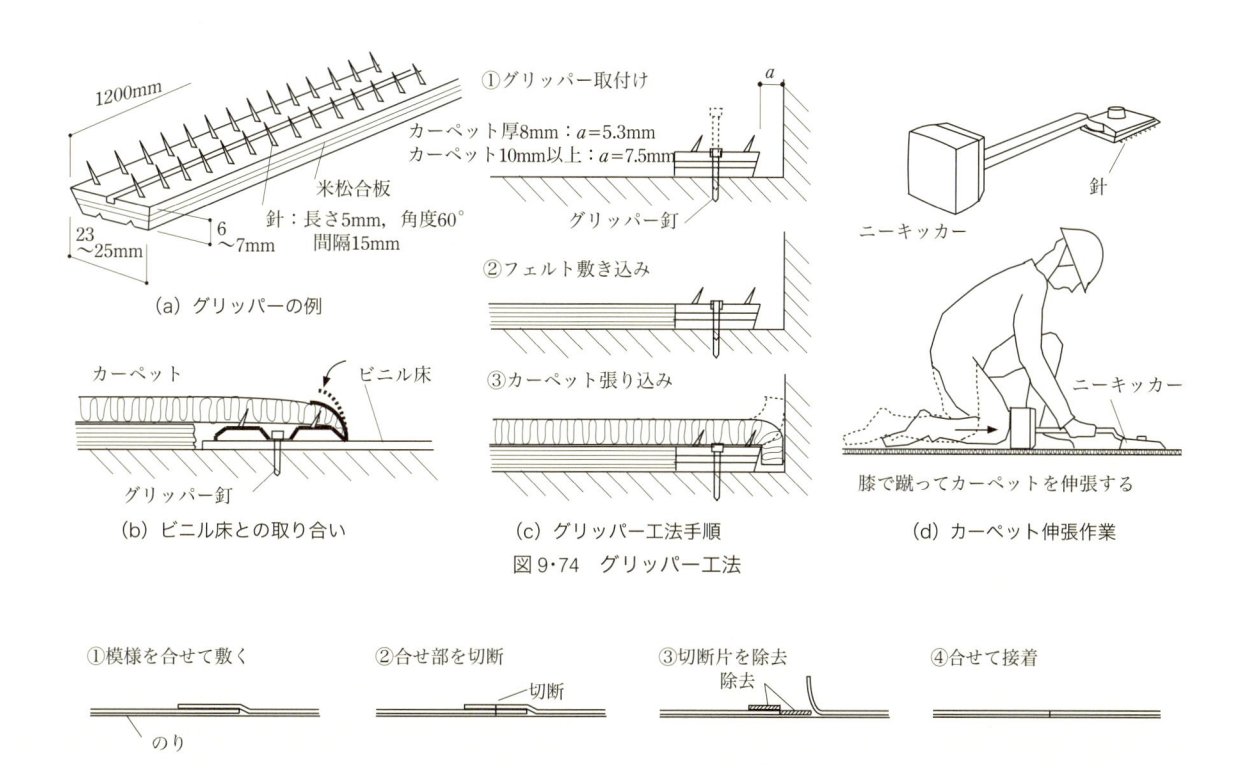

①模様を合せて敷く　②合せ部を切断　③切断片を除去　④合せて接着

図9・75 接着工法ダブルカット

第9章　仕上げ工事

② カーペットの敷込み

下地は十分に乾燥させ，ケレンと清掃を行う．

カーペットを張り込む工法には，グリッパー工法と接着工法がある．グリッパー工法はグリッパーを床の周囲に釘で固定し，カーペットをニーキッカーなどで均等に張り，グリッパーに引っ掛けて固定する工法である（図9・74）．

接着工法は床に接着剤で接着する工法である．接合部はダブルカットによって隙間なく接合する（図9・75）．

4. 壁仕上げ工事

コンクリート以外の間仕切は，軽量鉄骨下地にせっこうボードを張るのが一般的である．またコンクリートの壁面は，従来はモルタル仕上げが一般的であったが，現在ではせっこうボードの直張り仕上げを行う場合が圧倒的に多い．

(1) せっこうボード（プラスターボード）

せっこうボードは，半水せっこうに水を加えて硬化乾燥させた材料で，表面をボード用原紙で覆ったものである．寸法は1820mm×910mmで，厚さ9mm・12mm・15mmのものがよく使われる（表9・24）．

縦使いにして接合部の目地処理を行い，平滑に仕上げる方法が一般に行われる．目地処理を行いやすくするために長辺の角にテーパーをつけた各種の材料がある（図9・76）．

(2) 軽量鉄骨下地せっこうボード張り

軽量鉄骨下地のスタッドにビス止めで，せっこうボードを張る工法である．ビスの間隔はジョイント部で200mm以下，中央部で300mm以下とする．

遮音性能を高めるため，吸音材を中に入れることもある．

(3) せっこうボード直張り工法（GL工法）

直張り工法はコンクリートなどの壁面にせっこう系接着材をだんご状に塗り付け，ボードを押し付けて軽く叩きながら圧着する工法である．接着剤の間隔はボードの周辺は200mm，中央部は350mm程度とする．

ボードとコンクリートの隙間に湿気がこもり，カビが発生する場合が多い．これを避けるために，コンクリート壁面を十分に乾燥させ，換気のためボードを床から6mm程度浮かせる（図9・77）．また，隙間に太鼓現象が起こり，遮音性に問題が生じる場合がある．

(4) 目地処理

ボードのジョイント部を平滑に仕上げ，ボード面と区別がつかないようにするために目地処理を行う．パテが乾燥収縮（やせる）するため，塗りと乾燥を繰り返して平滑に仕上げる（図9・78）．

目地処理の工程の概略を次に示す．

① 目地部にジョイントセメントを塗り，3時間以上乾燥させる．

② 幅120mm程度に硬化型ジョイントセメントでジョイントテープを塗り込み，3時間以上乾燥させる．

③ 幅150～200mmに硬化型ジョイントセメントを塗り，3時間以上乾燥させる．

④ 幅200～250mmに乾燥型ジョイントセメントを塗り，3時間以上乾燥させる．

⑤ サンドペーパーをかける．

⑥ ジョイントセメントの薄液を全面に塗布して反射むらを防止する．

⑦ シーラーを全面に塗布し，塗装の吸いむらを防止する．

5. 天井仕上げ工事

天井の仕上げ工事のうち，代表的なものを次に述べる．

(1) 岩綿吸音板張り

岩綿吸音板張りには捨張り（2重張り）工法と直張り工法があるが捨張り工法が一般的である．

捨張り工法は，天井下地にせっこうボードをビスで固定し，岩綿吸音板の裏面に糊付けしてタッカーによってステープルでせっこうボードに固定する（図9・79）．岩綿吸音板の標準寸法は600×300mmで，糊は等間隔に15箇所ほど点状に塗付ける．

下張りプラスターボードの継ぎ目に隙間がある場合は，空気の流れによってその部分が汚れるので，パテ等で継ぎ目を完全に密閉する．

(2) システム天井

システム天井はスチールまたはアルミ製のTバーで天井下地を組み，岩綿吸音板をH型のジョイントバーで繋ぎTバーに載せて組立てる天井である（図9・80）．Tバーが天井面に露出するため，照明器具・給排気口を直線に並べるライン型，ロの字に配置するロ型，排気口をスリットにして縦横に通して中央に照明と吹き出し口を配置するクロス型などがある．作業効率がよく，地震時の変形に対する追従性も優れている．

(3) その他の天井張り

岩綿吸音板の他に天井材として，せっこうボード・石綿セメント板（石綿スレート）・石綿セメントけい酸カルシウム板（けいカル板）などが用いられる（表9・25）．いずれも軽量鉄骨下地にビスで固定する．

せっこうボードは目地処理を行い，壁と同様な仕上げにする場合が多いが，その他の天井材を用いる場合は目地を設ける．

目地底に野縁のダブルバーが見えないように，目地テープを張る．野縁と直角方向の目地には，目地用のバーを挟む．

表9·24 せっこうボードの標準寸法 (mm) (JIS A 6901)

せっこうボード					強化せっこうボード				
厚さ	長さ	幅			厚さ	長さ	幅		
		606	910	1210			606	910	1210
9	1820	—	○	○	12	1820	○	○	—
12	2420	○	○	○	15	2420	○	○	○
15	2730	—	○	—	18	2730	○	○	—
					21	3030	○	—	—
					25				

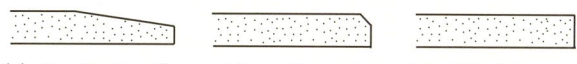

(a) テーパーエッジ　(b) ベベルエッジ　(c) スクエアーエッジ

図9·76 せっこうボードの端部形状

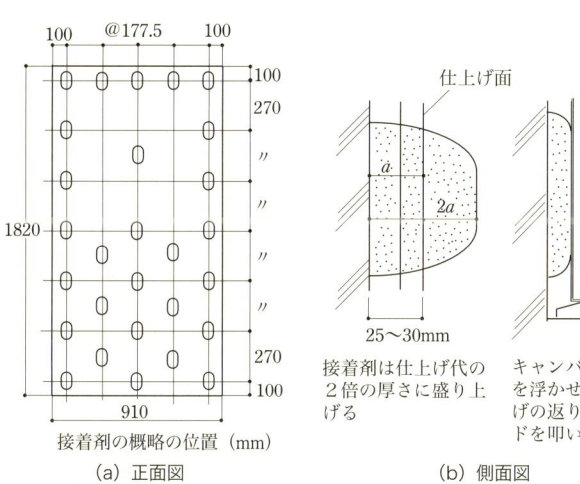

(a) 正面図　(b) 側面図

図9·77 せっこうボードコンクリート直張り工法（GL工法）

(a) テーパーボードの場合

(b) 切断部，ベベルボードの場合

図9·78 せっこうボードの目地処理 (単位：mm)

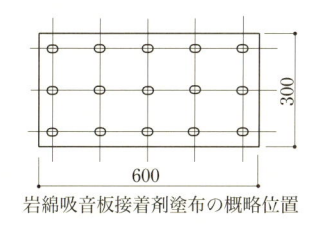

岩綿吸音板の裏に，長さ方向3列，短辺方向5列程度接着剤を塗布し，捨張りせっこうボードにタッカーによりステープルで打ち付ける．

岩綿吸音板接着剤塗布の概略位置

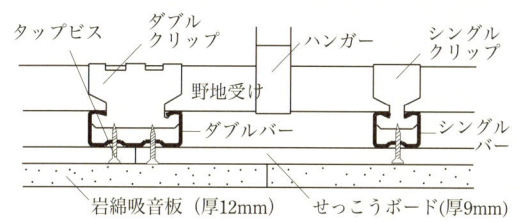

図9·79 岩綿吸音板の捨張り工法

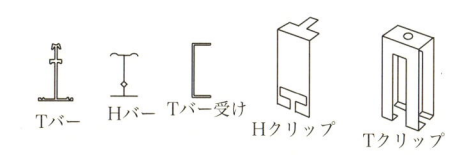

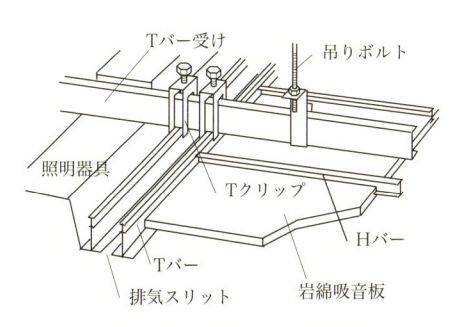

図9·80 システム天井の例

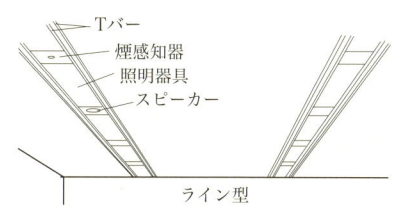

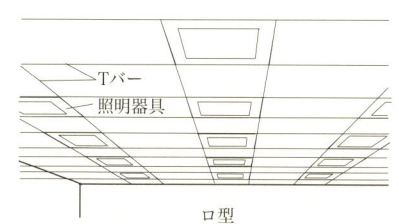

表9·25 石綿スレート・石綿セメントけい酸カルシウム板の標準寸法 (mm)
(JIS A 5403/A 5418)

種　類		厚さ	長さ	幅				
				900	910	1000	1200	1210
フレキシブル板	F	3, 4, 5, 6, 8	1820	F,NF,S,N	F,NF,S,N	—	—	—
軟質フレキシブル板	NF	3, 4, 5, 6	2000	—	—	F,NF,S	—	—
平板	S	5, 6	2420	F,NF,S	F,NF,S	—	F,NF	F,NF
軟質板	N	4	2730	F,NF	F,NF	—	—	—

種　類	厚さ	長さ	幅				
			900	910	1000	1200	1210
0.8けいカル板	5, 6, 8, 10, 12	1820	○	○	—	—	—
		2000	—	—	○	—	—
0.1けいカル板	4, 5, 6, 8, 10, 12	2420	○	○	—	○	○
		2730	○	○	—	—	—

第9章　仕上げ工事

第10章　解体工事

市街地における建築工事には解体工事を伴う例が多い．

解体工事は非常に危険な工事であり，騒音・振動・粉塵による周辺環境への影響も大きい．解体工事はこれらの点に十分に配慮して慎重に行わなければならない．

以下，解体工事について重要な事柄をいくつか述べる．

1. 事前調査

建築物の解体工事にあたっては，工事の履歴調査・廃棄物の処理に関する調査・近隣調査を行う．

(1) 工事の履歴調査

解体工事では，解体する建築物が予期しない崩れ方をすることが最も危険である．そうした事態は増改築工事において構造体の接合部の施工が不完全な場合によく発生する．

解体しようとする建築物の履歴を調査し，増改築による構造体の接続箇所などを把握することが重要である．接続箇所の接続状態は外部から確認できないため，事前にこの部分を手作業で切り離し，既設部および増築部の安定を確保しながら解体を行うことが基本となる．

(2) 廃棄物の処理に関する調査

解体に伴って発生する廃棄物について，特別管理産業廃棄物の有無・廃棄物の運搬経路・収集運搬業者・中間処理業者・最終処分業者の確認などの調査を行う．

(3) 近隣調査

近隣への振動・騒音・粉塵の影響を調査する．その際，振動の影響を受けやすい器機の有無や近隣建築物の空調用吸気口の位置などを確認する．

2. 解体機械

解体の対象には構造材と内装材があり，構造材には鉄骨・鉄筋・コンクリートなどがある．コンクリート以外は，一般の建設機械や道具によって解体できるが，コンクリートは硬くて解体が非常に困難なため，解体専用の機械が各種開発されてきた．次に主な解体機械について機能別に述べる．

(1) 圧砕・破砕

コンクリートを解体し，細かく砕いて鉄筋や鉄骨を分離し，廃棄物または再生材として処分可能な状態にする機械で，圧砕機・ブレーカー・スチールボールなどがある．

(a) **圧砕機**　油圧式バックホーの本体に取付け，油圧でコンクリートを圧砕する．大割用・小割用・鉄骨などの切断用のアタッチメントがある（図10・1）．圧砕機の開発により，現在の低騒音・低振動の解体工法が確立した．

(b) **大型ブレーカー**　油圧式バックホーの本体に，大型のノミを取り付けて油圧で振動させ，コンクリートを破砕する（図10・2）．騒音や振動が伴うため，使用条件に制約がある．

(c) **ハンドブレーカー**　人が手に持って扱うブレーカーである．圧搾空気によってノミを振動させて，コンクリートを破砕する（図10・3）．解体工事にはきめ細かい作業も必要であり，欠くことのできない機械である．

(d) **スチールボール**　1～4トンの鋼製の玉をクレーンで振り，コンクリートを打撃して破砕する（図10・4）．以前は主力機械であったが，振動や騒音が大きく，ほとんど現在は使用しない．

(2) 切断

作業環境の条件から，コンクリートを大きく解体し，他の場所で砕いて処理しなければならない場合に必要な器機である．

(a) **ワイヤソー**　ダイヤビーズを連続して取り付けたワイヤを高速でコンクリート面に当てて切断する機械である（図10・5）．騒音振動がほとんどなく，切断面が平滑になり，部分解体に最も適している．

(b) **コアボーリング**　コアドリルで連続的に削孔し，コンクリートを切断する（図10・6）．振動・騒音はほとんど発生しない．

(c) **カッター**　ダイヤモンド円盤ソーによって切断する（図10・7）．

(d) **ウォータージェットカッター**　硬質粒子を含む超高圧の水を噴射することによって切断する（図10・8）．

(3) 粗解体

コンクリート塊が大きく，直接の圧砕や破砕が困難な場合には，粗解体を行う．その際に用いられる方法として，ロックジャッキ・膨張材破砕・火薬発破などがある．ただ，鉄筋が多い場合は，後作業の破砕作業が非常に困難になる．無筋コンクリートの場合は，とくに有効である．

(a) **ロックジャッキ**　削岩機で一列に削孔し，ジャッキを差し込み，油圧で孔を広げて割裂させる．

(b) **膨張剤破砕**　削岩機で一列に削孔し，水和反応で膨張する高膨張剤を中に入れ，膨張反応で破砕する．

(c) **火薬発破**　削岩機で削孔し，挿入した火薬を爆破させて破砕する．一般に，破砕片が飛散しないよう，主に爆発速度を遅く設計した低速火薬を使用する．それに対し，爆発速度の速い火薬は威力あるが，破砕片の飛散を防御することが困難なために使用条件が限られ，現在はほとんど使用されない．

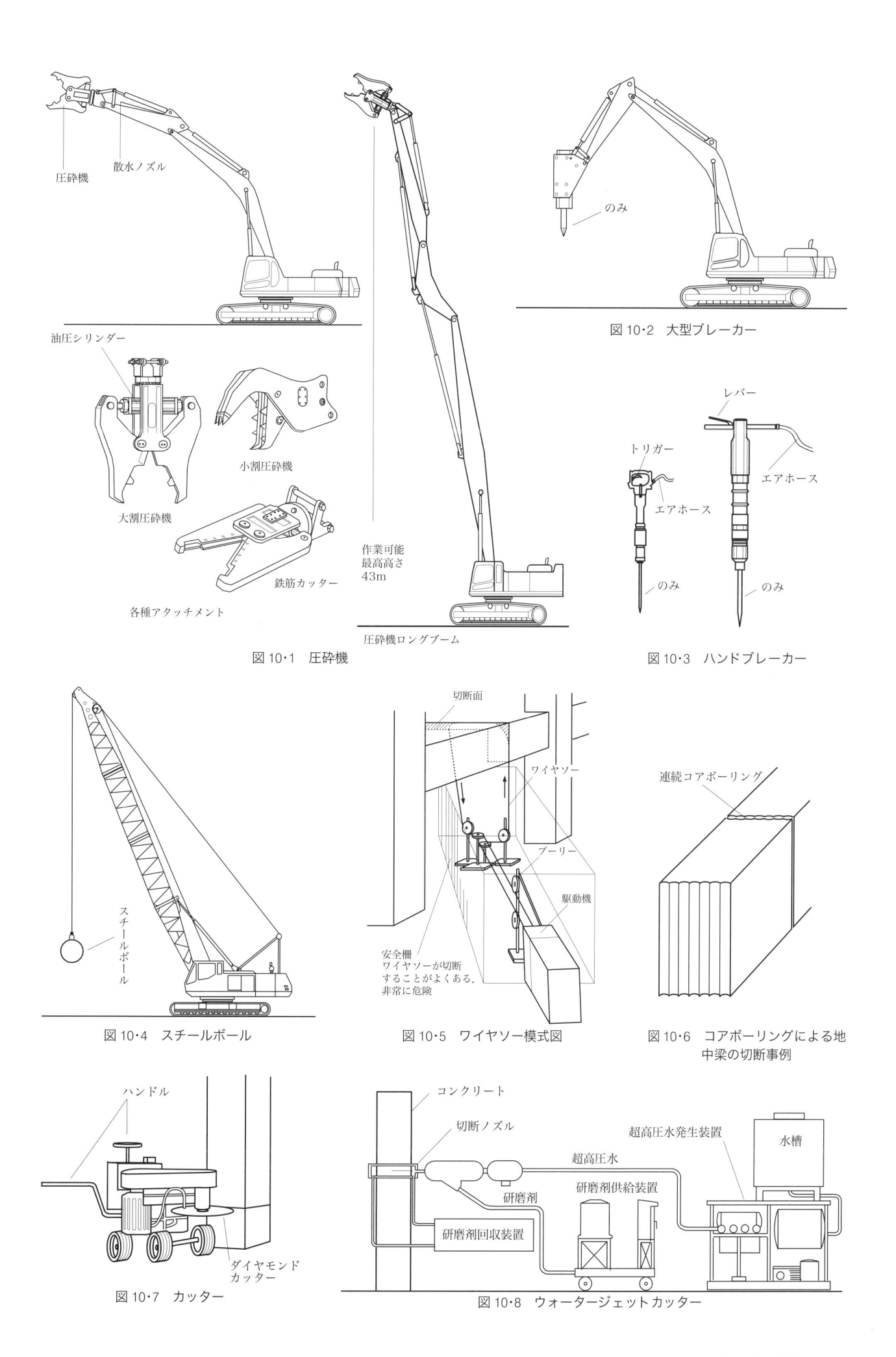

図 10・1　圧砕機
- 圧砕機
- 散水ノズル
- 油圧シリンダー
- 大割圧砕機
- 小割圧砕機
- 鉄筋カッター
- 各種アタッチメント
- 作業可能最高高さ 43m
- 圧砕機ロングブーム

図 10・2　大型ブレーカー
- のみ

図 10・3　ハンドブレーカー
- レバー
- トリガー
- エアホース
- のみ

図 10・4　スチールボール
- スチールボール

図 10・5　ワイヤソー模式図
- 切断面
- ワイヤソー
- プーリー
- 駆動機
- 安全柵　ワイヤソーが切断することがよくある．非常に危険

図 10・6　コアボーリングによる地中梁の切断事例
- 連続コアボーリング

図 10・7　カッター
- ハンドル
- ダイヤモンドカッター

図 10・8　ウォータージェットカッター
- コンクリート
- 切断ノズル
- 超高圧水発生装置
- 水槽
- 超高圧水
- 研磨剤
- 研磨剤供給装置
- 研磨剤回収装置

第 10 章　解体工事

3. 工 法

コンクリート以外の建築材料は容易に切断できるため，おおむね施工の逆の手順で解体できる．

コンクリートの解体工事には，専用の機械を使用し，壁の転倒とコンクリートの破壊の2つの要素を組み合せて解体する．

解体工事においては，破壊したコンクリート塊を外部へ落下させないことが最も重要である．そのため，落下させない側の外壁を残し，内部を先に解体する．内部の解体材を処分した後，クッションの働きをする解体材を敷いて，外壁を安全に内側へ倒す．最上階からこの作業を繰り返して，下階へ解体を進める工法が一般的である(図10・9)．

従来は効率を優先し，内側の解体はスチールボールと大型ブレーカーで2から3階分を一度に解体し，外壁も2から3階分を一度に倒す方法で行っていた．

その後，騒音・振動の軽減について厳しい要請を受け，振動騒音の少ない器機の開発が盛んに行われるとともに，多くの工法が試されてきた．そして近年，①内側の解体には圧砕機を使用する，②外壁は1フロアごとに倒す，③ブロック解体工法の場合のコンクリート切断にはワイヤソーを使用するなどの工法がとられるようになった．

基礎のマスコンクリート解体には，現在も各種の工法があるが，大型の圧砕機を用いた工法が主流になりつつある．

4. 解 体

解体の工法および手順は建築物の規模・形状・周辺の条件によって異なる．標準的な工法は以下のとおりである．

(1) 特別管理産業廃棄物の処理

特別管理産業廃棄物は法令に準拠して処理する(図3・26参照)．PCBとアスベストの処理が必要になる場合が多い．

そのうち，PCBを使用した受電機器等は，所有者にPCB特別措置法の内容を説明して管理を依頼する．

アスベストは一般に，次の方法で撤去する．まず，撤去作業によってアスベストが飛散するのを防ぐため，部屋をビニルシートなどで密閉し，送風機を用いて室内の気圧を下げる．作業員は防護服を着用してその内部に入り，アスベストの粉塵を発生させないよう，仕上げ面に糊を吹付けた上で，ケレン棒などで削り落とす．撤去したアスベストは糊と混練し，容器に密閉して中間処理業者まで運搬する．

(2) 付属建築物の撤去

本建築物以外の付属建築物を撤去し，作業スペースを確保する．

(3) 内装材の撤去

管理型産業廃棄物である内装材を解体撤去する．解体はおおむね施工の逆順で行う．

(4) 外部足場および防音パネルの設置

上記の作業と平行して外部足場を設置し，足場に防音パネルを取り付ける．足場の重量が増加するため，壁つなぎを多く取る．

(5) 躯体の解体

解体用重機を搬入し，躯体を解体する．また粉塵を押えるため，破砕部に常時散水する．

5. コンクリート躯体の解体事例

解体工事の一般的な手順としては，内装および付属物の撤去と平行して，外部足場・防音パネルを設置し，躯体の解体に着手する(図10・10)．次に一般的な解体工事の例を述べる．

① エレベーターシャフトなどの1階部分の開口部を広げ，解体材を落下させるためのシャフトを作る．

② 屋上スラブを補強し，大割用および小割用の圧砕機・トラクターシャベル・ハンドブレーカー・アセチレン溶断設備・散水設備を屋上にクレーンで揚げる．

③ 塔屋を大割用圧砕機で粗く砕き，これを小割用圧砕機で細かくし，アセチレンバーナーで鉄筋を切断し，コンクリートと鉄筋を分離する．ハンドブレーカーと大割用圧砕機で屋上スラブに孔を開け，鉄筋を切断して下の階へ落とす．

④ 解体材でスロープを作り，重機を下階へ下ろす．外壁を残して壁・梁・柱の順に解体し，小割用圧砕機で鉄筋とコンクリートを分離する．スラブに穴を開けてコンクリートの解体材で下階へ降りるスロープを作り，残りはシャフトから1階へ落下させる．鉄筋はまとめてクレーンで下ろすか，別のシャフトから落下させる．

⑤ 外壁を内側へ倒す．1スパンおきに縦に切断し，根元のコンクリートを水平に鉄筋を残して切断する．頭部を圧砕機で支えて壁の鉄筋を切断し，柱の鉄筋をアセチレンバーナーで溶断して倒す．必ず内側へ倒れるよう内側に梁スラブを残し，確実に重心を内側にすることがポイントである．

外壁を倒す時，絶対に無理に引き倒してはならない．外れた反動で外壁が外側へ転倒した例がある．

倒した外壁は小割用圧砕機で細かく砕き，鉄筋とコンクリートに分離して処分する．

⑥ 上記④・⑤の手順を繰り返し，1階まで解体を進める．

⑦ 一般に地下の解体には，山留めが必要になる場合が多いため，根切り工事を含めて計画する．

なお，地上から解体する方が効率的である．建築面積が広い場合や敷地に余裕がある場合は，できるだけ地上から解体する(図10・11)．高さ40mまでは地上から解体できる．

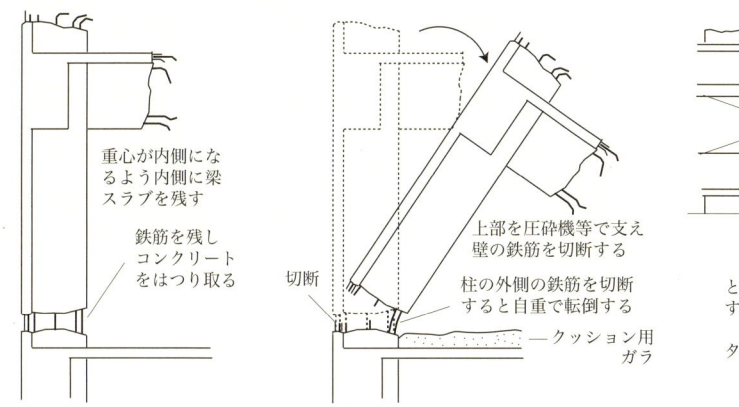

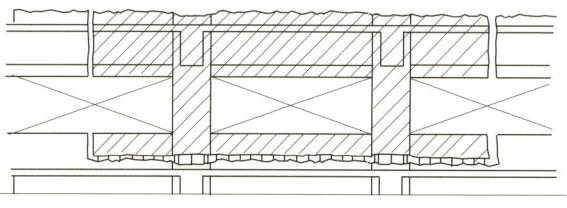

重心が内側になるよう内側に梁スラブを残す

鉄筋を残しコンクリートをはつり取る

切断

上部を圧砕機等で支え壁の鉄筋を切断する

柱の外側の鉄筋を切断すると自重で転倒する

クッション用ガラ

転倒させる単位は，重量バランスが取れるよう柱2本を原則とする．バランスが悪い場合，転倒時に捻れる（水平面で回転すること）

バランスが良くない場合は，柱部に大回しにワイヤをかけターンバックル等で引き，安全に転倒させる

図10・9　壁の転倒工法

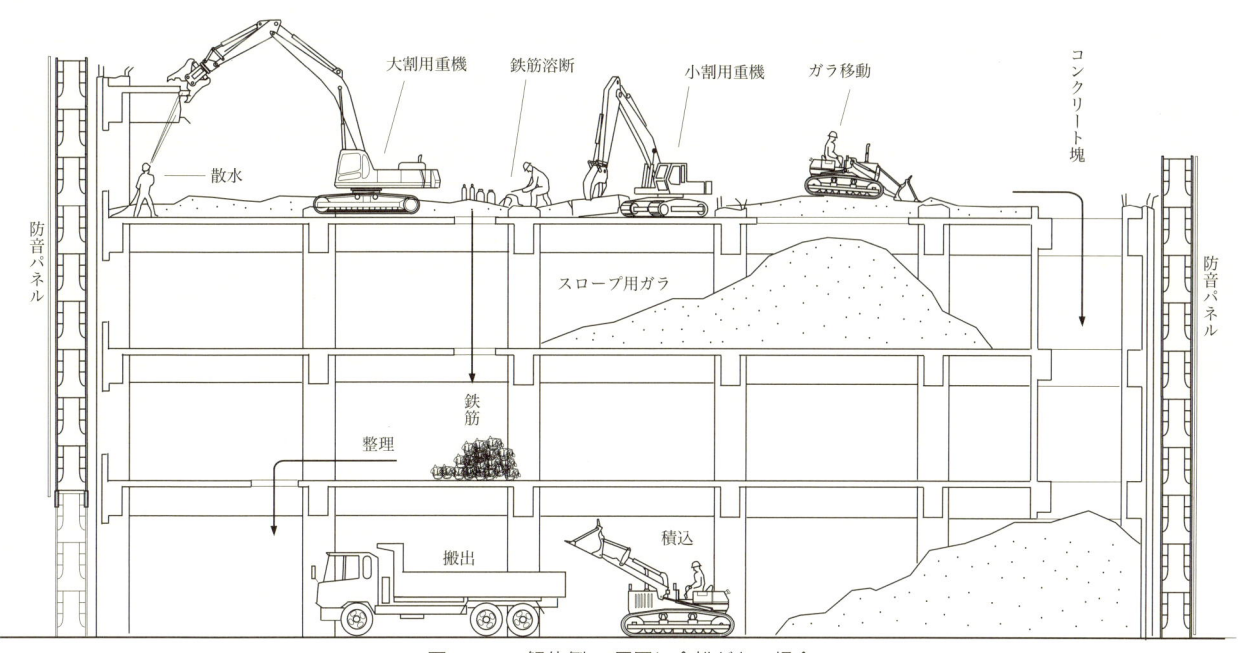

図10・10　解体例1：周囲に余裕がない場合

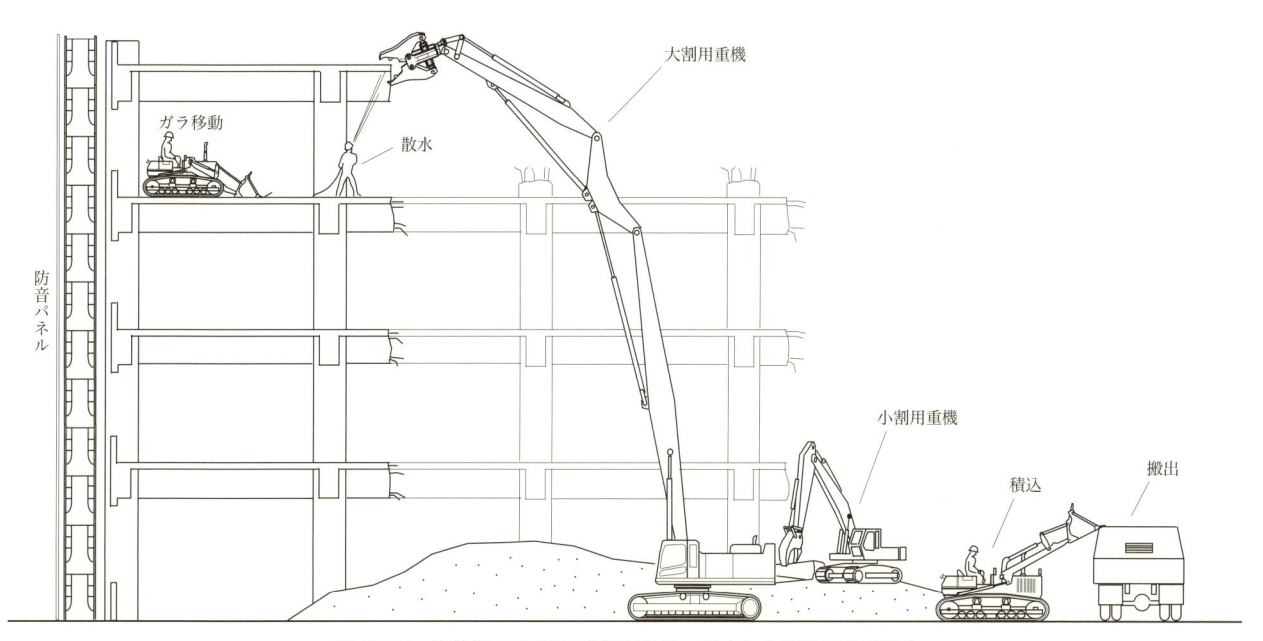

図10・11　解体例2：周囲に余裕があり，地上から解体できる場合

第10章　解体工事　133

索引

〈あ〉

- アースアンカー工法……………20
- アースドリル工法………………56
- ISO…………………………………34
- アイランド工法…………………20
- 朝顔（防護棚）…………………30
- 足場板受け台……………………30
- 足場設備…………………………30
- アスファルトプライマー………102
- アスファルト防水………………102
- 圧接継手…………………………76
- あばら筋…………………………72
- アンカーボルト…………………112
- 安全施工サイクル………………42
- ECP…………………………………96
- ET……………………………………16
- 異形棒鋼…………………………72
- 石の取付け工法…………………116
- 一般競争入札……………………10
- 芋目地……………………………118
- インサート………………………66
- ウエルポイント工法……………24
- ウォータージェット工法………54
- 馬乗り目地………………………118
- 裏足………………………………118
- ALC…………………………………94
- N値…………………………………50
- LT……………………………………16
- エンドタブ………………………88
- 大型ブレーカー…………………130
- オールケーシング工法…………56
- 帯筋………………………………72
- 親杭横矢板工法…………………22

〈か〉

- カーテンウォール………………98
- カーペット………………………126
- 改質アスファルトシート防水…104
- ガウジング………………………88
- 拡底工法…………………………58
- 重ね継手…………………………76
- ガスケット………………………110
- 仮設電気設備……………………28
- 型枠支保工………………………76
- 型枠の構造計算…………………78
- 型枠の存置期間…………………80
- 壁仕上げ…………………………128
- 釜場工法…………………………24
- ガラスの種類……………………108
- ガラスの取付け構法……………110
- ガラスブロック…………………108
- 仮囲い……………………………26
- 乾燥収縮亀裂……………………84
- 管理………………………………12
- 管理のサイクル…………………12
- 起工式……………………………48
- 基準墨……………………………48
- 基準テープ………………………48
- 既製杭……………………………54
- Q・C・D・S・E………………………12
- QC七つ道具………………………32
- 給排水設備………………………28
- 共通仕様書………………………8
- 共同企業体（JV）………………8
- 強度率……………………………42
- 切張り……………………………20
- 金属製カーテンウォール………100
- 空気量……………………………82
- クランプ…………………………28
- クリティカルパス………………16
- グレイジングガスケット………110
- けい酸質系塗布防水……………104
- 契約不適合………………………34
- 軽量鉄骨天井下地………………124
- 軽量鉄骨間仕切下地……………124
- ケーソン工法……………………20
- 決算………………………………36
- 結束線……………………………76
- 現寸検査…………………………90
- 建設リサイクル法………………44
- 建築主……………………………6
- 現場説明書………………………8
- 高所作業車………………………30
- 構造用鋼材………………………86
- 鋼矢板工法………………………22
- 高力ボルト………………………88
- コールドジョイント……………84
- 5W1H………………………………12
- 固結工法…………………………60
- コンクリート……………………80
- コンクリート寸法図……………66
- コンクリートブロック工事……94
- コンストラクション・マネジメント方式（CM方式）………8
- 混和剤……………………………80

〈さ〉

- 細骨材率…………………………82
- 逆打ち工法………………………20
- 先組工法…………………………76
- サッシ……………………………106
- サンドパイル載荷工法…………60
- 地足場……………………………30
- シートパイル……………………22
- シート防水………………………104
- シーリング工事…………………104
- 磁器質タイル……………………116
- 地業工事…………………………54
- 事業者責任………………………40
- 止水工法…………………………26
- システム天井……………………128
- 下小屋……………………………28
- 質疑応答書………………………8
- 実行予算…………………………36
- 地縄張り…………………………48
- 指名競争入札……………………10
- 締固め工法………………………60
- シャッター………………………108
- じゃんか…………………………84
- 主筋………………………………72
- シングルクリップ………………124
- シングル野縁……………………124
- 伸縮目地…………………………118
- 深礎工法…………………………58
- 振動規制法………………………44
- スウェイ方式……………………96
- スカラップ………………………88
- スタッド…………………………124
- スチールボール…………………130
- 捨てコンクリート………………64
- ステンレスシート防水…………104
- スペーサー………………………124
- スペーサーブロック……………76
- 墨出し……………………………48
- スライム…………………………58
- スランプ値………………………82
- せき板……………………………76
- 石材の種類………………………114
- 施主………………………………6
- 炻器質タイル……………………116
- 設計者……………………………6
- 設計図書…………………………8
- せっこうプラスター……………122
- せっこうボード…………………128
- セパレーター……………………78
- セメントモルタル………………120

専門工事業者（サブコン）……6	ニューマチックケーソン……20	膨張剤破砕……130
騒音規制法……44	根切り……20	〈ま〉
総合建設業者（ゼネコン）……6	ネットワーク工程表……14	孫請業者……6
総合的品質管理（TQC）……32	練付け……114	マリオン……110
〈た〉	ノッチタンク……26	水あばた……84
耐火被覆……92	野縁受け（ならし）……124	水糸……50
タイルの種類……116	乗入れ構台……26	水セメント比……82
タイル張り工法……118	法切りオープンカット工法…20,62	水貫……50
タクト工程……38	法面……20	水張り試験……102
打撃工法……54	〈は〉	見積り……8
脱水工法……60	廃棄物処理法……42	見積り合せ……10
建入れ作業……92	ハイテンションボルト……88	ミルシート……86
棚足場……30	パイプサポート……76	メタルフォーム……76
ダブルクリップ……124	剥離材……76	木材の性質……112
ダブル野縁……124	場所打ちコンクリート杭工事…56	木製建具工事……114
単位水量……82	パックドレーン工法……60	モザイクタイル……120
単位セメント量……82	腹起し……20	木コン……78
単管足場……30	腹筋……72	元方安全衛生管理者……40
置換工法……60	バリューエンジニアリング…10	モノリシック仕上げ……120
中空押出し成型セメント板…96	パレート図……34	〈や〉
調合強度……80	番線……28	山留めオープンカット工法…20
吊足場……30	ハンドブレーカー……130	山留め壁工事……62
吊枠足場……30	盤ぶくれ……24	山留め支保工工事……62
低速火薬……130	P・D・C・A……12	山留めの設計……22
鉄筋施工図……72	ヒービング……24	遣り方……50
テラゾー……114	ビニルタイル……126	ユニット足場……30
天井仕上げ……128	ビニル床シート……126	揚重……14
ドア……108	標準貫入試験……50	養生構台……30
統括安全衛生責任者……40	ファスナー……98	溶接接合……86
統括管理責任……40	ファブリケーター……86	4M……34
陶器質タイル……116	フォームタイ……78	〈ら〉
統計的品質管理（SQC）……32	深井戸（ディープウエル）工法……24	ランナー……124
特性要因図……34	歩掛……14	リサイクル法……44
特定元方事業者……40	副あばら筋……72	リバースサーキュレーション工法……56
特命……10	副帯筋……72	ルーフィング……102
床付け作業……64	ブラケット側足場……30	レディーミクストコンクリート……82
度数率……42	プリズムガラス……108	連続地中壁工法……22
塗装工程……122	プレキャストコンクリートカーテンウォール……98	連続柱列壁工法……22
塗装工法……124	振止め……124	労働安全衛生規則……40
特記仕様書……8	プレボーリング工法……54	労働安全衛生法……40
塗膜防水……104	フローリング……126	ローリングタワー……30
塗料……122	平板載荷試験……64	ロッキング方式……96
トルクレンチ……90	ベースモルタル……90	ロックジャッキ……130
トレミー管……58	ペーパードレーン工法……60	〈わ〉
トレンチカット工法……20	便所スクリーン……114	ワーカビリティー……80
トレンチシート……22	ベンチマーク……48	ワイヤソー……130
ドロマイトプラスター……120	ボイリング……24	枠組足場……30
〈な〉	棒線工程表……14	
中掘工法……54		
逃げ墨……48		

◆〈建築学テキスト〉編集委員会

青山　良穂（元清水建設）
井戸田秀樹（名古屋工業大学）
片倉　健雄（元近畿大学）
坂田　弘安（東京工業大学）
武田　雄二（愛知産業大学）
堀越　哲美（愛知産業大学）
本多　友常（元摂南大学）
吉村　英祐（大阪工業大学）

◆『建築施工』執筆者（＊は執筆代表）

＊青山良穂（あおやま よしほ）
1959年名古屋工業大学建築学科卒業．清水建設株式会社入社，主に現業部門に勤務する．1995年より，愛知産業大学造形学部建築学科非常勤講師．2010年逝去．

武田雄二（たけだ ゆうじ）
1978年名古屋工業大学大学院建築学専攻修了，工学博士．愛知産業大学造形学部建築学科教授．
著書に，『建築施工』（実教出版），『〈建築学テキスト〉建築製図』，『〈建築学テキスト〉建築構法』，『新版 新しい建築製図』（共著，学芸出版社，1991），『新建築設計ノート CADの進め方』（共著，彰国社，1994）他．

〈編集協力〉
松浦範明（元大林組）

〈建築学テキスト〉**建築施工**
建築物の構築方法を学ぶ

2004年10月30日　第1版第1刷発行
2021年 7月20日　第2版第1刷発行

著　者　青山良穂・武田雄二
発行者　前田裕資
発行所　株式会社　学芸出版社
　　　　京都市下京区木津屋橋通西洞院東入　〒600-8216
　　　　tel 075-343-0811　　fax 075-343-0810
　　　　http://www.gakugei-pub.jp
　　　　info@gakugei-pub.jp
　　　　イチダ写真製版／新生製本
　　　　カバーデザイン 上野かおる

© 青山良穂・武田雄二 2004 Printed in Japan ISBN 978-4-7615-3123-2

JCOPY〈(社)出版者著作権管理機構委託出版物〉
本書の無断複写（電子化を含む）は著作権法上での例外を除き禁じられています．複写される場合は，そのつど事前に，(社)出版者著作権管理機構（電話03-5244-5088，FAX 03-5244-5089，e-mail: info@jcopy.or.jp）の許諾を得てください．
また本書を代行業者等の第三者に依頼してスキャンやデジタル化することは，たとえ個人や家庭内での利用でも著作権法違反です．